Josef Schnelle

Eine Welt ist nicht genug

Ein Reiseführer in das Werk von Werner Herzog

Danksagung
Die Entstehung dieser Publikation wurde durch
die Stiftung Kulturwerk der VG Bild-Kunst gefördert,
wofür sich Autor und Verlag recht herzlich bedanken.

Josef Schnelle

Eine Welt ist nicht genug

Ein Reiseführer in das Werk von Werner Herzog

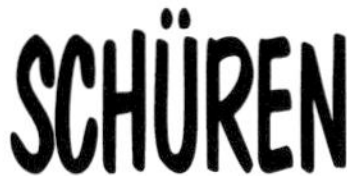

Die Deutsche Bibliothek – CIP-Einheitsaufnahme
Die Deutsche Bibliothek verzeichnet diese Publikation in der deutschen Nationalbibliografie; detaillierte bibliografische Daten sind im Internet unter http://dnd.ddb.de abrufbar.

Abbildungsnachweis

Alpha (105); AppleTV+ (63, 148); arte / Spring Films (89); Arthaus (11, 18, 19, 27, 44–45, 61, 74–76, 101–103, 105, 124; Ascot Elite (10, 14, 84–86, 97–98; Ascot Elite Entertainment / Quelle: Filmbild Fundus (82); Harald Bischoff - Eigenes Werk, CC BY-SA 3.0, https://commons.wikimedia.org/w/index.php?curid=37961535 (125); British Film Institute (83); Camino Filmverleih (66, 87); Concorde (122); Constantin Film (123); Deutsche Kinemathek – Werner Herzog Archiv (39–40, 62, 80–81, 88, 96, 99–100, 104); Disney (13, 15–16); Nikolai Eberth (29); European Film Academy / Christian Schulz (1–2, 4–6); EFA/EPA (3); La Fabrique De Films (17); FamilyRomance LLC.com (7–9, 147); Feldt Verlag, Wiesbaden (23); Filigra Nowa (121); Filmverlag der Autoren (110, 111, 113, 116, 118–120); Filmverlag der Autoren / Quelle: Filmbild Fundus (28); First Look Pictures (138); Fox Lorber (132); Hanser Verlag, München (21, 53, 149); IFC Films (139); Ilona Grundmann Film Productions / Cinémathèque Française (22); Image Entertainment (136); imdb.com (106, 112, 114, 115, 125–127, 129, 140); Paul Katzenberger CC BY-SA 4.0 (79); Lions Gate Entertainment (133); Manga Films (108); Mediacs (130); MGM (135); Netflix (145); New Yorker (109); The Orchard (146); The Other Cinema (107); Paramount Pictures (12); Picador, New York (56); Prokino (143); thequietus.com (91); Splendid Film (29); SPV GmbH (92–94); SPV GmbH / Bettina von Waldthausen (90); StudioCanal (25, 26, 30–35, 46–52, 54–55, 59, 64–65, 67–73, 78); Subversive Cinema (134); Transit Film / Universum Film (24); 20th Century Fox (117, 131, 137); Universum Film (36, 38, 77); Universum Film / Quelle: Filmbild Fundus (37); Wikipedia, CC BY-SA 3.0 (57–58); Wild Bunch (141); XLrator Media (144); ZDF Enterprises (41–43, 142); Zephir Film / Quelle: Filmbild Fundus (60, 128)

Sollten trotz aller Bemühungen, die aktuellen Copyright-Inhaber herauszufinden, andere Personen und Formen zu diesem Kreis gehören, werden sie gebeten, sich beim Verlag zu melden, damit sie in künftigen Auflagen des Buches berücksichtigt werden können.

2. Auflage
Schüren Verlag GmbH
Universitätsstr. 55 | D-35037 Marburg
www.schueren-verlag.de

Lektorat: Katharina Weber
Umschlaggestaltung: Wolfgang Diemer, Frechen
Gestaltung: Erik Schüßler
Umschlagfoto vorne: ddp / Camera Press / Ki Price
Druck: druckhaus köthen, Köthen
Printed in Germany
ISBN 978-3-7410-0372-1

Inhalt

Eine Heimkehr?

Ein Boot wird über die Bühne gezogen beim Europäischen Filmpreis 2019 im großen Saal des Haus der Berliner Festspiele. Vorneweg eine Frau, die das stilisierte Theaterschiff an einem großen Tau hinter sich herzuziehen scheint. Musik ist zu hören. Opernmusik. Auf dem Schiff thront eine Frau in schlichter antiker weißer Kleidung, die einen Ruderstab in einen imaginären Fluss taucht. Sie beginnt zu singen (Abb. 1). Eine Arie. Das ist die Laudatio, die der Filmemacher Dietrich Brüggemann, der die ganze Veranstaltung inszeniert, komponiert und gedichtet hat. Es singt in Englisch die Sopranistin der Deutschen Oper Berlin, Alexandra Hutton: «Werner Herzog, Werner Herzog, wo bist Du und wie machst Du die Dinge, die Du tust? Tausende von Geschichten und alle sind wahr. Dies ist eine Arie nur für Dich.» Inzwischen hat das Boot, es soll an die Molly Aida aus Werner Herzogs Film FITZCAR-

1 Opernsängerin Alexandra Hutton singt die Laudatio für Werner Herzog bei der Auszeichnung für das Lebenswerk 2019 auf der Bühne der Berliner Festspiele in Form einer Arie komponiert und geschrieben von Dietrich Brüggeman

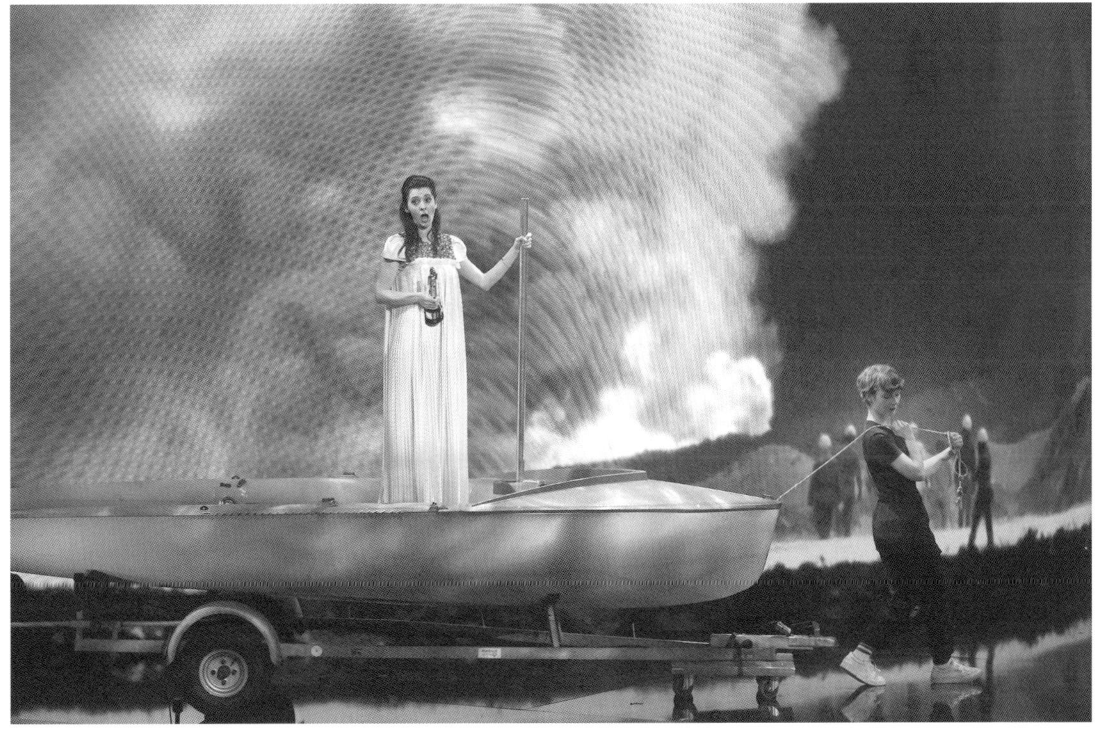

RALDO erinnern, die Mitte der Bühne erreicht. Alexandra Hutton singt: «Geboren ist er in Bayern. Er brachte Dinge aus der Dunkelheit, die die Menschen sehen müssen. Man weiß nicht, was noch kommt, vielleicht die Apokalypse. Aber er sehnt sich nach einer anderen Welt.» Man sieht Bilder aus der Höhle von Chauvet und Klaus Kinski als Nosferatu, während vorne das Boot weiter gezogen wird: Mit den Worten «There's a lot more stuff to do» leitet der Gesang über zum Präsidenten der Europäischen Filmakademie Wim Wenders, der den Lifetime Achievement Award, den Preis für das Lebenswerk an Werner Herzog tatsächlich überreichen wird (Abb. 2). Der hat die Zeremonie bis dahin hin- und hergerissen zwischen Rührung und belustigter Anteilnahme verfolgt. Er weiß auch: Nur bei ihm kann man sich so etwas trauen: bunt und knallig zu sein, dreist und zugleich irgendwie unerwartet liebevoll. Eine Opernarie als Würdigung des Werks eines Filmemachers? Auf diese Idee kann nur ein Filmregisseur kommen. Das wirkt zugleich unerwartet und unausweichlich. Bei wem ginge das noch? Das wird sich Dietrich Brüggemann auch gefragt haben.

Wim Wenders sagt dann: «I cannot do opera. I only can do Rock 'n' Roll because nothing compares to you. You are indeed one hell of a filmmaking genius.» Man spricht natürlich Englisch bei diesem Europäischen Filmpreis. Gerührt und noch heftig bewegt kommt Werner Herzog auf die Bühne, bekennt, dass er die Arie sehr mochte und sich immer noch und immer wieder als «Soldat des Kinos» fühlt. Er dankt dann erst einmal seinem Bruder Lucki Stipetić (Abb. 5), der oft sein Produzent und immer sein Begleiter war, und der zu diesem Anlass heute einmal in der ersten Reihe sitzt. Dann verknüpft Wer-

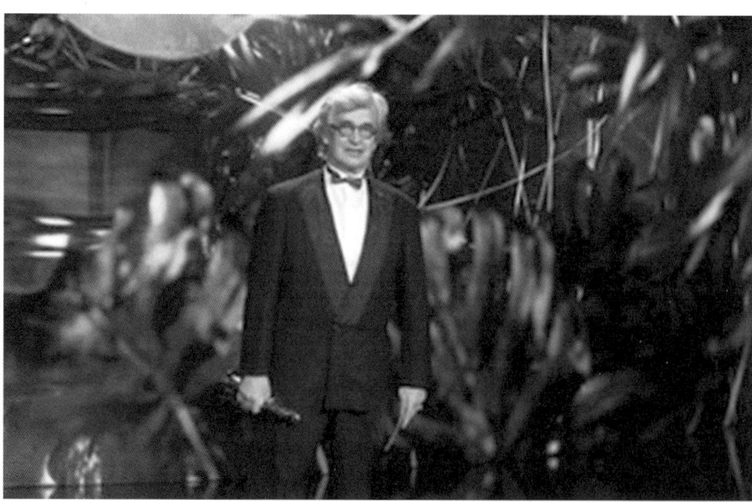

2 Der Präsident der Europäischen Filmakademie, Wim Wenders, tritt auf

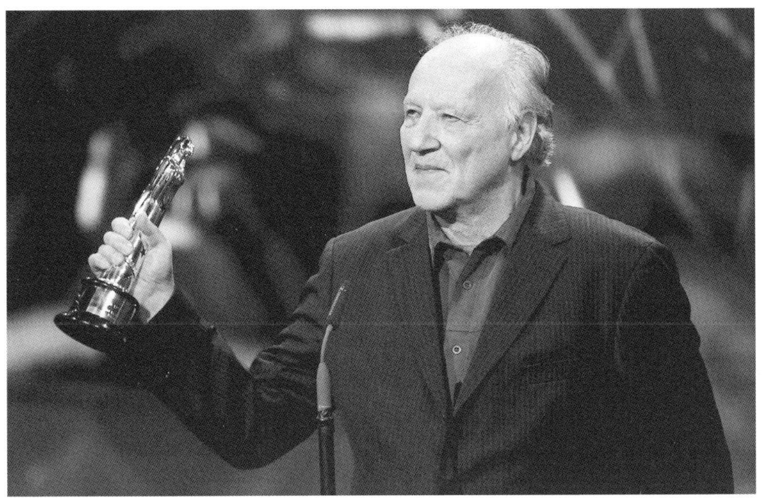

3 Werner Herzog in Jubelpose mit seinem Preis in der Hand

ner Herzog seine Dankesrede mit einem flammenden Appell: «Ich lebe nicht in Europa. Ich lebe in L.A. und sehe deshalb gewisse Dinge mit schärferem Profil – nämlich von außen. Es kommen viele Beschwerden aus Deutschland und anderen Ländern darüber, dass die Europäische Union in einem schlechten Zustand sei. Ich sage: Lasst sie, wie sie ist!! Denn wenn ich an Europa denke, denke ich immer an Frieden. Ich erinnere mich an die Hippie-Zeit, als Blumen vorne in die Gewehre gesteckt wurden oder an Filmemacher, die dachten, mit Meditation Frieden schaffen zu können. Das funktioniert aber alles nicht. Weltfrieden erreicht man anders. Deshalb hat die Europäische Union einen sehr speziellen Wert. Es ist ein Friedensprojekt, das praktiziert wird – und das funktioniert! Sie ist das größte Friedensprojekt, das jemals existiert hat. Das sollten wir hochhalten und schätzen.» (Abb. 3–4)

Die Umarmung durch einen Vertreter eines ganz anderen Kinos, als dem, das Herzog vertritt, eben in Gestalt von Wim Wenders, dem romantischen Schöngeist des deutschen Kinos, ist sehr außergewöhnlich, fällt aber glaubwürdig authentisch und sehr herzlich aus. Es ist ein großer Moment für das deutsche Kino, aber auch für das gesamte europäische Kino. Ist es aber auch eine Heimkehr? So ganz im Verborgenen – wie überhaupt diese Veranstaltung zwar mit großem Glanz, aber irgendwie nur unter Anwesenheit der üblichen Verdächtigen fast im Geheimen stattfindet. Das ist irgendwie passend, denn auch das ganze Filmschaffen Werner Herzogs hat in den letzten Jahren in Deutschland nicht die Aufmerksamkeit bekommen, die es verdient hätte. Auch das kommt in Dietrich Brüggemanns Arie ja schon vor. Die Rezeption des Werks von Werner

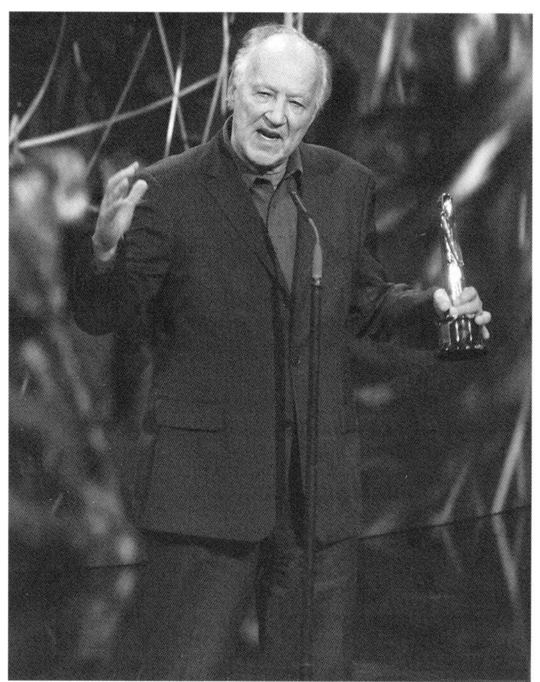

4 Werner Herzog bei seiner Dankesrede

Herzog in den USA, in Frankreich oder in Italien ist sehr viel herzlicher und von größerer Wertschätzung geprägt. Das gilt für die professionelle Filmkritik ebenso wie für die Resonanz beim deutschen Publikum. Viele der letzten Werner-Herzog-Filme sind in Deutschland überhaupt nicht oder sehr begrenzt im Kino zu sehen gewesen. Symptomatisch war die Vorführung von Herzog neustem Film FAMILY ROMANCE, LLC, lediglich in einem kleinen Kino vor einem kleinen Kreis von Zuschauern im Umfeld der Preisverleihung samt einem kleinen Werkgespräch mit Rainer Rother, dem Künstlerischen Direktor der Deutschen Kinemathek. Dort ist auch die «Sammlung Werner Herzog» zu finden mit Werkfotos, Produktionsunterlagen und Requisiten.

Herzogs neuester Film FAMILY ROMANCE, LLC hat bis heute keinen deutschen Verleih und war vorab nur einmal kurz bei den Hofer Filmtagen zu sehen. Auch wenn es sich um einen sehr wichtigen, im Kern selbstreferenziellen Film im Werk Werner Herzogs handeln dürfte. Herzog selbst verschwindet schon in der Nacht nach der Preisverleihung wieder. Ein Schneideraum in Los Angeles wartet auf ihn. Dort entsteht ein neuer Dokumentarfilm über die Mythen der Menschen, die sich mit Meteoriten verbinden, wie er im Vorgespräch des Interviews kurz anmerkt: FIREBALL: BESUCH AUS FERNEN WELTEN. Der wird später nur bei einem Streaming-Portal veröffentlicht werden. Was also ist die Heimkehr? Und wo ist Herzog überhaupt daheim? Charakterisiert es nicht geradezu Werner Herzogs Werk, dass er immer wieder in neue Welten eintaucht? Eine Welt, eine durchgängige Sicht auf die Welt, war ihm nie genug, um seine künstlerischen Visionen zu verorten und deshalb braucht es eine Art Reiseführer, um nicht darin verloren zu gehen.

Unzweifelhaft ist Werner Herzog für manche der «außerordentlichste Filmemacher des Deutschen Films» (Wolfram Schütte), obwohl er sich selbst gar nicht so «deutsch» fühlt, «eher bayerisch wie Fassbinder auch», wie er selbst sagt. Und er ist auch nicht, wie etwa Wim Wenders oder Alexander Kluge, so eindeutig zugehörig zur Kinobewegung des Neuen Deutschen Films der 1970er-Jahre. Herzog lebt inzwischen vorwiegend in Los Angeles oder besser gesagt in den ganz besonderen

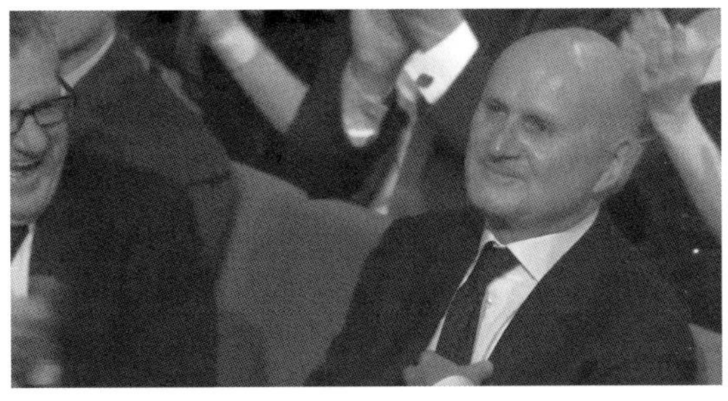

5 Herzogs Produzent und Bruder Lucki Stipetić im Publikum

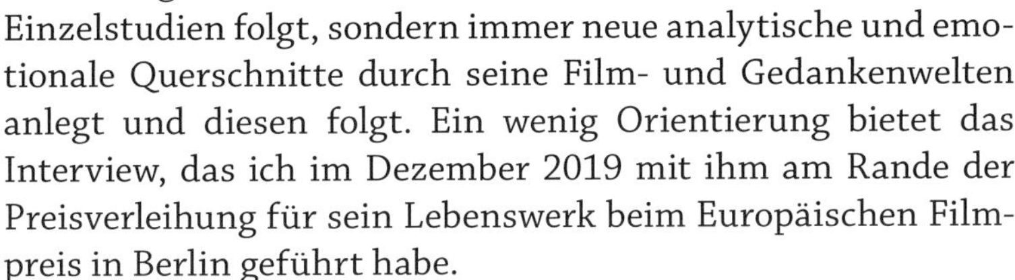

und ganz persönlichen Welten seines Kinos. Man muss sich in seinem filmischen Werk immer wieder auf ganz neue Perspektiven und Sichtweisen, auf neue fiktive und reale Orte einlassen, zwischen denen sich oft auch sämtliche formalen und inhaltlichen Grenzen auflösen. Deswegen diese Publikation auch nicht, wie bei Filmbüchern üblich, der Abfolge seiner Filme in filmkritischen Einzelstudien folgt, sondern immer neue analytische und emotionale Querschnitte durch seine Film- und Gedankenwelten anlegt und diesen folgt. Ein wenig Orientierung bietet das Interview, das ich im Dezember 2019 mit ihm am Rande der Preisverleihung für sein Lebenswerk beim Europäischen Filmpreis in Berlin geführt habe.

In Deutschland ist Werner Herzog nicht annähernd so präsent wie etwa Wim Wenders oder Volker Schlöndorff. In der Filmpublizistik gibt es zwar viele Sammlungen kleinerer Essays diverser Autoren zum Werk Herzogs, aber keine durchgängige Monografie, sieht man einmal ab von Moritz Holfelders sogenannter «Biografie», die allerdings fast nur schildert, wie die Begegnung des Autors mit dem von ihm sichtlich verehrten Meister nicht zustande kommt. So wird das leider nur im englischen Original erschienene bibel-dicke Interviewbuch *Werner Herzog. A Guide for the Perplexed: Conversations with Paul Cronin* aus dem Jahr 2014 mit seinen genauen Nachfragen und seiner besonderen Empathie fast zu so etwas wie einem internationalen «Standardwerk», während in der deutschsprachigen Publizistik die Beschäftigung mit dem «außerordentlichsten Filmemacher deutscher Zunge» nur lückenhaft und oft uninspiriert geblieben ist.

Diese Lücke soll dieser «Reiseführer» schließen und gleichzeitig in einer sehr persönlichen Annäherung Werner Herzog den Platz zuweisen, den er als Künstler und Autor verdient hat. Dazu ist eine umfangreiche Werkkenntnis erforderlich, die ich mir in 40 Jahren, in der aktuellen Filmkritik tätig und mit filmhistorischen Studien befasst, angeeignet habe. Notwendig sind aber auch Seitenblicke auf die zeitgenössische Philosophie und den politischen wie kulturellen Zeitgeist, so wie sie im Werk Herzogs immer wieder angeregt werden. Gleichzeitig ist das Buch eine Reise in die vielfältigen, erschütternden und bewegenden Weltansichten des Werner Stipetić (so sein Geburtsname). Diese ist nicht möglich ohne ein emotionales Mitschwingen auf den Tonleitern seiner filmischen, großen

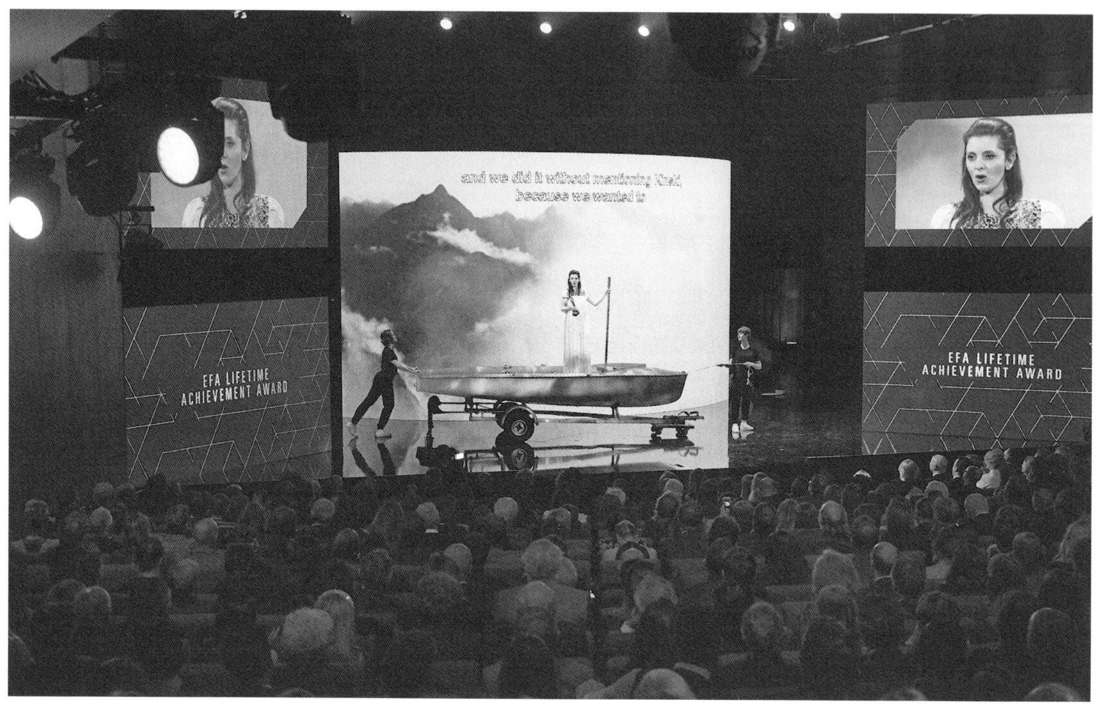

6 Für das Lebenswerk. Die Verleihung des Europäischen Filmpreis mit Opernarie im Haus der Berliner Festspiele 2019

Opern sowie deren konkreten Nachhall, den man immer wieder aus dem Werk ableiten muss. Also entsteht diese kritische Liebeserklärung aus der Erkenntnissuche, die dieses Buch hervorrufen soll, und ist eine im Wortsinne überfällige Einordnung in die Traditionslinien des deutschen Films in der sich das Weltbürgertum und die Persönlichkeit Werner Herzogs wiederfinden sollen. Die sehr persönliche Opernarie mit der er auf der Bühne des Europäischen Filmpreises zum Bild des Phantasie-Bootes, das über einen symbolischen Berg gezogen wird (Abb. 6), ähnlich wie der Flussdampfer des Kautschukbarons Fitzcarraldo in Herzogs berühmtem Film, geehrt wurde, gibt den kongenialen Ton vor für dieses Unterfangen, das ebenso unmöglich wie reizvoll ist:

«Werner Herzog, wer bist Du? Und wohin willst Du uns noch (ent-)führen?», singt Alexandra Hutton gegen Ende der Arie. Auf solche Fragen versucht dieser Reiseführer einige Antworten zu geben.

Die Moral des Illusionskünstlers: FAMILY ROMANCE, LLC

FAMILY ROMANCE, LLC ist Herzogs aktuellster Film, soeben fertiggestellt und in Deutschland vorweg nur ein einziges Mal gezeigt, später dann im deutschen Autorenfilm-Streaming-Dienst Mubi. Am Abend vor der Preisverleihung des Europäischen Filmpreises 2019 wird er in einem kleinen Berliner Kino einem ebenso kleinen wie auserlesenen Publikum gezeigt, nicht ohne eine Lanze zu brechen fürs «einfach machen», so wie Herzog selbst diesen Film ohne lange nachzudenken angegangen ist. Herzog wird sehr schnell zu einem mitreißenden Propagandisten seines speziellen Konzepts, dass jeder ein Filmkünstler sein könne, als ein Mann aufsteht und seine Geschichte zu erzählen beginnt: Vor langer Zeit habe er

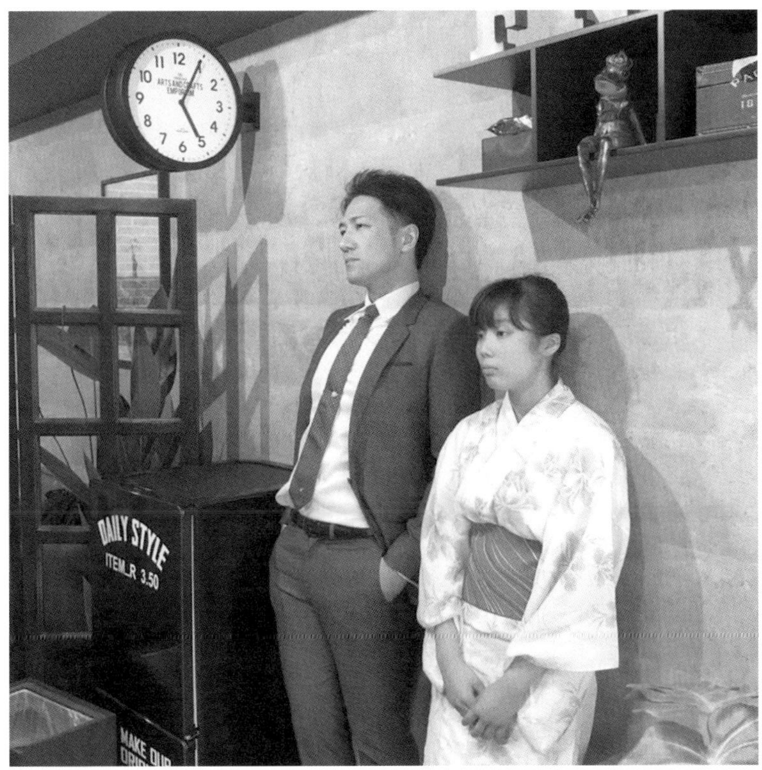

7 Der Illusionskünstler Yuishi Iishii und seine «Kundin» in FAMILY ROMANCE LLC.

Herzog noch bei der Uraufführung von FITZCARRALDO einfach mal gefragt, ob er für ihn arbeiten könne. «Nein», habe Herzog gleich geantwortet, «aber haben Sie nicht selbst irgendwelche Projekte?» – «Doch.» – «Ja dann machen Sie es.» Und der Mann erzählt weiter: Inzwischen habe er selbst 20 Filme gedreht und sei glücklich und zufrieden damit, auch wenn diese Filme vollkommen unbekannt geblieben seien. «Na prima», antwortet Herzog. «Immer sofort machen.» Er selbst frage sich auch bei manchen seiner Filme: Hab ich das wirklich gemacht? «‹Doch›, sagt dann mein Bruder Lucki Stipetić, ‹den hast du gemacht, FATA MORGANA zum Beispiel.›»

FAMILY ROMANCE, LLC
USA 2019. 89 Min.
Darsteller: Yuichi Ishii, Mahiro Tanimoto; **Kamera:** Werner Herzog; **Musik:** Ernst Reijseger
Japanisch mit englischen Untertiteln
Aufführungen: Hofer Filmtage 2019 und in einer einzigen Sondervorführung beim Europäischen Filmpreis 2019 in Berlin. Danach im Streaming-Dienst Mubi

Auch FAMILY ROMANCE, LLC zum Beispiel sei sehr schnell und unkompliziert zustande gekommen. Ein ehemaliger Schüler seiner «Rogue Film School», seiner unkonventionellen «Schurken-Filmschule» in Los Angeles, habe ihm vom «Rental Family Service» erzählt, der in Japan tatsächlich seit den 1990er-Jahren existiert. Er habe ihm dann gleich gesagt: «Guter Stoff, mach das.» Weil aber der junge Mann sich noch nicht zugetraut habe, das Projekt zu stemmen, habe er gleich selbst zugegriffen und sei mit einem kleinen Team nach Japan gereist. «Ich hab auch die Kamera geführt und die Kostüme entworfen.» Am Ende musste er Kunstnamen für seine verschiedenen Tätigkeiten in allen Gewerken erfinden, damit der Abspann für die Schlussmusik gereicht hat, sonst wäre er zu kurz gewesen. Außerdem ist der Film komplett auf Japanisch gedreht, was Herzog sich bei den Dreharbeiten in jeder Szene – teilweise angeblich von Computerprogrammen – übersetzen lassen musste. In der Recherche habe ihm sein Hauptdarsteller, Ishii, erzählt, dass ein japanisches Fernsehteam für einen Dokumentarfilm von ihm die Adresse eines ehemaligen Kunden seiner Firma verlangt habe. Doch dann haben sie festgestellt, dass er ihnen einfach einen seiner Schauspieler genannt habe. Als sie ihm das vorwarfen, habe er geantwortet: «Wenn Sie wirklich wissen wollen, wie das läuft, kann nur einer wie er, Ihnen das sagen. Die Auftraggeber werden sie immer belügen.» Nicht nur deswegen hat sich Herzog entschlossen den Stoff nicht als Dokumentarfilm zu realisieren, sondern Ishii quasi sich selbst spielen zu lassen.

Beim «Rental Family Service» kann man «falsche» Familienmitglieder mieten für Familienfeiern oder andere Personen für gesellschaftliche Ereignisse wie Firmenjubiläen oder Ähnliches. Auch Großeltern oder «schöne Männer, die weinen» oder eben Ersatzväter sind im Angebot. Denkbar sei auch, dass jemand gegen Honorar die Schuld für ein Vergehen bei der Arbeit

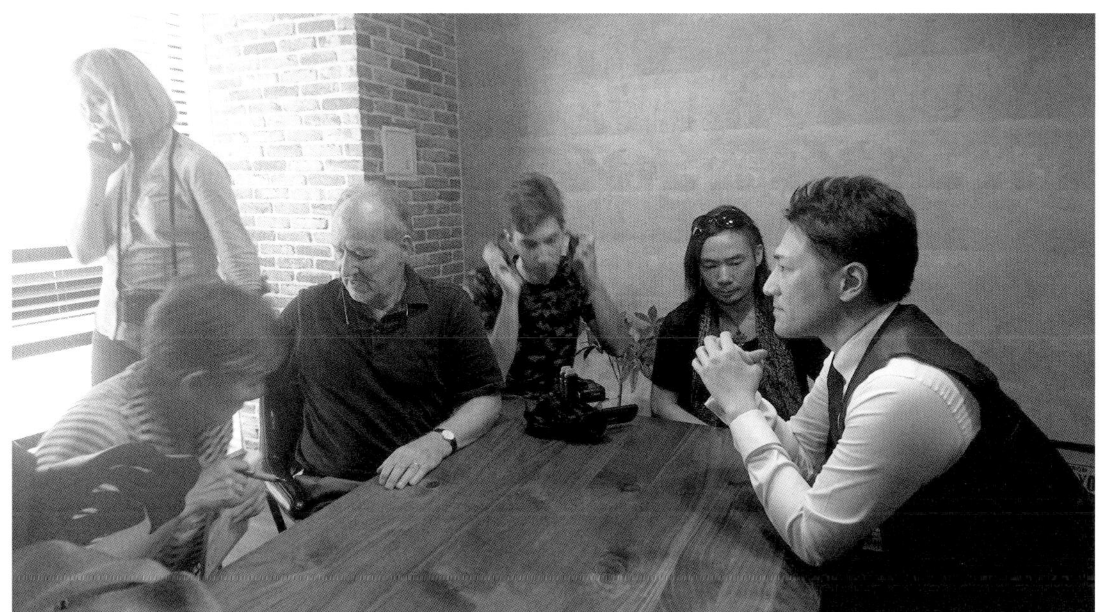

8 Herzog überprüft seine Aufnahmen. Ihm gegenüber Yuishi Iishii. Beim Dreh von FAMILY ROMANCE LLC.

übernimmt, was Herzog in seinem Film auch augenzwinkernd zitiert mit der bizarren Geschichte eines Mannes, der einen Zug zwanzig Sekunden zu früh abfahren ließ, wofür er sich peinlichst mit einem tiefen Kotau entschuldigen muss. Diese kleine Episode zeigt, was man aus diesem Material auch hätte machen können: eine böse, schräge schwarze Komödie. Doch Herzog entzieht sich dieser Verführung, die das Sujet bietet, gleich von Anfang an dadurch, dass er stilistisch zum sehr ernsten Melodram tendiert. Sehr schnell hatte er sich entschieden, diesen Film FAMILY ROMANCE, LLC außerhalb der üblichen Produktionskonventionen mit kleinem Team und selbstgeführter wackliger Handkamera zu drehen (Abb. 8). Als Hauptdarsteller hatte er Yuichi Ishii verpflichtet, der auch im wirklichen Leben ein Unternehmen mit derartigen Illusionskünstlern betreibt. Trotz dieser Rahmenbedingungen ist auf diese Weise durchaus kein Dokufiction-Film entstanden. «Trotzdem denken viele immer noch, es wäre ein Dokumentarfilm.» Tatsächlich ist vielleicht die mehrfache Verfremdung des Stoffes dafür verantwortlich, dass dieser so besonders authentisch und wahrhaftig wirkt. Auch wenn Hauptfigur Ishii als Fake-Darsteller von einer «Baustelle» zur anderen hetzt, so konzentriert sich der Film sehr schnell auf die Frage: Was geschieht denn eigentlich, wenn in diesem Reigen der falschen Gefühle auf einmal echte Zuneigung entsteht? (Abb. 7)Das ist Hauptdarsteller Ishii nach eigener Aussage in seiner Funktion als Darsteller seiner Illusionsfirma «Family Romance» tatsächlich einmal passiert.

Werner Herzog macht diese Frage zum Kern seiner fiktiven Geschichte, in der die Hauptfigur den Auftrag bekommt, für die 12-jährige Mahiro den Vater zu spielen, den sie nie kennengelernt hat. Die beiden finden immer mehr zu ihren Rollen, wobei das junge Mädchen wirklich glaubt, plötzlich ihren abwesenden Vater vor sich zu haben, während Ishii professionell immer neue künstlich erzeugte emotionale Momente kreiert, die ein Vater mit seiner Tochter erleben könnte. Mit Lampions erleuchtete Ruderboote oder die überwältigende Blütenpracht der Kirschbäume orchestrieren die langsam erwachenden echten Gefühle zwischen den beiden, die allerdings den abgebrühten Illusionskünstler immer mehr an seiner Profession zweifeln lassen. Welches Recht hat er überhaupt, dem Mädchen solche falschen Gefühle vorzuspielen, fragt sich Ishii und zweifelt damit mehr und mehr an den Grundlagen seiner Existenz, bis er schließlich seinen Auftrag an die Mutter, die ihn für seine Dienste bezahlt hat, zurückgibt. Ebenso wie ihre Tochter hat auch diese inzwischen echte Gefühle für ihn entwickelt.

Und wie geht es mit Ishii weiter? Ist nicht sein Beruf sehr eng verwandt mit dem des Filmemachers, der ebenfalls Emotionen bei seinem Publikum hervorruft, die er realiter nicht einlösen möchte und auch nicht kann. Will nicht auch die Illusionskunst des Films ihre Konsumenten von ihren falschen Glücksversprechen geradezu «abhängig» machen. Der Film ist trotz aller Leichtigkeit mancher komödiantischer Überhöhungen, wenn Ishii etwa für eine ehemalige Lotteriegewinnerin den Moment ihres Glücks immer wieder neu hervorzuzaubern versucht. Trotz der Schönheit seiner filmischen Poesietraumgebilde zwischen «Vater» und «Tochter», die Herzog geradezu zelebriert, ist es vor allem ein moralischer Film, der ganz nebenbei auch die Ethik der schönen Illusionskunst Film selbst aufs Korn nimmt. Und vielleicht ist es das Überraschendste an diesem Film eines 77-Jährigen, dass er wirkt wie die Arbeit eines Jungfilmers, der gerade erst dabei ist, das komplexe moralische Gestrüpp seines Berufes und dessen Verantwortung zu entdecken.

Auch so kann ein Film über das Filmemachen aussehen, der fast ganz nebenbei auch die aktuell erreichte Künstlichkeit aller menschlicher Lebensäußerungen vom Roboter gesteuerten Hotel bis zur Doppel- und Dreifachexistenz in den sozialen Netzwerken des Digitalen als Thema aufnimmt und zeigt, dass es am Ende doch immer nur um die Authentizität der echten Gefühle geht. Aus vergleichsweise kargen 300 Stunden gedrehtem Material und auch noch in einer fremder Sprache hat Werner Herzog einen seiner persönlichsten Filme gemacht: Wie findet man das Glück und wie muss ein Film aussehen, der einem bei der Suche danach behilflich sein kann? Jeden folgenden Herzog-Film wird man nach dieser selbstreflexiven Bestandsaufnahme mit anderen Augen anschauen – auch wegen seiner schlichten Schönheit als fast naives Melodrama. Herzogs 8 ½, also frei nach Federico Fellinis Film, die filmische Bestandsaufnahme seines Selbstverständnisses ist dieser Film schon deshalb nicht, weil das Selbstreflexive bei Herzog zu jedem seiner Filme und somit auf jeder Stufe seines filmischen Schaffens dazugehört. Trotzdem enthält FAMILY ROMANCE, LLC ein gewisses Innehalten – allerdings auf einem sehr hohen Niveau.

«Gefühle sind immer authentisch» Geschichten erzählen – seit Jahrzehntausenden

Ein Gespräch mit Werner Herzog

Preisträger Europäischer Filmpreis 2019
Bester Film: THE FAVOURITE von Yorgos Lanthimos
Bester Regisseur: Yorgos Lanthimos
Beste Darstellerin: Olivia Colman in THE FAVOURITE
Bester Darsteller: Antonio Banderas in LEID UND HERRLICHKEIT

Ein Konferenzzimmer in einem Berliner Hotel am Vorabend der Preisverleihung des Lifetime Achievement Awards an Werner Herzog beim Europäischen Filmpreis. Im Umfeld spricht sich so langsam herum, wer die aktuellen Preise des Jahres 2019 gewonnen hat. Als Werner Herzog sich gerade an meine Fragen gewöhnt und immer mehr Lust bekommt zu antworten, stürmt ein tief enttäuschter Pedro Almodóvar in den Raum, den er nun für ein improvisiertes Gespräch zur Lage mit der Entourage seines Films LEID UND HERRLICHKEIT nutzen will, weil er überraschenderweise nicht gewonnen hat. Unser Interview beendet er deswegen kurzerhand und kürzt es damit ab. Nur diesen einen Raum hat die Europäische Filmakademie für Gespräche angemietet. Auch drängeln schon die Mitarbeiter des Preiskomitees Herzog, sich doch auf die Abendzeremonie einzustellen, weswegen der sich entschuldigend verabschiedet. Dabei hatte Werner Herzog zu Beginn des Gesprächs brav mein Aufnahmegerät und dessen Qualität bewundert. Er gibt sich als aufmerksamer und interessierter Zuhörer und bedauert schon vorneweg, dass er so wenig Zeit hat und längst beim übernächsten Schritt nach der Preisverleihung und seiner Abreise nach Los Angeles ist, wo er seinen Dokumentarfilm über Meteoriten und den damit zusammenhängenden Menschheitsmythen in Australien und Mexiko FIREBALL – BESUCH AUS FERNEN WELTEN montieren wird. Ein äußerst typisches Herzog-Thema, das er nach Blicken in den tiefen Schlund der Vulkane und in sämtliche Abgründe der menschlichen Existenz, von denen in diesem Buch noch die Rede sein wird, angehen will.

Wolfram Schütte – Feuilletonchef und Filmkritiker der Frankfurter Rundschau bis 1999. Autor zahlreicher Bücher über Film- und Filmemacher, Miterfinder und Herausgeber der stilbildenden «Blauen Reihe» bei Hanser, darunter auch ein Band über Werner Herzog, Alexander Kluge und Jean Marie Straub . Gilt als ungekrönter «Kritikerpapst» der 1970er-Jahre .

JOSEF SCHNELLE: **Ich soll Sie auch im Namen von Wolfram Schütte grüßen. Dem hab ich erzählt, dass ich Sie treffe und**

ich soll Sie sehr grüßen und was hat er gesagt: «Er ist immer noch der Außerordentlichste des Neuen Deutschen Films: unser Glauber Rocha.»

WERNER HERZOG: Das ist ehrenvoll, wenn er das sagt, weil ich Glauber Rocha sehr schätze und diese wüste Phantasie, mit der er Filme gemacht hat, hat mich immer beeindruckt und das deutet eigentlich auch weg vom deutschen Film. Das was der Neue Deutsche Film damals in den 60er- oder 70er-Jahren gemacht hat, war ja sehr dem Trend der Zeit verfallen und befand sich sehr mit der Bundesrepublik Deutschland in Einklang. Ich dagegen habe immer Sachen gemacht, die eigentlich bayerisch waren – also barocke und wüstere Geschichten, Dinge, die mit der deutschen Wirklichkeit nicht direkt zu tun hatten wie AGUIRRE, DER ZORN GOTTES, d. h. spanische Eroberer im Amazonasurwald auf Flößen auf der Suche nach «El Dorado». Das hatte mit der bundesrepublikanischen Wirklichkeit nichts zu tun und insofern bin ich eigentlich immer ein bisschen vorsichtig, wenn ich dem deutschen Film zu sehr zugerechnet werde. Fassbinder war ja auch bayerisch zum Beispiel.

Vielen Dank für diesen wunderbaren neuen Film FAMILY ROMANCE, LLC, den wir gerade gesehen haben. Sie müssen mal kurz erzählen, wie Sie an die Geschichte gekommen sind und dann was dazu sagen, wie es denn war, so eine Art Kammerspiel zu machen. Das haben Sie – glaube ich – kaum gemacht.

Doch, es gibt natürlich auch Kammerspiele in meinem Werk, zum Beispiel WOYZECK ist eines der Kammerspiele. Aber die Entstehungsgeschichte von FAMILY ROMANCE, LLC war relativ rasch und spontan. Einem ehemaligen Teilnehmer eines Seminars, das ich gegeben habe in der Rogue Film School, in der «Schurken-Filmschule», dem hatte ich immer gesagt: «Eigentlich bist Du sehr begabt als Filmemacher. Aber ich habe das

Glauber Rocha – legendärer brasilianischer Filmregisseur (1938–1981), Gründer des Cinema Novo. Wichtige Filme LAND IN TRANCE (1967) und ANTONIO DAS MORTES (1968), DER LEONE HAVE SEPT CABEÇAS (1969). Bekannt für seinen assoziativen poetisch-realistischen Filmstil. Die esperantoartige Sprachverwirrung im Titel ist Absicht. Seine Filme gehörten zu den Hits der frühen Programmkinos und der Reihe «Der besondere Film» im deutschen Fernsehen.

FAMILY ROMANCE, LLC – letzter fertiggestellter Spielfilm von Werner Herzog 2019. Komplett gedreht in Japan mit japanischen Darstellern und in der Landessprache. Erstmalig präsentiert auf den Hofer Filmtagen 2019 und am Vorabend der Verleihung des Europäischen Filmpreises für sein Lebenswerk im Haus der Festspiele in Berlin am 7.12.2019. Eine Familie beauftragt einen Schauspieler, für die pubertierende Tochter den verschollenen Vater zu verkörpern. Doch der Illusionist bekommt Zweifel an dem Glücksversprechen, das er für sie nur scheinbar erfüllen kann. Er zieht sich seiner moralischen Zweifel wegen zurück.

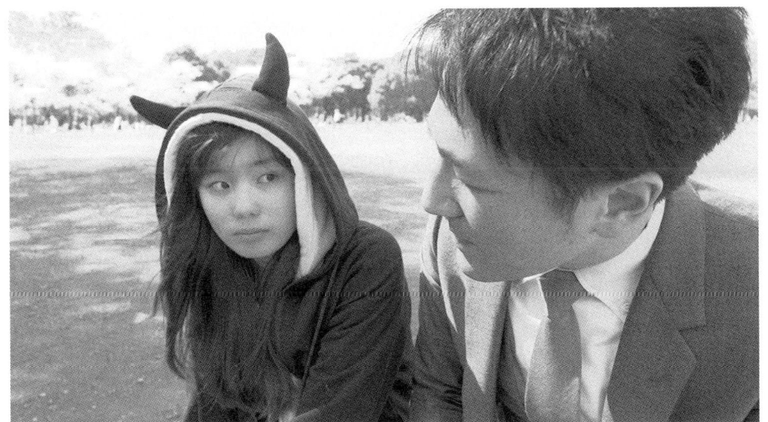

9 Zweifel am Glücksversprechen. Yuishi Iishii mit seiner Filmtochter in FAMILY ROMANCE, LLC.

Rogue Film School – eine etwas «andere Filmschule», die Werner Herzog 2016 gründete und seither in unregelmäßigen Abständen in Seminarform abhält. Auf deren Website heißt es: «The Rogue Film School is not for the faint-hearted. It is for those who have travelled on foot, who have worked as bouncers in sex clubs or as wardens in a lunatic asylum. In short: for those who have a sense of poetry. For those who are pilgrims. For those who can tell a story to four year old children and hold their attention. For those who have a fire burning within. For those who have a dream.»

Gefühl: Du schreibst besser, schreib, schreib, schreib!» Und der kam auf einmal auf mich zu und brachte mir einen Artikel, den er geschrieben hatte über eine Firma «Family Romance» in Tokio, die sich darauf spezialisiert hat, für einsame Menschen vor allem Freunde, die ihnen fehlen, zu vermitteln. Oder bei Familienfesten Familienmitglieder, die fehlen, herbeizuschaffen: Eine Hochzeit, wo der Vater angeblich Epileptiker ist und nicht kommen kann, aber in Wirklichkeit ist er Alkoholiker und kann nicht hergezeigt werden und dann wird schnell ein «Ersatzvater» gemietet, der sich sachkundig machen muss. Eine Situation also, wo alles gelogen ist, wo alles «Performance» ist, wo alles erfunden ist, wo alle menschlichen Beziehungen «inszeniert» werden. Das geht eigentlich ganz tief hinein in die Frage: was macht eigentlich unsere Welt aus? Sind wir nicht selber auch in «Perfomances» verstrickt, so wie wir leben und wie wir uns darstellen? Sind unsere Familienmitglieder nicht möglicherweise heimlich gemietet von jemand anderem? [Abb. 9]
Zu diesem jungen Mann, der mir den Artikel zeigte mit «Family Romance» hab ich sofort gesagt: Da musst Du einen Film draus machen. Und der meinte: Nein, das trau ich mich noch nicht so ganz. Und ich sagte: Wenn Du's nicht machst, würd ich's gerne machen. Ja, wunderbar. Wir machen das. Das ging dann sehr rasch mit den Kontakten zu der Hauptfigur, die diese Firma gegründet hat und inzwischen fast 2000 Schauspieler oder Agenten ausschickt und vermittelt. Es gibt inzwischen vier oder fünf andere solcher Agenturen. Das entwickelt sich explosionsartig und kommt im Übrigen auch auf uns über kurz oder lang zu. Wir waren uns dann ganz schnell einig, dass Ishii selbst die Hauptrolle spielen sollte und ich habe dann ein grobes Drehbuch gehabt. Es ist alles inszeniert, alles mit Schauspielern. Alles in japanischer Sprache, doch die sprech ich nicht einmal. Und es ist so authentisch, dass japanische Kritiker geglaubt haben, es sei ein Dokumentarfilm. Dabei ist alles inszeniert.

Mir ist es so gegangen, als ich das gesehen habe, wobei ich den Film ganz großartig finde, auch großartig gespielt und gefilmt, aber dann hab ich gedacht: Er spricht ja über sich selbst, der Herzog. Weil Glücksversprecher, Illusionsmacher sind Sie ja auch als Filmemacher.

Ja, das ist jeder, der Filme macht. Er arbeitet als Illusionist.

Ja, und Ihre Hauptfigur fragt ja nach der Moral seines Handelns. Also fragen Sie auch nach der Moral Ihres Tuns als Filmemacher?

Ja, in dem Film vielleicht. Ich habe die Verbindungen der Firma «Family Romance» und ihren Inszenierungen zu meiner Arbeit eigentlich nie gezogen. Sie sind der Erste, der das erwähnt. Der Gedanke ist aber interessant. Ich werde mich unweigerlich auch damit beschäftigen müssen. Es ist nichts Verkehrtes daran, dass man erfinderisch ist, dass man Märchen erzählt, dass man Fantasy-Filme macht. Dass man «Film Noir» macht, dass man Gangstergeschichten erzählt.

Aber man übernimmt damit eine Verantwortung. Darum geht's doch. Das hab ich in wenigen anderen Filmen so klar als Thema wiedergefunden.

Vor allem: Tiefer noch als die Frage nach der Verantwortung geht die Frage, was ist eigentlich die Wirklichkeit, in der wir uns bewegen? Wer sind wir selbst? Wie stellen wir uns der Außenwelt gegenüber dar? Das sehen Sie vor allem jetzt bei den Social Media. Bei Facebook präsentiert man ja fast immer eine beschönigte Version von sich selbst, eine fabrizierte Außenansicht und das ist natürlich interessant, wenn das ein solches überwältigendes Massenphänomen geworden ist. Und das Seltsame bei der ganzen Geschichte ist auch: Je mehr Sie sich hineinbewegen in Performances oder inszenierte Freundschaften oder inszenierte Familiennähe, je mehr Sie das wahrnehmen als Zuschauer oder selbst als Beteiligter, desto mehr fragen Sie sich natürlich auch nach Ihren eigenen Gefühlen. Das Seltsame ist: Die Gefühle sind immer authentisch und wir kennen das ja auch von uns selbst. Die Jungens, die mit dem Teddybären spielen und die den Teddybären lieben über alles, und die Mädchen, die normalerweise mit Puppen spielen und dort Gefühle projizieren oder mit Haustieren, und wir «vermieten» ja auch in unserem Leben Familienmitglieder. «Babysitting» ist ein Phänomen, das wir seit über 100 Jahren betreiben. Da wird ein abwesendes Elternteil angemietet.

Jetzt mal weg von Ihrem aktuellen Film und eine allgemeinere Frage: Spiritualität spielt bei Ihren Filmen immer eine besondere Rolle? Das steht manchmal bei Ihren Filmen sehr stark im Vordergrund. Bei DIE HÖHLE DER VERGESSENEN TRÄUME, dem Film aus der Chauvet-Höhle zum Beispiel, finde ich das. Das ist eine gute, interessante, fast religiöse Predigt, die sie da halten. [Abb. 10]

Na ja predigen tu ich normalerweise nicht. Ich mache Filme. Da müssen Sie vorsichtig sein. Aber Sie haben den Begriff vielleicht auch ganz richtig getroffen: Denn in dem Film geht es ja um eine Höhle, in der die frühesten Höhlenmalereien überhaupt entdeckt wurden, von vor 35 000 Jahren und einer

Chauvet-Höhle – In dem Dokumentarfilm – in faszinierend originalem 3D-Format – DIE HÖHLE DER VERGESSENEN TRÄUME zeigt Werner Herzog 2010 Einblicke in die gerade entdeckte Höhle von Chauvet und versieht seinen Film mit einem eindrucksvollen essayistischen Text über die Lebens- und Gefühlswelt der Menschen der Urzeit, den er selber spricht. Man kann diese Höhle nicht mehr betreten. Stattdessen wurde in unmittelbarer Nähe ein Nachbau errichtet die «Grotte Chauvet 2», in der die Originalhöhlenmalereien an den entsprechenden Stellen dreidimensional und in Farbe wiedergegeben werden. Diese Einrichtung steht Besuchern offen. Ansonsten kann man nur in Werner Herzogs Film einen Blick auf den «Louvre der Vorzeit» werfen.

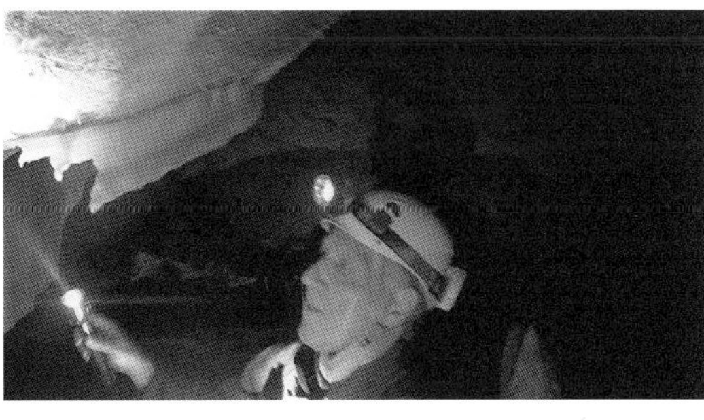

10 Erleuchtet: Herzog als Höhlenforscher in Chauvet

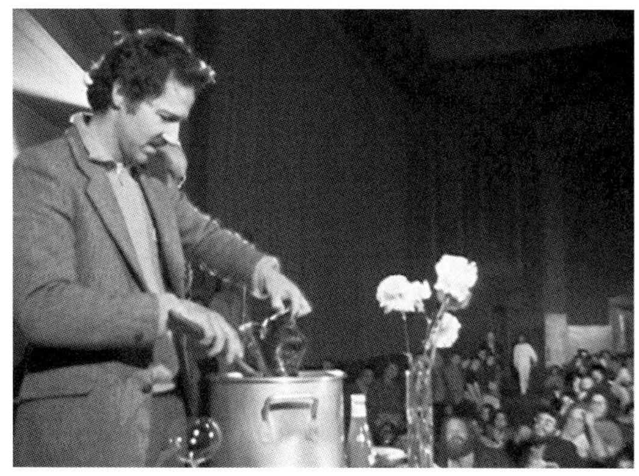

11 Schuh im Topf

der Wissenschaftler, der das erforscht sagt: Eigentlich müssten wir uns richtigerweise nicht «Homo sapiens», vernünftiger Mensch, benennen, sondern wir müssten uns «Homo spiritualis», Mensch mit Geist, nennen. Das wäre die richtigere Bezeichnung für uns. Insofern kommt das Thema direkt vor meine Kamera, ohne dass ich etwas Besonderes dazu tun muss. Was im tiefen kulturellen Gedächtnis der Menschheit in uns langsam gewachsen ist nämlich: Wir erzählen Geschichten seit Jahrzehntausenden. Das ist unumstritten. Das hat es nachweislich schon gegeben: religiöse Vorstellungen seit Jahrzehntausenden. Und Spirituelles. Das unterscheidet uns eben ganz offensichtlich vom Neandertaler, noch mehr von der Kuh auf der Weide.

Sie haben bei vielen Gelegenheiten so schön geredet über Ihre Rollen im Film als Schauspieler, ja klar, aber das zieht sehr viel weitere Kreise. Sie inszenieren sich ja immerzu auch so ein bisschen selbst: dieses Schuh-Essen [Abb. 11] zum Beispiel, die Wanderung zu Lotte Eisner nach Paris, das sind alles Selbstinszenierungen.

Ja klar. Das gibt's nur, weil's gefilmt wurde und es war immer klar: Das ist nur für's Familienalbum. Das ist nur ein Spaß für unsere besten Freunde. Und wenn wir ein Bier miteinander trinken, dann zeigen wir das im kleinsten Kreis mal. Es wurde aber veröffentlicht. Dass man einen Schuh isst, ist aber völlig OK. In dem Fall ging's ja darum, dass ich einen ganz berühmten, später oscarprämierten Regisseur, Errol Morris, dazu angeschubst

Schuh Essen – In WERNER HERZOG EATS HIS SHOE (1980) von Filmemacherkollegen Les Blank verspeist Herzog tatsächlich sichtbar seinen Schuh samt Schürsenkeln, erinnernd an Charlie Chaplin in GOLDRAUSCH (1925), wegen einer verlorenen Wette mit Errol Morris, nachdem dieser seinen ersten Dokumentarfilm GATES OF HEAVEN vollendet hatte. Herzog kocht den Schuh und philosophiert übers Essen und Filme machen.

JACK REACHER – In dem Actionfilm von Christopher McQuarrie spielte Werner Herzog 2012 den Bösewicht Zec Tschelovek, der unter anderem ein denkwürdiges Finale als Gegenspieler von Tom Cruise bestreitet.

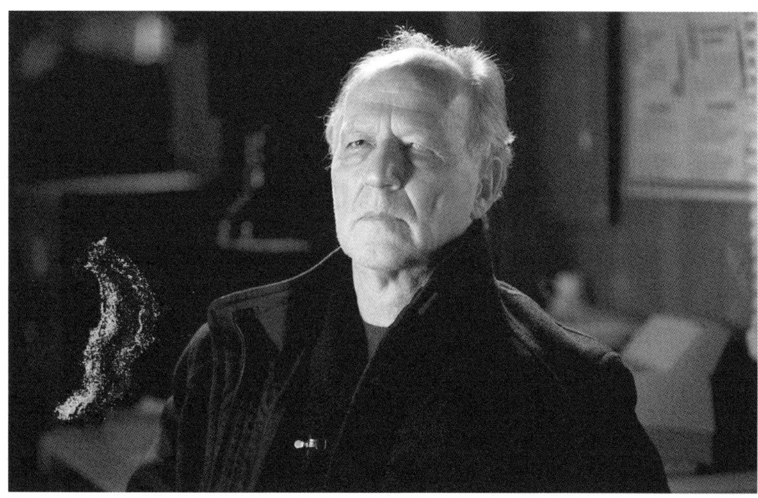

12 Als Zec Tschelovek in JACK REACHER

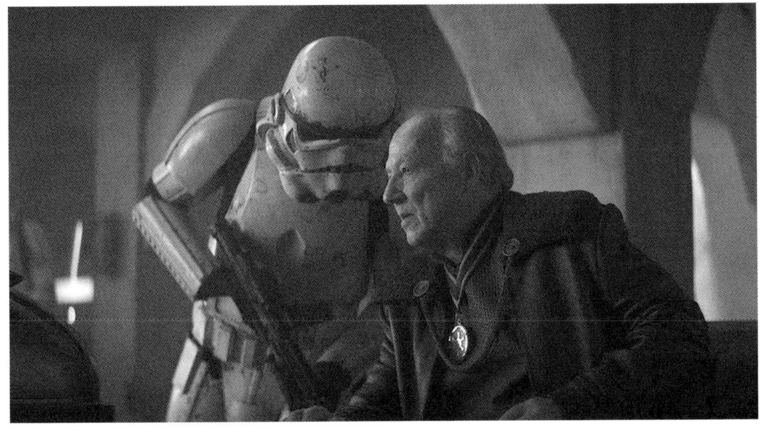

13 Unter Bösewichten. Im Gespräch mit einem Stormtrooper (The Mandolrian)

habe, seinen ersten Film tatsächlich fertig zu machen. Für so was ess' ich gerne heute noch meinen Schuh.

Ich hab mir gestern noch in der Vorbereitung Jack Reacher **angeschaut. Da finde ich die Figur, die Sie da spielen, auch sehr interessant** [Abb. 12]. **Man hat bei manchen Sätzen, die diese Bösewichtfigur spricht – so was wird ja normalerweise nicht beachtet – den Eindruck, dass Sie ausdrücklich auf Ihr gesamtes Werk hinweisen, finde ich. Sie haben neulich so ein bisschen salopp gesagt: dann – wenn Sie diese Rollen spielen – fühlen Sie sich irgendwie entlastet, befreit.**

Im Gegensatz zu dem, was ich normalerweise mache, kann ich mal hinaustreten und die Realität des Platzes hinter der Kamera verlassen und dann vor der Kamera jemanden spielen, der möglichst viel Schrecken verbreiten soll fürs Publikum. Das fällt mir leicht, obwohl ich als Privatperson natürlich völlig anders bin. Es ist eine «Performance». Meine Frau wird Ihnen Stein und Bein schwören, dass ich ein «flauschiger Ehemann» bin.

Jetzt haben Sie zuletzt Baby Yoda Grogu gerettet in The Mandalorian, **wo Sie ebenfalls als Bösewicht auftreten** [Abb. 13].

Wenn ich nur einen kleinen Nebensatz mache, melden sich 50 Millionen Leute im Internet. Ich habe damals beim Drehen nur einmal gesagt zu dem Regisseur: Ersetzt diese wunderbar gemachte kleine Figur nicht durch einen digitalen Effekt. Das ist so herzergreifend, was ihr seht. Lasst es so, wie es ist.

The Mandalorian – In der Star-Wars-Spin-off-Serie The Mandalorian (2019) von Jon Favreau (Idee und Produktion) um den Kopfgeldjäger von Boba Fett spielt Werner Herzog einen der Strippenzieher der Bösewichte und ist trotzdem dem kleinen Helden Baby Yoda äußerst zugetan. Ohne jede Kenntnisse des Star-Wars-Universums hat sich Herzog, seiner eigenen Aussage nach, bei den Dreharbeiten zu dieser inzwischen zur Kult-Serie avancierten Produktion sehr wohl gefühlt und für die Erhaltung des kleinen grünen Jedi-Ritters als Realfigur im Babyformat gekämpft. Die Serie lief ab März 2020 beim auch produzierenden Streaming-Dienst «Disney+», wo auch die zweite Staffel mit der Aufklärung des Rätsels um Baby Yoda «Grogu» läuft.

Wer bin ich? Rollen der Selbst(er)findung

Stets weiß er, wo die Kamera steht und sei sie nur imaginiert, und er spricht ganz unmittelbar zu ihr. Das ist keine Eitelkeit, kein Trainingsspiel für einen öffentlichen Auftritt, sondern ein Wesenszug des Werner Herzog. Dieser Mann hat etwas mitzuteilen, um nicht zu sagen, etwas zu verkünden. Seine Stimme ist stets präsent, aber niemals unangemessen laut. Seine Körperhaltung ist einnehmend. Auch wenn er dazu keine spezielle Geste benötigt «umarmt» er seine Gesprächspartner und er kann sie umgarnen, sogar fast bis zu kompletter Arglosigkeit einschläfern, was er besonders deutlich in seinen gefilmten Interviews zeigt, zum Beispiel in denen mit verurteilten Mördern im Todestrakt 2012. Mit sanfter Stimme sitzt er diesen – sie sind oft hinter Gittern – fast statuarisch gegenüber und schleicht sich mit leiser Stimme in deren Unterbewusstsein und er schafft es, dass deren oberflächliche Schutzbehauptungen sich auflösen in die abgründigen Wahrheiten dahinter. Werner Herzogs Selbstinszenierungen sind aber nicht die eines Inquisitors. Er schmeichelt, weicht ironisch zur Seite, um dann wieder vorzustoßen ins Zentrum dessen, was ihn gerade beschäftigt. Oder plaudert sich durch die ganze Menschheitsgeschichte bei der Betrachtung des «Louvre der Urzeit» in den Höhlen von Chauvet mit ihren Wandmalereien in DIE HÖHLE DER VERGESSENEN TRÄUME (Abb. 14). Ganz wie ein Preisboxer schwankt er oft auch physisch ein wenig hin und

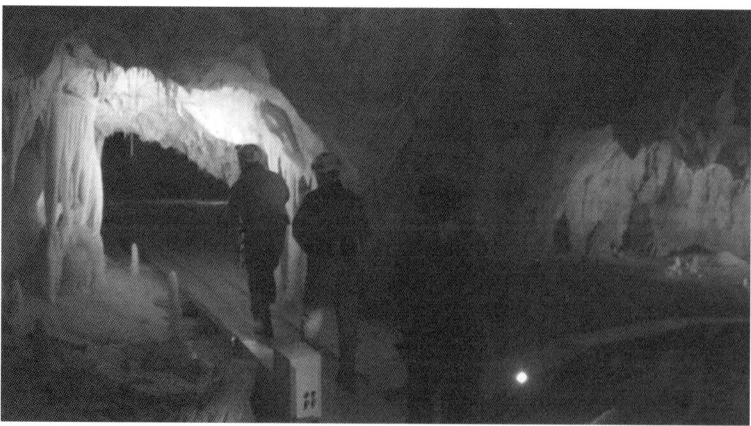

14 Im Louvre der Urzeit (DIE HÖHLE DER VERGESSENEN TRÄUME)

her. Auch mit dem ganzen Körper signalisiert er so, dass er irgendwann vorstoßen will in neue Gefilde. Und stets hat er diese Körperspannung in sich, die zweifelsfrei den nahen Ausbruch von Leidenschaft ankündigt. Das ist im Leben so und auch und vor allem in den kleinen Filmrollen, von denen Werner Herzog nicht wenige übernommen hat.

«Genug, sowas gibt's nicht», sagt Zec Tschelovek. Der ist 2012 die graue Eminenz der Bösewichte in dem Actionfilm JACK REACHER von Christopher McQuarrie und er wird – mit extremen Unterlicht angestrahlt – gespielt von Werner Herzog. Kurz vor seinem natürlich aussichtslosen Duell mit dem positiven Helden dieses Films, gespielt von Tom Cruise, sagt er noch: «Wir holen uns, was wir kriegen können.» Dabei grinst der Schauspieler Werner Herzog so diabolisch, wie es eben geht. Immer mal wieder hat Herzog kleine Rollen in Filmen anderer Regisseure übernommen. «Ich bin gut als Bösewicht, weil ich gefährlich aussehe, bevor ich rede», sagt er gerne über sich. Als Pokerspieler namens «Der Deutsche» in Zak Penns Film THE GRAND 2008 zum Beispiel, wo seine Figur besonders gerne kleine Tiere quält.

Einen ebenso kurzen und markanten Auftritt hatte er zuletzt in der STAR-WARS-Spin-off-Serie THE MANDALORIAN 2020 als «Der Auftraggeber», der den strengen Kopfgeldjäger im Stahlkostüm beauftragt hat, ausgerechnet den netten Baby Yoda zu kidnappen (Abb. 15). Herzog klopft einmal lustvoll ans Stahlkostüm des Serienhelden und lobt dessen Aufzug grinsend als «exquisite Handwerksarbeit». Die Pläne des Auftraggebers sind offenbar so düster, dass der Mandalorianer alles daran setzt, den kleinen, ebenso süßen wie rätselhaften zukünftigen Jedi-Ritter, der aber schon als Kind buchstäblich Berge versetzen kann, aus seinen Klauen zu befreien, was ihm dann auch im synthetischen «Pulverdampf» einer überraschenden Schießerei mit den Stormtroopern, die Herzog umgeben, gelingt. Der Auftraggeber verschwindet. Fürs Erste jedenfalls, denn aus den Produzentenkreisen schon angekündigter künftiger Staffeln hört man, dass «Der Auftraggeber» wiederkehren könnte. Es läuft gerade die zweite Staffel, die dritte ist in Vorbereitung. Sogar Star-Regisseur Roberto Rodriguez posierte schon als künftiger Macher in der Serie mit Baby Yoda, der jetzt auch einen Namen hat: Er heißt Grogu, ist also nicht identisch mit

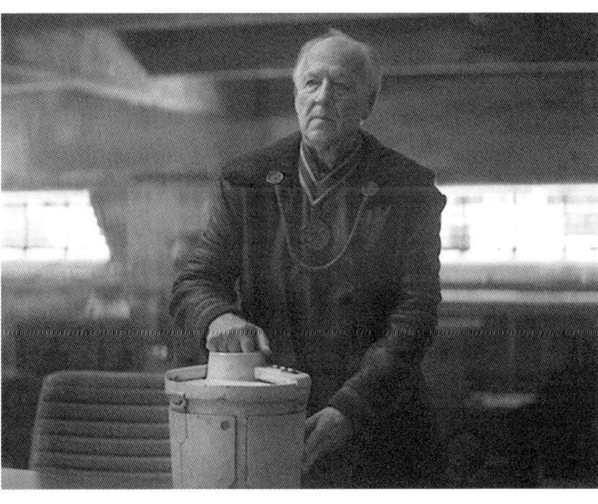

15 Der Auftrageber (THE MANDALORIAN)

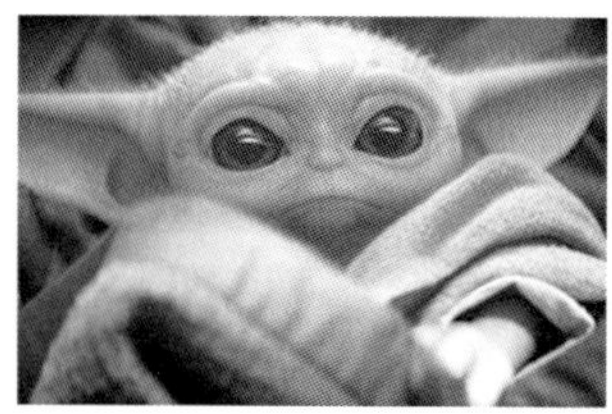

16 Baby Yoda Grogu in THE MANDALORIAN

oder eine Kindform von Yoda selbst (Abb. 16). Schließlich ist, wie Herzogs Figur anmerkt, «Humpty Dumpty Hunting» eine komplizierte Aufgabe, wie geschaffen für einen wie Werner Herzog. Wobei sicher nicht «Humpty Dumpty» das bucklige Ei mit dem Menschengesicht aus Lewis Carrolls *Alice hinter den Spiegeln* gemeint ist, sondern eher allgemein die Figur seltsamer Gestalten aus dem britischen Kinderreim. Offenbar hat der Filmemacher Werner Herzog auch als Edelbösewicht im US-Genre-Kino schon einen gewissen Kultstatus erreicht. Und er macht das gerne. Die kleinen Rollen, ließ er verlauten, bedeuteten für ihn eine gewisse Erleichterung gegenüber seinen eigenen Projekten.

Heftiges Blätterrauschen verursachte das Gerücht, ausgerechnet Herzog habe sich bei den Dreharbeiten zu diesem Science-Fiction-Abenteuer explizit dafür eingesetzt, die zuckersüße Liebhabefigur Grogu weiterhin mit einer extern bewegten animatronischen Puppe zu besetzen, statt sich wie üblich für ein CGI-Abbild aus dem Computer zu entscheiden. Regisseur Dave Filoni, der neben Serienschöpfer Jon Favreau für die, wie echte Weltraumwestern gedrehten Filme um den kleinen Wicht verantwortlich zeichnet, berichtet zum Start der Serie, engagiert von Werner Herzogs Einsatz für die Beibehaltung der Puppenvariante im Umfeld des titelgebenden Kopfgeldjägers THE MANDALORIAN, während Herzog selbst seine in Fan-Foren bejubelte Rolle in dieser Produktion (nach einer Idee von STAR-WARS-Gründer George Lucas) ein wenig herunterspielt. Außerdem – so Werner Herzog weiter – habe er vorweg noch nie einen der STAR-WARS-Kultfilme gesehen. Deswegen kann er mit außergewöhnlicher Naivität Sätze sagen wie: «Es ist gut, die natürliche Ordnung wiederherzustellen nach Zeiten des Aufruhrs.» Womit er gleichzeitig die Geschichtensammlung in eine bestimmte Zeit des STAR-WARS-Geschichten-Universums verortet. Nämlich nach DIE RÜCKKEHR DER JEDI-RITTER mit der Zerstörung des zweiten Todesterns und damit dem Ende der dunklen Herrschaft der galaktischen Imperiums.

Reiner Spaß, wie man meinen könnte, sind diese «Nebentätigkeiten» für Herzog jedoch nicht. Er betreibt damit zwar spielerisch, aber auch mit einem gewissen Ernst eine Selbstmystifizierung, bei der seine wahre Persönlichkeit gewissermaßen in triviale Rauchzeichen aufzugehen scheint. In Zak Penns Film ZWISCHENFALL AM LOCH NESS geht er 2004 so weit, einen Filmregisseur zu mimen, der einen «Film im Film» dreht, dessen Grundtendenz in eine andere Richtung geht, als diejenige die vom tatsächlichen Regisseur beabsichtigt ist. Er beginnt

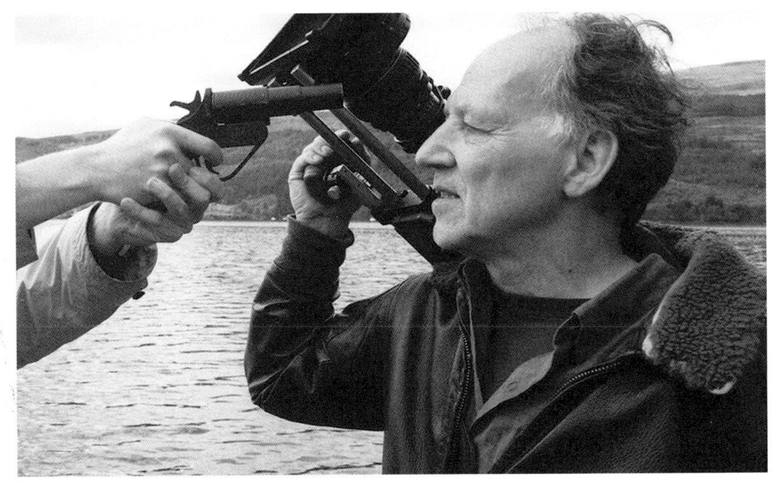

17 Welche Waffe ist stärker? Aus ZWISCHENFALL AM LOCH NESS

scheinbar wirklich an das berühmte Ungeheuer zu glauben, steigert sich lustvoll immer mehr hinein und posiert als extrem von sich selbst überzeugtes und deshalb durchaus «komisches Selbst» vor der Kamera (Abb. 17). Er nimmt sich in dieser Rolle selbst «auf die Schippe», was so gar nicht Herzogs Stil zu entsprechen scheint, doch gewissermaßen die Herzogsche Variante der Komödie, wie er sie 2006 in THE WILD BLUE YONDER mit Brad Dourif als Ich-Erzähler zeigen wird, vorwegnimmt. Herzog ist auch an Penns Film nicht ganz unbeteiligt. Er hat am Drehbuch mitgearbeitet und den Film produziert. Die Selbstinszenierungen des Werner Herzog gehen aber noch weiter. Schließlich kann man auch Filme nicht inszenieren, ohne sich dabei vor dem Team selbst in Szene zu setzen. Immer wieder hat Werner Herzog unkonventionelle Auftritte gehabt, in denen er sich als Regisseur bei Dreharbeiten mit großer Emphase selbst als leicht größenwahnsinnigen Künstler präsentierte. Den Schauspielern von AUCH ZWERGE HABEN KLEIN ANGEFANGEN versprach er 1970: «Wenn wir das überleben, springe ich in einen Kaktus», was er dann tatsächlich auch tat. Und bei den Dreharbeiten zu HERZ AUS GLAS mussten sich alle Schauspieler vorweg hypnotisieren lassen, denn in dieser Geschichte spielt die Hypnose eine gewisse Rolle. Nur die echten Glasbläser und Josef Bierbichler waren davon ausgenommen.

Besonders denkwürdig sind seine Kämpfe mit dem egozentrischen Hauptdarsteller Klaus Kinski, den er in AGUIRRE, DER ZORN GOTTES 1972 und dann weitere fünfmal besetzte und mit vollem, auch körperlichen und psychischem Einsatz das Beste aus ihm herausholte, was er in seiner subjektiven Dokumentarchronik MEIN LIEBSTER FEIND 1999 zum zentralen Thema gemacht hat. Insbesondere bei FITZCARRALDO, bei dem sich

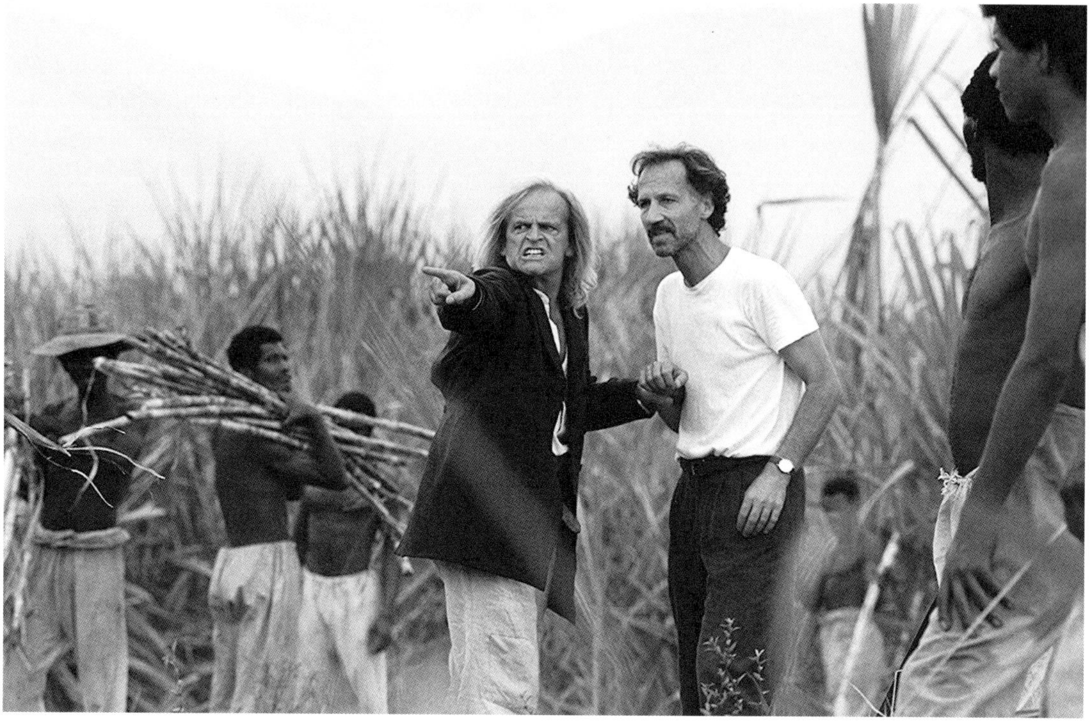

18 Wer führt hier Regie? Mit Klaus Kinski in COBRA VERDE

Werner Herzog in den Kopf gesetzt hatte, mitten im Dschungel einen realen mehrstöckigen Flussdampfer – 40 Meter lang und 160 Tonnen schwer – ganz wie die abenteuerliche Hauptfigur, gespielt von Klaus Kinski, mit einem komplizierten System von Seilwinden tatsächlich über einen steilen Berg ziehen zu lassen, spitzten sich die Konflikte zwischen den beiden real dokumentiert derart zu, dass sie einander mit Mord bedrohten. Was soweit ging, dass die indigenen Darsteller und Helfer des Films Herzog vorschlugen, das doch für ihn zu erledigen. Herzog aber entlässt uns aus seinem seltsamen Dokumentarfilm über diese Hassliebe zwischen ihnen beiden mit einer wunderbaren poetischen Pointe, in der er zeigt, wie Kinski ganz traumverloren mit einem Schmetterling spielt. Schließlich ist der Schauspieler bei allem Aggressionspotenzial auch ein Partner, der einige der wichtigsten Filme Werner Herzogs geprägt hat (Abb. 18). Filmemachen ist, dieser Ansicht ist Herzog von Anfang an gewesen, eine ganz besondere Aufgabe, die stets den Einsatz der ganzen Person erfordert und zwar im Wortsinne – auch körperlich. So war es ihm auch 1980 ergangen, als er seinem Freund, dem Dokumentarfilmer Errol Morris

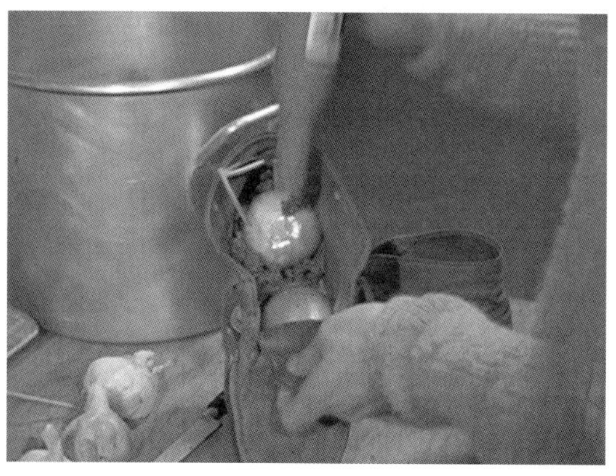

19 Vorbereitung zum Schuh-Essen

versprach, wie Charlie Chaplin in GOLDRAUSCH 1925 seinen eigenen Schuh zu verspeisen, wenn Morris es endlich schaffen würde, seinen ersten Film GATES OF HEAVEN fertigzustellen. Herzog-Freund Les Blank hat in seinem Kurzfilm WERNER HERZOG EATS HIS SHOE dokumentiert, wie der seine Wette einlöst, wozu auch schon das Kochen mit Knoblauch, Gewürzen und Entenfett und Herzogs fortwährender Off-Kommentar gehört (Abb. 19), bei dem er ganz nebenbei das Fernsehen und die Werbung kritisch aufspießt und alle zukünftigen Filmemacher – nicht nur Errol Morris – auffordert, bedingungslos ihre Leidenschaften zu leben. Herzog verspeiste seinen Schuh in aller Öffentlichkeit vor Publikum und Presse im Kino des UC Theatre in Berkeley, California. Noch heute wirbt das Kino mit dem Slogan: «Ja, hier hat wirklich jemand seinen Schuh verspeist.» Die Reste der Schuhe mit Sohle, die Herzog verschmähte, wie Hähnchenfans die Hühnerknochen, wurden später in Acrylglas konserviert.

Das wichtigere Dokument aber ist dieser kleine Film von Les Blanc, in dem Werner Herzog sein kleines Manifest des sich selbst verwirklichenden Filmemachers zelebriert. Dazu passt schon sehr gut der kleine Auftritt als «Hurenmörder» in Folge 17 der GESCHICHTEN VOM KÜBELKIND, die Edgar Reitz und Ula Stöckel 1971 gedreht hatten, und auf den er selbst in Robert Fischers filmhistorischen Essay DER FILM VERLÄSST DAS KINO: VOM KÜBELKIND-EXPERIMENT UND ANDEREN UTOPIEN 2018 zurückblickt, wobei Werner Herzog als freundlicher Gesprächspartner bereitsteht, wie schon mitten im Feld als Alexander von Humboldt in Edgar Reitz DIE ANDERE HEIMAT. Auch so ein Freundesdienst für Edgar Reitz, der den wunderbaren Erzählertonfall von Werner Herzog dazu benutzt, ihn als großen Weltreisenden die elenden Hintergründe der Fernreise der Leute von Schabbach erklären zu lassen (Abb. 20).

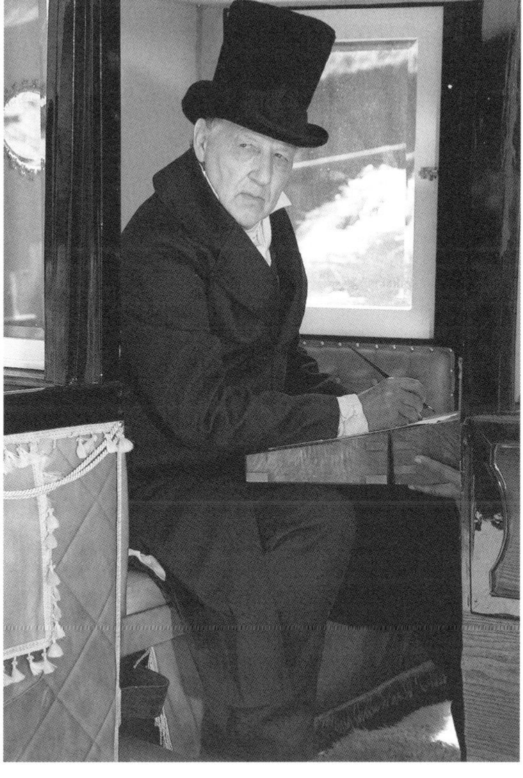

20 Ein spezieller Blick auf die Welt. Als Alexander von Humboldt in DIE ANDERE HEIMAT

Jeweils berichtet Werner Herzog in diesen kleinen Auftritten immer auch stolz von sich selbst. In JULIEN DONKEY-BOY von Harmony Korine, in dem Herzog ebenfalls auftritt, spielt er eindrücklich den erkennbar emotionslosen deutschen Vater des Protagonisten. Der «Film im Film», den Herzog mit so großem Spaß an der ironischen Paraphrase in ZWISCHENFALL AM LOCH NESS von Zak

Penn zelebrierte, erinnert mit seinem fiktiven Titel HERZOG IN WONDERLAND übrigens nicht von ungefähr an das legendäre Kinderbuch *Alice im Wunderland.* Insgesamt 32 Auftritte als Schauspieler verzeichnet Herzogs Filmografie, wozu auch reine Sprechrollen in Zeichentrickfilmen wie in drei Folgen der SIMPSONS zählen (als Walter Hotenhoffer in Staffel 22, Episode 15 sowie Staffel 30, Episode 23 und als Dr. Lund in Staffel 31, Episode 15) Auch in dem chronisch unterschätzten Science-Fiction-Epos nach der Vorlage der Brüder Strugatzki *Es ist nicht leicht ein Gott zu sein* seines Freundes Peter Fleischmann spielt Werner Herzog eine kleine Rolle. Und in Vincent Wards Phantasie vom Jenseits HINTER DEM HORIZONT ist Herzog gar nur Sekunden lang, aber als die Leinwand ganz ausfüllendes Gesicht präsent, das ewige Wahrheiten von sich gibt und dabei als Großprojektion ins Publikum starrt.

Die größte Einzeltat all dieser Selbstinszenierungen ist jedoch die entschlossene Fußwanderung, die Werner Herzog im November 1974 antrat, als er hörte, Lotte Eisner, die große deutsche Filmhistorikerin, läge im Sterben. Mit leichtem Gepäck und tatsächlich zu Fuß machte er sich auf den Weg. Drei Wochen war er unterwegs von München nach Paris mit der festen Überzeugung, dass diese «Propaganda der Tat», der «Eisnerin» – «unser aller Gewissen» nennt er sie später – das Leben retten wird. Ein erster Bericht *Vom Gehen im Eis*, wie später das Logbuch dieser denkwürdigen Reise heißen wird, erschien 1978: «Draußen Nebel, so eisig kalt, dass ich es nicht sagen kann. Auf dem Teich schwimmt eine Haut aus Eis. Die Vögel wachen auf, Geräusche. Auf dem Steg klingen meine Schritte so hohl. Das Gesicht trockne ich in der Hütte mit einem Handtuch, das dort hing; es roch so beißend nach Schweiß, dass ich den ganzen Tag den Geruch an mir ertragen werde. Anfängliches Problem mit den Stiefeln, sie dürfen nicht drücken, sie sind noch zu neu.» Der Bericht ist detailliert bis in kleine und kleinste Details hinein. Durchaus selbstverliebt berichtet er von den Schwierigkeiten der Reise, die für ihn eine Reise zu sich selbst ist und von seinen Beobachtungen am Wegesrand.

21 Cover von Herzogs Buch *Vom Gehen im Eis*

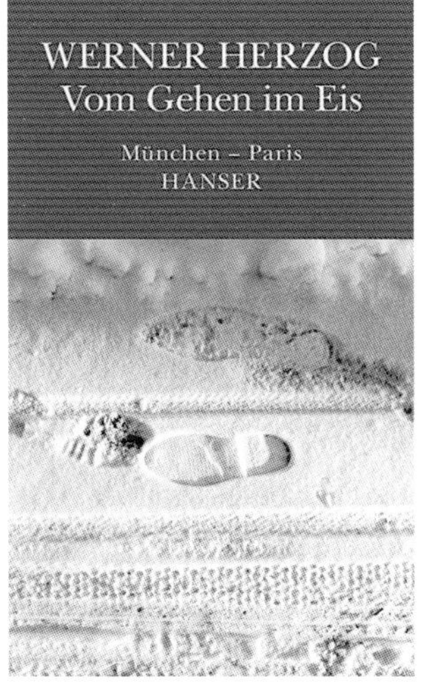

Das «Gehen im Eis» des Werner Herzog ist auch ein Versprechen, dass er nicht nachlassen wird, in seinen Bemühungen um Authentizität. Man mag das übertrieben esoterisch und überspannt finden. Dieser archaische Canossagang in aller Öffentlichkeit ausgestellt und mit einer fast religiösen Hingabe vollzogen, ist aber auch die definitive Reise des Werner Herzog zu sich selbst und wenn man das nachvollzieht, kann man sich sehr gut vorstellen, wie er seine Filme macht. Die Handvoll

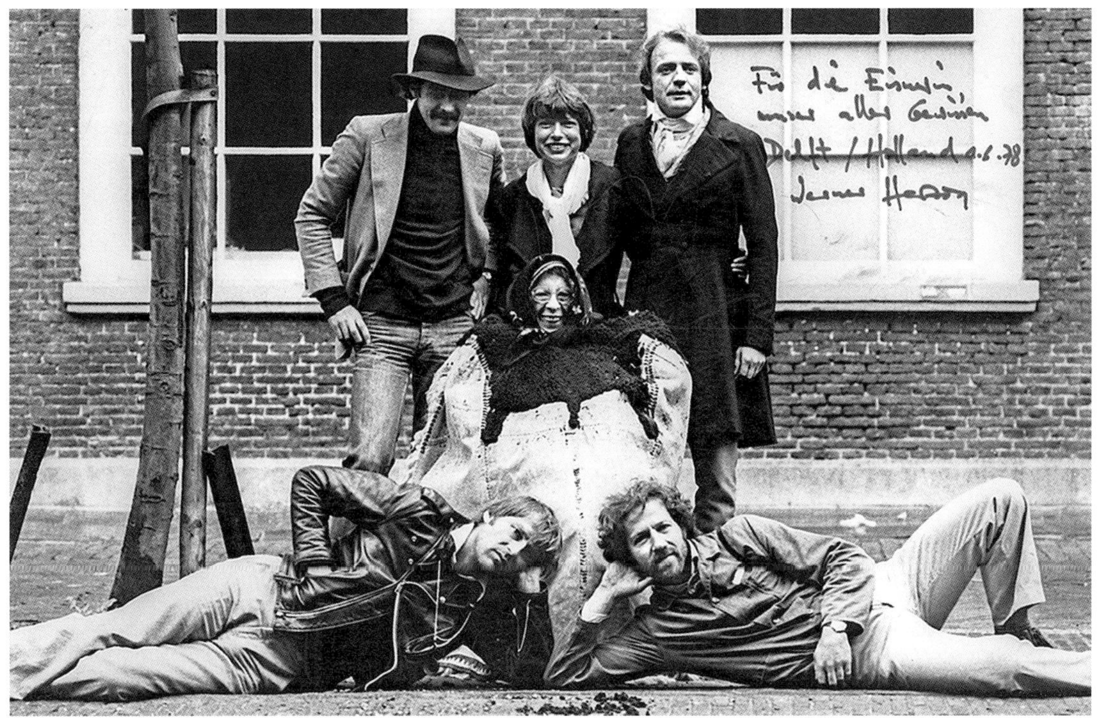

22 Lotte Eisner als «Weltkind in der Mitte» – ihr zu Füßen liegend rechts Werner Herzog, stehend rechts Bruno Ganz

Filme vorher, zu denen Aguirre, der Zorn Gottes gehört, schließt Herzog mit seiner Aktion ab und tritt mit dem in wenigen Wochen heruntergedrehten Stroszek in seine klassische Phase ein, mit der tragischen Glückssuche des Straßensängers Bruno Schleinstein, den Herzog als Darsteller des Kaspar Hauser in Jeder für sich und Gott gegen alle entdeckt hatte. Ein erkennbar markanter Einschnitt in Werner Herzogs Werk. Seinen Bericht *Vom Gehen im Eis* beendet er mit dem Eintrag vom Samstag, 14.12.: «Ich ging zur Eisnerin, sie war noch müde und von der Krankheit gezeichnet. Irgendwer musste ihr wohl am Telefon gesagt haben, dass ich zu Fuß gekommen war, ich wollte es nicht sagen. Ich war verlegen und legte meine wehen Beine auf einem zweiten Sessel hoch, den sie mir hinschob. In der Verlegenheit ging mir ein Wort durch den Kopf, und da die Situation ohnehin seltsam war, sagte ich es ihr. Zusammen sagte ich, werden wir Feuer kochen und Fische anhalten. Da sah sie mich an und lächelte ganz fein, und weil sie wusste, dass ich einer zu Fuß war und daher ungeschützt, verstand sie mich. Einen feinen kurzen Moment lang ging etwas Mildes durch meinen todmüden Körper hindurch. Ich sagte, öffnen Sie das Fenster, seit einigen Tagen kann ich fliegen.» (Abb. 22)

Lotte Eisner lebte noch weitere neun Jahre. Und für Herzog war es tatsächlich so, als hätten sein Schmerz und seine

Entbehrungen auf der Fußreise ihr noch einmal einen Lebensschub gegeben, den er sich zu Gute halten konnte. Unter den Filmregisseuren des Neuen Deutschen Films hatte Werner Herzog tatsächlich die größte Wertschätzung für die deutsch-jüdische Autorin und Konservatorin entwickelt, die in Paris mit Henri Langlois die Cinemathek aufbaute und als Erste erkannt hatte, dass da in Deutschland ein neuer Film entstand, der an die Filmklassik des Weimarer Stummfilmkinos anknüpfen konnte.

György Polnauer hat Herzogs Aktion in einem kleinen Film ANDERTHALB TAGE FUSSWEG 1973/74 dokumentiert. Lotte Eisner, die Verfasserin des Standardwerks über den deutschen Stummfilmexpressionismus *Die dämonische Leinwand*, wurde ganz allgemein sowieso gesehen als engagierte Förderin des Neuen Deutschen Films und vor allem von Wim Wenders, der ihr seinen Cannes-Gewinner PARIS, TEXAS widmete. Auch Volker Schlöndorff war sie zugetan und sie erlebte mit einem «Filmband in Gold» und dem Helmut Käutner-Preis noch einige späte Ehrungen für ihre Verdienste um das deutsche Filmschaffen. Immer wieder findet man unter ihren Laudatoren jedoch vor allem Werner Herzog. 1982 beim Käutner-Preis sagte er: «Die Eisnerin, wer ist das? Ich will es gleich zu Anfang sagen: Sie ist unser aller Gewissen, das Gewissen des Neuen Deutschen Films, und seit Henri Langlois tot ist, wohl das Gewissen der Welt im Film. Von der Barbarei des Dritten Reiches geflüchtet, hat sie überlebt und sie ist jetzt unter uns, auf deutschem Boden. Dass Sie, Lotte Eisner, dieses Land überhaupt je wieder betreten haben, ist eines der Wunder, die uns in den Schoß gefallen sind.»

Die Huldigung ist auch eine Form der Selbstdarstellung und sie charakterisiert den Redner nicht wenig. Sie verbindet ihn mit der verehrten Person und ist bei aller Wahrhaftigkeit durchaus nicht uneitel. Der Redner begibt sich auf eine Stufe mit ihr und schlägt damit sich selbst zum Ritter oder wie Herzog das gerne ausdrückt und sich zum Beispiel beim Europäischen Filmpreis von Wim Wenders huldigen lässt «als tapferen Soldaten des Kinos». 2009 gründete Herzog – auch dies eine besondere Form der Selbstinszenierung – seine «**Rogue Film School**», eine «Filmschule für Schurken», bei der er in Wochenendseminaren auserwählten Schülern an wechselnden Orten unerwartete Fertigkeiten beibringt. Sie lernen beispielsweise, einen Lastwagen kurzzuschließen, damit sie einen solchen umparken könnten, sollte er ihnen bei Dreharbeiten im Wege stehen. Und auch Drehgenehmigungen, so

Rogue Film School
www.roguefilmschool.com
dort auch 12 Grundregeln
und Kontakt

Herzog im Gespräch mit Paul Cronin, müsse man fälschen können. Einige Filme sollten die Teilnehmer unbedingt vorweg gesehen haben wie DER SCHATZ DER SIERRA MADRE von John Huston und Elia Kazans VIVA ZAPATA sowie Gillo Pontecorvos DIE SCHLACHT UM ALGIER. Manche Bücher sollten sie auch gelesen haben wie *Gargantua und Pantagruel* von François Rabelais, dazu Virgil und Hemingway sowieso und den *Warren-Report* zu John F. Kennedys Ermordung. Auch bevorzuge er Seiteneinsteiger vom Türsteher eines Sex-Clubs bis zum Altenpfleger. «Die Rogue Film School ist nichts für Feiglinge. Sie ist etwas für diejenigen, die schon zu Fuß unterwegs waren. Kurz: für die, die ein Gefühl haben für Poesie – die Pilger sind. Für diejenigen, die einem vierjährigen Kind eine Geschichte erzählen und seine Aufmerksamkeit fesseln können. Für diejenigen, in denen ein Feuer brennt, die einen Traum haben.» So heißt es noch heute auf der Website von Herzogs Filmschule über die man nach sechs stattgefundenen Seminaren mit jeweils bis zu 65 Teilnehmern ab 2016 nichts Neues mehr hört. Abgesehen von den Berichten ehemaliger Schüler und Schülerinnen, die stets begeistert von der Inspiration schwärmen, die ihnen die «Schurken-Filmschule» vermittelt habe. Jederzeit könnte Herzog den Betrieb seiner Akademie also wieder aufnehmen. Lauter kleine Herzog-Adepten sollten dabei ja gar nicht herauskommen, aber ein wenig wollte Herzog von seiner Lebensart schon weitergeben: «Suchen Sie immer die Nähe zu Ihrem Team», lautet einer der Tipps von Herzog. Unter den Selbstinszenierungen Herzogs ist diese Filmschule, die seine Leidenschaft und seine anarchistischen Impetus verewigen sollte, durchaus nicht die Schlechteste.

Eine weitverbreitete Form der Selbstinszenierung sind auch Preisverleihungen, die jeweils ein Filmwerk oder allgemein Verdienste für den Film herausheben und jeweils auch viel über den Preisstifter und Preisverleiher verraten. Seit 2016 verleiht auch Werner Herzog mit seiner Stiftung alljährlich einen mit 5000 Euro dotierten Filmpreis, den **Werner Herzog Film Preis** entweder an eine Person, deren Leistung unmittelbar mit seiner Filmarbeit verbunden ist oder die er und eine von ihm bestimme Jury aus anderen Gründen herausheben möchte. Herzog nimmt sich dann bei der Verleihung jeweils im Filmmuseum München die Zeit mit den Preisträgern in einer öffentlichen Veranstaltung zu reden. Er gibt sich bei diesem Preis durchweg als Entdecker und Förderer von Innovationen, eine Rolle, die er gerne spielt und die zu einem gewissen Grade schon als eine Art Erbe gelten kann.

Werner Herzog Film Preis
Seit 2016 jährlich verliehen und mit 5000 Euro dotiert, dann Werner-Herzog-Stiftung Kategorie Filmpreis. Gleich der erste dieser Preise ging 2016 an den Naturfilmer Hubert Sauper für WE COME AS FRIENDS. 2017 entdeckte Herzog Chlóe Zhao als neue Stimme des amerikanischen Kinos für THE RIDER. Sie hat mit ihrem neuen Film 2021 den Oscar gewonnen. Liliana Díaz Castillo und Estephania Bonnett Alonso werden 2018 für ihre Workshops für junge Filmemacher und Filmemacherinnen und die Interaktion zwischen den Filmkulturen hervorgehoben. 2019 stand der Cellist Ernst Reijseger auf dem Programm, der für Herzogs Film THE WHITE DIAMOND die Musik komponierte und dann Herzogs etatmäßiger Filmmusiker wurde. Bis schließlich Natalija Yefimkina für ihren Dokumentarfilm GARAGENVOLK 2020 prämiert wurde.
www.wernerherzog.org

Ein Mann mit Geschichte und Geschichten

Am Anfang der Karriere Werner Herzogs als Filmautor, das unterscheidet ihn von allen anderen Regisseuren des Neuen Deutschen Films, steht ein Rückgriff in die deutsche Filmgeschichte. Für ein unter Pseudonym eingereichtes Skript erhielt er 1964 den Carl-Mayer-Drehbuchpreis. Es handelte sich um das Drehbuch *Feuerzeichen*, aus dem später Herzogs erster langer Spielfilm LEBENSZEICHEN entstand, ein Film der strukturellen Entgrenzung bis zum ausbrechenden Wahnsinn, wenn der Held sich am Ende 10 000 Windmühlen entgegenstellt, die ein Tal beherrschen. Herzog setzt in diesem, seinem allerersten Film schon ein Zeichen, wie er die Filmkunst versteht: als Gesamtkunstwerk, dem keine Grenzen gesetzt werden können. Das hat er immer wieder, beispielsweise schon in AGUIRRE, ODER DER ZORN GOTTES oder FITZCARRALDO, thematisiert. Ein Filmemacher versetzt Berge und erschafft Mythen. Überhaupt unterscheidet seine Wahrnehmung der Welt nicht grundsätzlich zwischen Wirklichkeit und transzen-

Carl Mayer (1894–1944) war der wichtigste Drehbuchautor des Weimarer Kinos. Als Schauspieler und Dramaturg am Berliner Residenztheater verfasste er noch zusammen mit dem Schriftsteller Hans Janowitz 1919 das stilbildende Drehbuch zu DAS CABINET DES DR. CALIGARI, das von Robert Wiene inszeniert wurde, das als Geburtsstunde des deutschen Stummfilmexpressionismus gilt. Immer wieder arbeitete Carl Mayer sehr eng mit Friedrich Wilhelm Murnau zusammen, mit dem er so wichtige Filme wie SCHLOSS VOGELÖD, DER LETZTE MANN und TARTÜFF schuf. Mayer schrieb neben Wiene auch für Lupu Pick und Leopold Jessner. Sogar an dem wichtigsten Film des Übergangs zum Tonfilm BERLIN – SINFONIE EINER GROSSSTADT war er 1927 neben Billy Wilder, Walter Ruttmann und anderen beteiligt. Das Drehbuch zu F. W. Murnaus letztem Filmmeisterwerk SUNRISE – LIED VON ZWEI MENSCHEN stammt ebenfalls aus seiner Feder.

Mayer gilt als einer der wenigen filmbegeisterten Schriftsteller, und der Tonfall seiner Drehbücher ist der expressionistischer Gedichte. Es ist noch heute ein Vergnügen sie allein nur zu lesen. 1933 emigrierte er nach London, nicht ohne noch vorher an dem Skript für DAS BLAUE LICHT (später realisiert von Leni Riefenstahl) mitgearbeitet zu haben. Wichtige Charakteristiken der Themen und Motive des deutschen Stummfilms der 1920er- und 1930er-Jahre gehen auf ihn zurück. Seit 1989 übernahm seine Geburtsstadt Graz mit dem Filmfestival «Diagonale» den Preis, der wie damals grundsätzlich an anonyme Einsender zu einem Thema vergeben wird. Das Thema lautet für 2021 «Böses Blut».

Friedrich Wilhelm Murnau (1888–1931) gilt als einer der bedeutendsten Regisseure des deutschen Stummfilmkinos. Mit seinen Filmen wie Der Gang in die Nacht, Schloss Vogelöd, Der letzte Mann und Nosferatu – Eine Symphonie des Grauens und Faust prägte er den expressionistischen Stil des Films der 1920er-Jahre, bevor er in der Emigration in Hollywood mit Sunrise – Lied von zwei Menschen 1927 einen der letzten Stummfilme überhaupt realisierte, der immer noch viele Umfragelisten zu den «besten Filmen aller Zeiten» anführt. Seine beiden Tonfilme, das Stadt-Land-Melodrama City Girl und der Südseetraum Tabu (1931) repräsentieren auf eine ganz besondere Weise den Umbruch vom Stumm- zum Tonfilm.

Murnaus Licht und Schattenspiele prägten aber auch später noch das Hollywoodkino der 1940er-Jahre, ebenso wie alle seine Figuren ihre Wiedergänger im Genrekino finden. Seine ästhetisch revolutionären Filme der Weimarer Ära als «Melancholiker des Kinos» setzten Maßstäbe, an denen auch die Nouvelle Vague und der Neue Deutsche Film nicht vorbei konnten. Siegfried Kracauer meinte, in seinen Filmen und überhaupt im «Dämonenkino» Weimars den schon heraufziehenden Faschismus erkannt zu haben und Lotte Eisner widmete ihm ihre erste sehr persönliche Studie als «Klassiker des Deutschen Kinos». In diesem Spannungsfeld bewegt sich auch heute noch die Rezeption Murnaus.

dentem Überbau. Eine Welt ist nicht genug und deswegen ist der Filmemacher grundsätzlich ein Weltenwanderer.

So könnte das auch **Carl Mayer** gesehen haben; nach ihm ist der Drehbuchpreis, den die Stadt Graz vergibt, benannt worden, und es ist der erste Filmpreis für den noch völlig unbekannten, damals noch ziellos in der Welt umherstreifenden 22-jährigen Werner Herzog. Mayer schrieb Stummfilmklassiker wie Das Cabinet des Dr. Caligari (1920), der sich in einer Wahnwelt mit einem somnambulen Mörder, gespielt von Conrad Veidt, bewegt oder Der letzte Mann (1924), der vom Abstieg einer Hotelportiers zum Toilettenmann in der Art eines shakespeare'schen Königsdramas erzählt. «Ein Skript von ihm war schon ein Film», sagt Mayers Biograf, auch wenn es als expressionistisches Großgedicht daherkommt wie das zu Sunrise (1927), dem letzten Stummfilm von **Friedrich Wilhelm Murnau**, den dieser schon in Amerika drehte. Ein Mann setzt töricht für eine lockende Geliebte aus der Stadt das Leben seiner Ehefrau aufs Spiel und muss dann Schuld, Sühne und Versöhnung überstehen, bevor das Schicksal doch noch einzugreifen scheint. Wie Mayer dieses Spiel der Gefühle orchestriert, das machte diesen Film zu einem der einflussreichsten der Filmgeschichte überhaupt, auch wenn er wegen des abrupten Übergangs zum Tonfilm zunächst kaum Publikum bekam. Murnau und Mayer sind für Herzog neben **Fritz Lang** die wichtigsten Referenzen aus der deutschen Filmgeschichte. Das hat er nicht nur durch sein Remake von Murnaus Vampirfilm Nosferatu – eine Sinfonie des Grauens

Fritz Lang (1890–1976) war einer der maßgeblichen Regisseure des deutschen Stummfilms mit DER MÜDE TOD, seinen DR. MABUSE-Trivialfilmen und seiner Paraphrase des nationalen Siegfried-Mythos. Nach seiner Zukunftsschau mit METROPOLIS und dem stilbildendenden Tonfilm M – EINE STADT SUCHT EINEN MÖRDER mit Peter Lorre als erbärmlichen, psychopathischen Killer 1931 emigrierte er nach Amerika, um dann in den 1940er- und 1950er-Jahren mit Filmen wie GEHETZT, AUCH HENKER STERBEN und GARDENIA – EINE FRAU WILL VERGESSEN und vielen anderen knallharten Filmen der «Schwarzen Serie» neue Maßstäbe im Hollywood-Kino zu setzen.

Dabei kann man ziemlich genau verfolgen, wie er bis in die Schattenspiele hinein, die Ästhetik des deutschen Kinos höchstpersönlich in die Filmmetropole importierte. Als einer, der die Barbarei des Naziregimes überlebt hatte und das deutsche Filmerbe bis ins zeitgenössische Kino weitertrug, war sein Urteil Werner Herzog besonders viel wert und deswegen auch die Adelung, die er durch Weiterempfehlung seines ersten Filmes LEBENSZEICHEN 1974 erfuhr.

als NOSFERATU – PHANTOM DER NACHT nachgewiesen. Werner Herzog beschrieb das in seinem Vorwort zu Lotte Eisners Autobiografie *Ich hatte einst ein schönes Vaterland* 1984: «Die Eisnerin, wer war das für den neuen deutschen Film? Wir sind eine Generation von Waisen, es gibt keine Väter, allenfalls Großväter, auf die wir uns beziehen konnten, also Murnau, Lang, Pabst, die Generation der 20er-Jahre. Es ist ja seltsam, dass die Kontinuität im deutschen Film durch die Barbarei der Nazi-Zeit und die darauffolgende Katastrophe des Zweiten Weltkriegs derart radikal abriss. Der Faden war zu Ende, eigentlich vorher schon. Der Weg führte ins Nichts. Da klaffte eine Lücke von einem ganzen Vierteljahrhundert. In der Literatur und in anderen Bereichen war das keineswegs so dramatisch spürbar. Deshalb hat uns Lotte Eisners Anteilnahme an unserem Schicksal, also an dem der Jungen, eine Brücke in einen geschichtlichen, einen kulturgeschichtlichen Zusammenhang geschlagen.» In der Tat hatten sich die deutschen Filmemacher entweder mit den Nazis eingelassen wie Heinz Rühmann oder Veit Harlan, dessen antisemitischer Hetzfilm JUD SÜSS noch heute niemand zuzumuten ist, oder sie hatten das Land verlassen wie Fritz Lang und Friedrich Wilhelm Murnau oder Peter Lorre, die in Hollywood ihr Glück als Emigranten versuchten. Oder sie waren in den Konzentrationslagern der Nazis ermordet worden.

Für die bundesdeutsche Nachkriegsgeneration ergab sich also nicht nur ein Generationsbruch, sondern überhaupt das Fehlen von Vorbildern und einem soliden Untergrund in verlässlichen Traditionen. Da kam Herzog der Kontakt zu der deutsch-jüdischen Filmhistorikerin Lotte Eisner in Paris gerade recht. Sie hatte noch die Kinoerfinder Louis und Auguste Lumière gekannt sowie den Kinozauberer George Méliès und den russischen Ästhetik-Revolutionär Sergei M. Eisenstein. Besonders wichtig fand sie aber den deutschen Stummfilmexpressionismus, dem sie mit *Die dämonische Leinwand* ihr Hauptwerk widmete. Und auch F.W. Murnau war ihr eine Studie wert. Ob sie mit Werner Herzog allzu viel über das deutsche Kino diskutierte, ist nicht bekannt. Doch dieser vergisst nie zu erwähnen, dass sie bei der Berlinale 1968 seinen Debutfilm LEBENSZEICHEN, auf den er sie hingewiesen hatte, an Fritz Lang weitergab mit der Bemerkung: «Weißt Du, es gibt wieder große Filme in Deutschland». Auch Fritz Lang soll den Film geschätzt haben. Und so hatte Werner Herzog für sich über seine Förderin die gefühlte Lücke in der deutschen Filmgeschichte überbrückt und war zum Statthalter des erklärten Neuanfangs geworden, ohne zu den prominenten Unterzeichnern des «Oberhausener Manifests» – der Gründungserklärung des Neuen Deutschen Films – schon 1962 gehört zu haben. Lotte Eisner verfolgte den Werdegang ihres «Schülers» und tauchte auch einfach so manchmal bei Dreharbeiten auf. Auch Herzog bezog sie immer wieder ein. Für FATA MORGANA fuhr er zu ihr mit einem Tonbandgerät nach Paris und ließ sie den Maya-Schöpfungsmythos *Popol Vuh* aufsprechen, der dann zu Beginn des Films zu hören ist. In der Kaspar-Hauser-Geschichte JEDER FÜR SICH UND GOTT GEGEN ALLE bekam sie voller Ehrfurcht eine kleine Rolle und die berühmte Fußwanderung zu ihrer Rettung von München nach Paris ist eine der großen, nicht nur symbolischen Aktionen im Leben Herzogs gefolgt von stets wiederholten Wertschätzungsbekundungen mit Preisverleihung. Im Werkverzeichnis des Werner Herzog stechen, neben vielen kleinen Hinweisen darauf, dass Herzog das Erbe des deutschen Stummfilms angenommen hatte, insbesondere zwei Filme heraus.

Ganz deutlich ist das natürlich NOSFERATU – PHANTOM DER NACHT, der trotz Klaus Kinski in der Titelrolle ein fast deckungsgleiches Remake seines berühmten Stummfilmvorbildes von F.W. Murnau ist (Abb. 24–26). So statuarisch wie sein Referenzfilm hangelt sich Herzog, der wie zu fast allen seinen Filmen auch das Drehbuch schrieb, an Bram Stokers Briefroman über den Vampir aus Transsylvanien entlang, den trotz seines «untoten» Zustandes eine erwachende Lebensgier – ausgelöst durch das Bildnis einer schönen Frau – auf die Reise nach Wismar schickt. Die Schattenwürfe an der Hauswand in denen Nosferatu später eher zu erahnen ist und selbst die Gestik Kinskis sind sehr deutlich bei Murnau abgeschaut, der 1922 ein Drehbuch von Henrik Galeen verfilmt hatte. Doch dieser Vampir Nosferatu/Kinski ist natürlich nicht stumm. Er sagt vielmehr

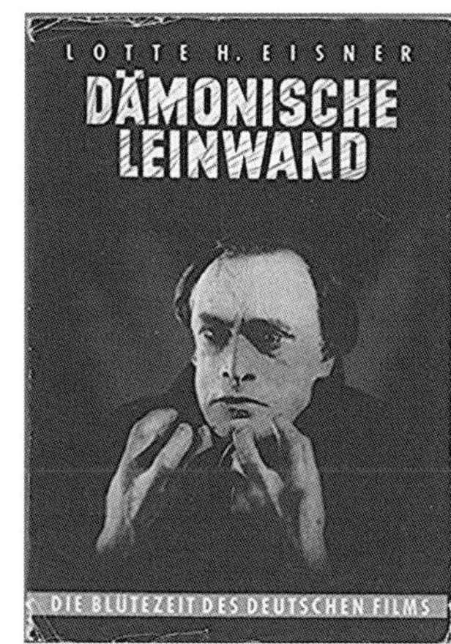

23 Umschlag von Lotte Eisners *Dämonischer Leinwand*

Die dämonische Leinwand ist 1955 Lotte Eisners Hauptwerk über den deutschen Stummfilmexpressionismus von Murnau, Lang und anderen. Im Unterschied zu Siegfried Kracauers Hauptwerk dient diese Studie nicht wie sein Von Caligari bis Hitler als Beleg für eine einzige, durchaus nicht unumstrittene These, dass in den Bildwelten schon der heraufziehende Faschismus erkennbar gewesen sein musste. Eisner entfaltet die auch Dämonie zelebrierende, aber viel reichere Welt des Weimarer Kinos in all ihren Zügen und auch Widersprüchen und gilt bis heute als Vorbild für filmgeschichtliche Essays aus erster Hand. Schließlich hatte Lotte Eisner den deutschen Film lange begleitet und kannte viele seiner Protagonisten. Neben Murnau widmete Lotte Eisner auch Fritz Lang eine immer noch lesenswerte Werkbetrachtung. Ihre eigene Autobiografie mit dem Titel Ich hatte einst ein schönes Vaterland wurde von Werner Herzogs damaliger Ehefrau Martje Grohmann 1984 aufgezeichnet.

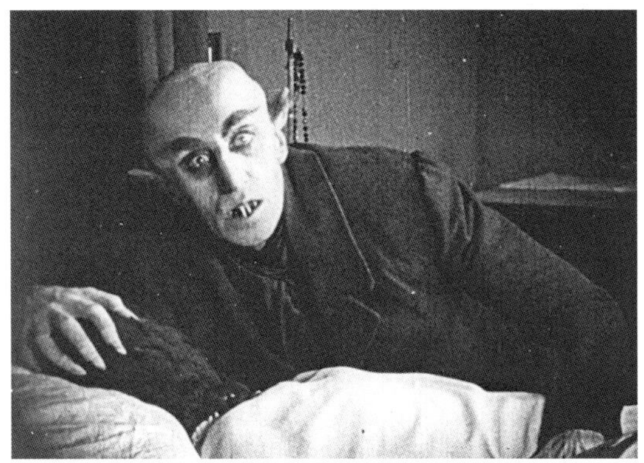

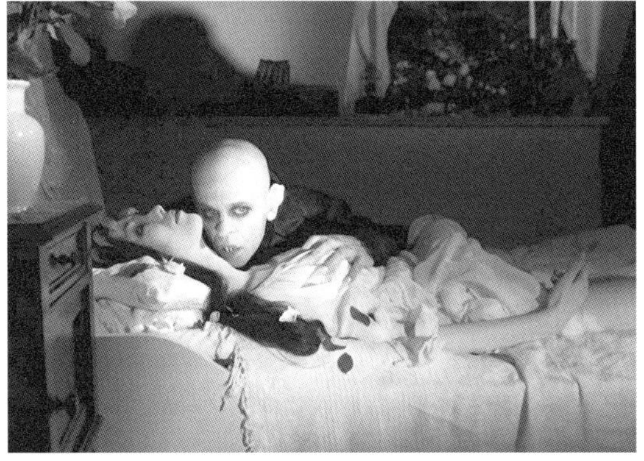

24–25 Original Max Schreck und Remake Klaus Kinski. Zweimal setzt Nosferatu zum Biss an

dunkel-romantische Sätze wie «Zeit, das ist ein Abgrund tausend Nächte tief» oder er versucht Jonathan Harker, den der junge Bruno Ganz spielt, den Biss in den Hals als gieriger Beobachter fast hypnotisch abzuschwatzen. Und er verkrümmt sich auch nicht zu kreatürlicher Menschenferne wie Murnaus Darsteller Max Schreck und zerfällt auch nicht mit dem Schrei des Hahnes wie dieser zu einem Häuflein Staub. Soviel Raum musste Herzog Kinski wohl lassen, der die Leiden des gehörnten Vampirs nach Kräften psychologisierte. Ihn zerreißt es buchstäblich, dass Isabelle Adjani als Lucy Harker ihn so auf die Folter spannt, bevor sie sich endgültig leer saugen lässt, sodass der Vampir tatsächlich den für ihn so gefährlich heraufziehenden Sonnenschein ignoriert bis es zu spät ist. Dann krümmt er sich enttäuscht von soviel weiblichem Glanz in die Ecke. Und doch hält sich Herzog an die goldene Regel der Vampirgeschichten: Das Böse muss weiter existieren. Bruno Ganz als Jonathan Harker, den Nosferatu schon einige Male gebissen hat, lässt die Hostie, die um ihn herum gestreut ist und ihn bannt, schleunigst wegwischen und macht sich auf den Weg nach Transsylvanien: «Bring mir ein Pferd. Ich habe viel zu tun.» Lustvoll Unheil kündend reitet er dann in die Nacht. Trotzdem ist Herzogs NOSFERATU – PHANTOM DER NACHT vor allem eine respektvolle Hommage

Max Schreck (1879–1936) – Wer den Namen hört, denkt sofort an seinen Auftritt als Vampir Graf Orlok im Film NOSFERATU – EINE SYMPHONIE DES GRAUENS von F. W. Murnau, den er mit seiner steifen statuarischen Gestik und seinem starren Gesicht sowie den Schattenrissen seiner Arme und Glieder dominiert. Dabei hat der Berliner Theaterschauspieler in 60 weiteren Filmen mitgewirkt und viele große Rollen zum Beispiel Molières *Der Geizige* am Theater verkörpert. Der Leiter der Münchner Kammerspiele, Otto Falckenberg, konstatierte bei der Begräbnisfeier: «Du lebtest in einer abseitigen und versponnenen Welt.»

Sogar den Namen Schreck hielten viele für einen Künstlernamen, der eher ein Rollenmodell bezeichnete als eine echte bürgerliche Existenz. Auch seinen plötzlichen Tod nachdem er eben noch den Großinquisitor in Schillers *Don Carlos* auf der Bühne verkörpert hatte, nahmen viele nicht ernst, so sehr wirkte er wie ein «Wesen aus einer anderen Welt». Und so versucht auch Klaus Kinski in Werner Herzogs Remake nicht nur den Vampir zu mimen, sondern er ahmt auch den spitzohrigen Max Schreck nach, der keinesfalls vergessen ist.

an das deutsche Stummfilmkino mit seiner schwarzen Romantik, die Bildgestalter Jörg Schmidt-Reichwein in schattengesättigten Tableaus einfängt. Wie besitzergreifend Klaus Kinskis Interpretation der Vampirfigur Nosferatu ist, ahnt man gleich, wenn man ein Foto von den Dreharbeiten sieht, bei dem sich Herzogs «liebster Feind» über den im Bett in der Position Adjanis liegenden Regisseur beugt und sich offenbar anschickt, ihm seine Fangzähne in den Hals zu rammen und ihn, sagen wir «künstlerisch» auszusaugen. Natürlich ist das auch ein PR-Scherz. Aber so nah wie mit NOSFERATU – PHANTOM DER NACHT ist Herzog dem von ihm so verehrten deutschen Kino der Weimarer Zeit höchstens noch einmal gekommen: in seiner Verfilmung des Kaspar-Hauser-Stoffes 1974 mit JEDER FÜR SICH UND GOTT GEGEN ALLE. Vollkommen aussichtslos sind da die Versuche der Pädagogik den plötzlich aufgefundenen Naturmenschen Hauser zivilisatorisch zurechtzubiegen. Anders als François Truffauts WOLFSJUNGE, das sich seinem wohlmeinenden Lehrer nur unterwerfen muss, um endlich seiner menschlichen Bestimmung zugeführt zu werden, steigt Kaspar Hauser bei Herzog in eine stets noch weiter in den Abgrund treibende Leidensgeschichte ein, in der der Held tatsächlich nur im Tod versöhnt werden kann. Das mag ein wenig auch mit Hauptdarsteller Bruno S. zusammenhängen, den Herzog als Laiendarsteller eben erst entdeckt hatte (Abb. 27) und dem er anschließend mit STROSZEK noch einen weiteren denkwürdigen Auftritt in einem seiner Filme gewährte. Bruno S., Straßenmusiker und Sonderling, dominiert Herzogs Kaspar-Hauser-Film durch seine eindrückliche, schlichte Präsenz und scheint genau darin seine rätselhafte persönliche Herkunft widerzuspiegeln. In STROSZEK gibt ihm Herzog, stilistisch inszeniert in der Art eines amerikanischen Independent-Road-Movies, seine eigene

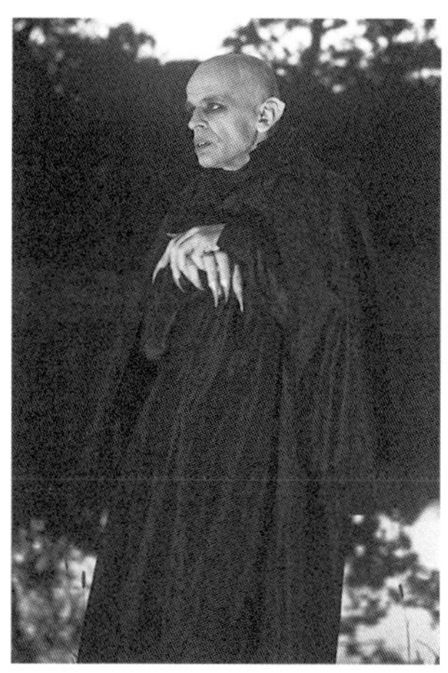

26 Kinski am Abgrund – Tausend Nächte tief

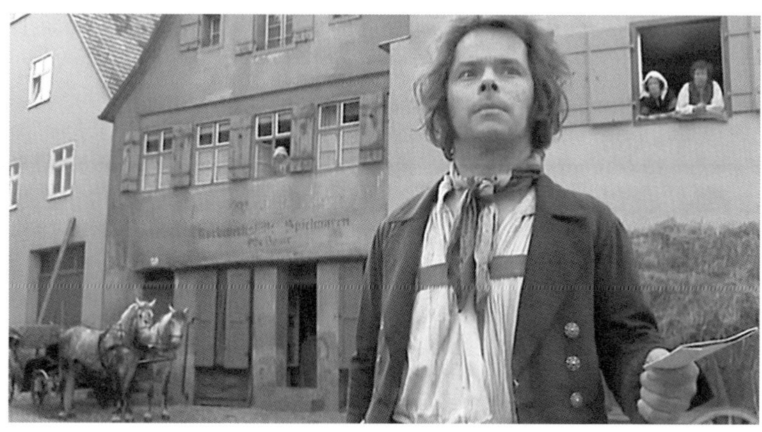

27 Schlichte Präsenz: Bruno S. als Kaspar Hauser in JEDER FÜR SICH UND GOTT GEGEN ALLE

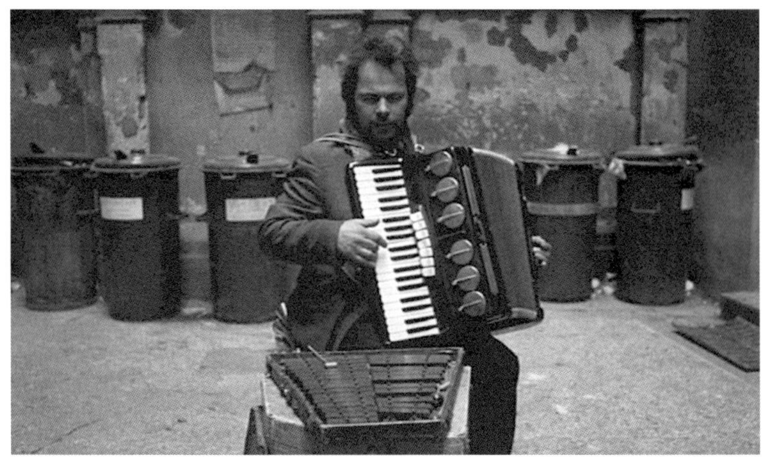

28 Mit Akkordeon in der Müllecke: Bruno S. in STROSZEK

Geschichte: Als Mann mit Signalhorn und Akkordeon (Abb. 28), der zu Beginn aus dem Gefängnis entlassen wird und keine Chance hat außer der eines tragikomischen Abstiegs, wenn er am Ende nur noch «bewaffnet» mit einem gefrorenen Truthahn und einer Flinte durch Amerika zieht. Auf eine seltsam verdrehte Art erinnert diese Figur dennoch sehr deutlich an Murnaus skurrilen DER LETZTE MANN, der im Berliner Hotel vom stolzen Portier zum gedemütigten Toilettenmann absteigt.

Werner Herzog ist ein Mann für Geschichten und Geschichte und so hat er mit seinen großen Geschichten auch mehr oder weniger dezidiert stets an das Weimarer Kino angeknüpft: Ob mit dem größenwahnsinnigen Konquistador Aguirre im Urwald Amazoniens oder mit Fitzcarraldo, der ein Schiff über einen Berg «fliegen» lässt, damit der Urwald vor dem Sound großer Opern erzittert oder wenn der Hypnotiseur Hanussen in Berlin in INVINCIBLE eine ganz neue imaginäre Welt entstehen lassen will, der sich nur ein unbesiegbarer Kraftmensch entgegenzustellen vermag. Da kann man selbst die Geheimnisse der Glasherstellung in HERZ AUS GLAS aus dem Jenseits zurückholen, einem gleich ausbrechenden Vulkan trotzen oder das grausamste Raubtier der Erde, den Grizzlybär zum Freund machen. Lauter überlebensgroße Geschichten, die doch in Geschichte fußen, auch in der Filmgeschichte, so wie Lotte Eisner sie für Werner Herzog repräsentiert haben mag. Sein Ziel, auch ganz persönlich anzuknüpfen an die verloren geglaubte Traditionslinie des deutschen Films konnte er so aber nicht immer erfüllen. Dieser Gedanke wird im Weiteren immer mitschwingen. Von allen Kinoautoren des deutschen Films nach 1945 ist die Rückbesinnung auf die filmhistorischen Wurzeln in Werner Herzogs Werk jedoch am präsentesten.

In die Unterwelt – der Seele

Man kann seine Seele nicht ausschalten. Im Kino sowieso nicht, denn jeder ernst gemeinte Film triff einen mitten ins Herz, schließlich (er)lebt man die inneren Konflikte der Filmhelden im Idealfall sehr direkt mit. So ist der Blick auf das Seelenmanagement von Werner Herzog in seinen Filmen ein besonders wichtiges Element jeder Reise durch seine filmischen Welten. Überhaupt macht es ja den Hauptreiz des Kinoerlebnisses aus, dass man viele Leben leben kann anstelle von nur einem einzigen in der Wirklichkeit. Die Tragik dieser Beschränkung auf das *eine* Leben, in dem wir jeweils gefangen sind, kann natürlich auch das Theater vorübergehend aufheben. Doch im dunklen Kinoraum konzentriert sich alles auf das audiovisuelle Erlebnis, das das Kino als perfekte Illusionsmaschine sehr unmittelbar zugänglich macht. Im Theater können wir die Schauspieler in ihren Rollen aber auch parallel in ihrer physischen Präsenz erleben, was immer wieder die perfekte Illusion unterbricht.

Nur im Kino wird der Sog des Imaginären idealerweise ununterbrochen weitergegeben, weswegen wir uns manchmal nach einem Kinoerlebnis – bis in minimale physischen Reaktionen hinein – uns zunächst unsicher gewissermaßen auf den «Wattebäuschen der Illusion» weiterbewegen und so stark fühlen wie der Filmheld oder die Filmheldin sich in der letzten Szene gefühlt hat. Wie weit das geht, bis die Verortung in der realen Lebenswelt wieder einsetzt, das hat individuell sehr unterschiedliche Verlaufsformen. Manch einer verliert sich eine recht lange Zeit in der extremen Fremdheit solcher Erfahrungen. Deswegen ist das Kinoerlebnis auch nicht vollkommen ersetzbar durch heimische Fernsehbildschirme oder andere von digitalen Kleinmedien gespeiste visuelle Welten, die wir mit uns führen. In einem Essay über das Verhältnis von Psychoanalyse, Politik und Film prägte **Félix Guattari** 1975 den Begriff der «Couch des Armen» für das Kino und schrieb ihm so gewisse Eigenschaften zu, die auch in der Psychoanalyse, die er ablehnte, zu finden sind. «Den Platz auf der Couch (des Psychiaters) zahlt man, um sich von der schweigsamen Anwesenheit eines anderen – wenn möglich jemand Vornehmes, jemand, der aus einer deutlich höheren Schicht kommt als Du – überfallen zu lassen, während man seinen Platz im Kino

Félix Guattari (1930–1992) Poststrukturalistischer Denker, der zusammen mit seinem Kollegen Gilles Deleuze 1972 die bahnbrechende Studie *Anti-Ödipus* verfasste und die «Schizoanalyse» als Gegenentwurf zur Psychoanalyse Freudscher Prägung entwickelte. Immer wieder ging es ihm in seinen Schriften und Vorlesungen um den Zusammenhang von Kapitalismus und Schizophrenie. Zentral in der Einschätzung der Funktion von Massenmedien ist dabei der Begriff der «Wunschmaschine» und die Rolle von «Delirium» und «Wahnsinn» auch in den Kunstwerken, worauf sich maßgeblich Klaus Theweleit in seinen *Männerphantasien* stützte.

zahlt, um sich von jedwedem überfallen und in jedwede Art von Abenteuer hineinziehen zu lassen, bei Begegnungen, die prinzipiell kein Morgen kennen.» Guattari schreibt in seinem Pamphlet unter anderem, dass das Kino eben keine billige Droge sei, sondern im Gegenteil Wünsche mobilisieren könne, wie sie keine psychoanalytische Theorie oder Erfahrung stimulieren könne. Das Kino ist, so gesehen, diejenige Kunstform, die besonders dazu einlädt, sich auf psychische Grenzüberschreitungen einzulassen. Es ist eine von Guattaris höchst realen «Wunschmaschinen».

Eine derartige Reise in die Unterwelt der Seele führt uns auch bei Werner Herzog in diverse Regionen der menschlichen Psyche und auch häufig in extreme Zonen. Wie denkt beispielsweise ein Mörder? Wie kann er die Entmenschlichung, die er durch seine Tat auslöst, überhaupt selbst ertragen. Dem hat Werner Herzog in seiner Dokumentarfilmreihe ON DEATH ROW in Gesprächen mit verurteilten Mördern, die auf ihre Hinrichtung warten, nachgespürt und dabei auch immer wieder die Strategien aufgedeckt, mit denen die Mörder ihre Taten beschönigen oder sogar vor sich selbst verbergen können. Das kann man vielleicht nur oder wenigstens besser in dokumentarischen Formen erzählen. Überhaupt: Wie verkehrt sich ein Lebensirrtum in einen Wahn. Auch dem kann man folgen im dokumentarischen Filmessay Werner Herzogs vom Grizzly-Man, Timothy Treadwell, der 13 Sommer lang mit wilden und gefährlichen Bären in Alaska zusammenlebte, bis er dem Irrtum erlag, sich in deren Welt gleichberechtigt bewegen und quasi «auflösen» zu können.

Vor der großen Bühne des Amazonas-Urwaldes in Peru verschiebt sich im 16. Jahrhundert die Wahrnehmung des Konquistadors Aguirre, der seinen höchstpersönlichen Zorn sogar zum «Zorn Gottes» werden lassen will. Und schließlich werden sogar die fiktiven Zeitebenen durchlässig. Es gibt bislang keine bessere «Zeitmaschine» als das Kino, das die Gefühlswelten auch anderer fremder Epochen und Zeitläufte zumindest vorübergehend zugänglich macht. Und auch die Seelenwelt eines korrupten und drogensüchtigen Cops in BAD LIEUTENANT – COP OHNE GEWISSEN steht uns plötzlich offen in Werner Herzogs Beinahe-Remake eines Klassikers von Abel Ferrara (Abb. 29). Sogar in die Unterwelt des Untoten Nosferatu aus F. W. Murnaus Vampirfilm und in dessen sündige Lebensgier kann uns Werner Herzog erneut führen und bis hin zur Katharsis der reinigenden Selbstaufgabe der Filmkreatur, gespielt von Klaus Kinski, begleiten.

In die Untiefen der Seele führt im Kino des Werner Herzog ein schmaler Pfad oft am Rande des Wahnsinn und immer wieder ist Klaus Kinski in seinen fünf Filmen, die er gemein-

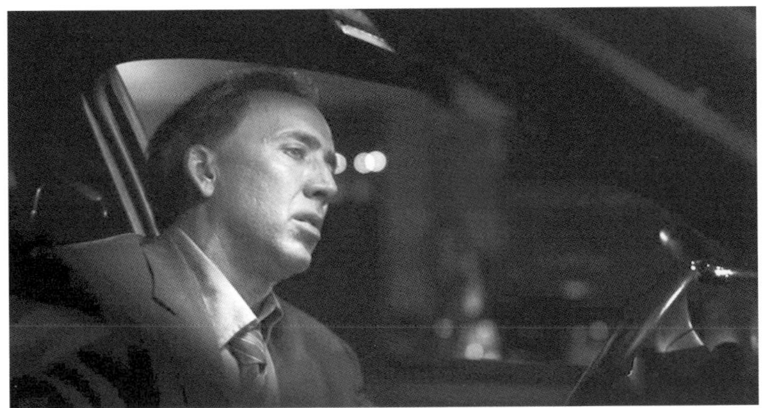

29 Nachdenklich: Nicolas Cage in BAD LIEUTENANT – COP OHNE GEWISSEN

sam mit Herzog gedreht hat, als Abenteurer, Untoter oder als geschundener Garnisonssoldat WOYZECK im Zentrum dieser Seelenreisen, die man in diesen und mit diesen Filmen unternehmen kann. Kinski war offenbar besonders geeignet als Verkörperung dieser Rollen und wurde zeitweise als Alter Ego Herzogs gedacht, wovon sich der Künstler erst in einem im doppelten Sinne autobiografischen, dokumentarischen Film reinigen konnte, der nicht ohne Grund den Titel MEIN LIEBSTER FEIND trägt und in dem der spektakulär selbstverliebte Kinski zugleich als Wiedergänger von Herzogs Selbstinszenierungen und auch als idealer «Punching Ball» im ewigen Spiel der beiden um Liebe und Macht gezeigt wird. Als durchaus «geliebter» Feind spielte Kinski lange gerne die Rollen der Wüstlinge und Leidensmänner im Zentrum von seinen Filmen. Der Widerhall des Seelischen in Herzogs Filmen spiegelt sich also auch in den emotionalen Exzessen und selbstherrlich getönten Monologen Klaus Kinskis, an die der Schauspieler später in seinen Solo-Auftritten und deklamatorischen Rezitationen wie «Jesus-Christus-Erlöser» (2008) immer wieder angeknüpft hat. «Mitten ins Herz» treffen Werner Herzogs Psychogramme seiner Filmfiguren in der Regel, egal wie fremdartig deren Lebenswelt auch sein mag.

Aguirre, oder der Zorn Kinskis – Der Amazonas als Seelenlandschaft

Sein in dieser Urwaldregion so absurdes Ausstattungsrequisit eines stählernen Helmes auf seinem Kopf nimmt er nie ab und schleicht zu Beginn des Films meist nur am Rande des Handlungszentrums herum, bis er auf einmal den Vorschlag einwirft, doch Don Fernando de Guzmán zum Kaiser eines Phantasiereiches zu ernennen und zugleich dem spanischen König und dessen treuem Gefolgsmann Don Pedro de Ursúa den Gehorsam aufzukündigen. Dann tritt er als stets gegenwärtiger Querulant wieder in den Schatten zurück, wobei nur sein magischer Blick direkt in die Kamera verrät, dass er in Wahrheit doch im Zentrum der Geschichte der wahnsinnigen Urwaldexpedition auf der Suche nach dem Goldland El Dorado steht. Einmal beobachtet er ganz lange einen indianischen Flötenspieler, um ihn wenig später anzuweisen: «Spiel etwas für die Männer», ganz so, als hätte er die einigende Wirkung der archaischen Musik gerade erst entdeckt. Seinen großen Auftritt hat Aguirre erst, als fast alles schon verloren scheint und sich die Konquistadorentruppe (Abb. 30) immer mehr auflöst: «Ich bin der größte Verräter. Es darf keinen größeren geben. Wenn – ich – Aguirre will, dass die Vögel tot von den Bäumen fallen, dann fallen sie herunter. Ich bin der Zorn Gottes. Die Erde, über die ich gehe, sieht mich und bebt. Wer aber mir auf dem Fuße folgt, wird unerhörten Reichtum erlangen.» Kinski legt alle seine Kraft und seine besonderen Fähigkeiten als Verführer in jeden seiner magisch funkelnden Blicke, die sich direkt von der Leinwand auf den Betrachter

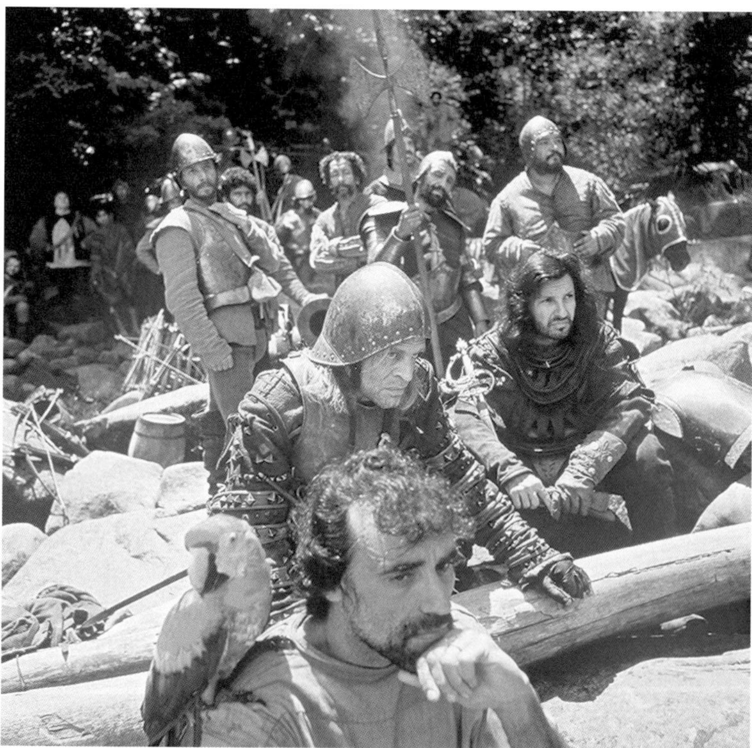

30 Aguirre im Kreis seiner Konquistadoren

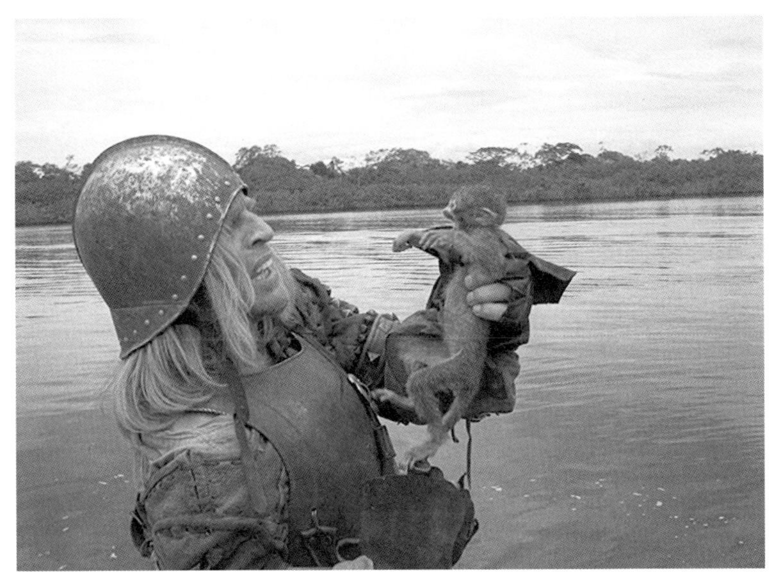

31 Kinski als «Herr der Welt» hält seinen Monolog vor dem Totenkopfäffchen (Aguirre – Der Zorn Gottes)

übertragen: «Wir werden Geschichte inszenieren wie andere Stücke auf dem Theater. Ich werde meine Tochter heiraten und die reinste Dynastie gründen, die es jemals gegeben hat», deklamiert er immer noch zur Kreiselfahrt der Kamera auf dem Floß, das sich in seine Bestandteile auflöst, auch wenn seine Zuhörer längst nur noch Totenkopfäffchen sind, die das für sie ungewöhnliche Schauspiel des Monologs eines Wahnsinnigen auf merkwürdige Weise anzuziehen scheint (Abb. 31).

Tatsächlich orientiert sich der Film teilweise an der historischen Amazonasexpedition des baskischen Abenteurers Lope de Aguirre und anderen aus dem Jahr 1560, wobei er sie auch vermischt mit zahlreichen anderen Bezügen auf die Suche nach dem sagenhaften Goldland El Dorado; eine Stadt mitten im Dschungel mit Dächern aus massivem Gold, nach der schon diverse Expeditionen im Auftrag der Augsburger Welser-Gesellschaft, die ab 1528 gegen ein Geldgeschenk von Kaiser Karl V. als befristetes Lehen die Statthalterschaft über die spanische Überseeprovinz Venezuela erhalten hatte, gesucht hatten. Bis 1546 die deutschen Konquistadoren Philipp von Hutten und Bartholomäus Welser auf einer dieser gierigen Schatzsuchen Opfer ihrer spanischen Konkurrenten wurden und am Ufer des Flusses Tocuyo ermordet wurden. Etwa 15 Jahre später und etwas weiter südlich sind Aguirre und seine Mitkämpfer immer noch auf der Suche nach den ersehnten Minen der Indianer voller Gold und Silber samt der Legenden vom «Goldkaziken», der einmal im Jahr mit Goldstaub bedeckt ein Floß besteigt und rituell Goldgegenstände und Edelsteine im Fluss versenkt. Philipp von Hutten soll, auch das gehört ins Reich der Legenden, auf seiner letzten Reise ein Indianerdorf mit «goldenen Statuen» gefunden haben. Das klingt inzwischen mehr nach einem INDIANA JONES-Abenteuerfilm, als nach einem realistischen Bericht mit einem gewissen Wahrheitsgehalt. Doch der Wahn ist nie real, wenn er auch eine einzigartige Magie besitzt.

All diese Phantasmen von Reichtum und Macht schwirrten durch die echte Welt der Konquistadoren und tatsächlich hatte Francisco Pizarro im peruanischen Cajamarca den Inkaherrscher Atahualpa 1533 dazu zwingen können, einen gewaltigen Raum mit Gold zu füllen, bevor er ihn erdrosseln ließ. All diese Legenden und wahren Geschichten lassen die Geschichte des Lope de Aguirre und seiner Mitkämpfer und Konkurrenten, die Werner Herzog 1972 zu seiner Filmerzählung verarbeitet hat, als wahrscheinlich und einleuchtend erscheinen. Und auch deren Abgleiten in einen immer größeren Wahnsinn, der sie begleitet, und Hunger und Entbehrung und einen nicht enden wollenden Hagel an Giftpfeilen aus den Blasrohren der Indianer, der sie in den Untergang führt. Alle Anführer dieser Expedition, zunächst Gonzalo Pizarro, der die Truppe durch die Nebelschwaden der Andenschluchten in den Urwald des Amazonas führt, sind von Natur aus eitel und selbstgerecht.

Auch Don Pedro de Ursúa, den er damit betraut, eine 40 Mann starke Abordnung anzuführen, die mit rasch zusammen gezimmerten Flößen den Fluss hinunterfahren soll, ist schon dem Fieber der Goldsuche erlegen, während sich der Schauspieler Peter Berling als Don Fernando de Guzmán mit seiner Scheinmacht als vermeintlicher «Kaiser» von Aguirres Gnaden abspeisen lässt. Bei alledem orchestriert Herzog im Hintergrund das zunächst unsichtbare Intrigen-Netzwerk, das Aguirre spinnt, um in der immer größer werdenden Unübersichtlichkeit der Machtverhältnisse sein Regime durchzusetzen. Trotz Dschungelstimmung, dampfender Nebelschwaden und tobender Flusslandschaft vollzieht sich dieser «Abenteuerfilm» als Kammerspiel, bei dem man dem zunehmenden Verfall der Hauptfigur bis hin zum Größenwahn zusehen kann. Die zu dem dramatischen Geschehen dazugehörenden Morde, Hinrichtungen und beiläufigen Tode wirken wie entlehnt aus einem shakespeareschen Königsdrama, lassen sich aber auch mühelos in den Chroniken am Hofe von Neukastilien um die Pizarro-Brüder wiederfinden.

Bei den Dreharbeiten zu AGUIRRE, DER ZORN GOTTES soll es, so beschreibt und dokumentiert es Herzog selbst in MEIN LIEBSTER FEIND, immer wieder zu heftigen Konfrontationen zwischen ihm und Kinski bis hin zur Androhung von Waffengewalt gekommen sein. Stets ein Auge für die Wirklichkeit habe man offen haben müssen bei AGUIRRE, denn sie habe in jede Szene eingreifen und sie verändern können. Auch heute noch spürt man beim Ansehen von AGUIRRE diesen doppelten Blick, dem der Film vielleicht auch einen Teil seiner ungewöhnlichen Intensität verdankt.

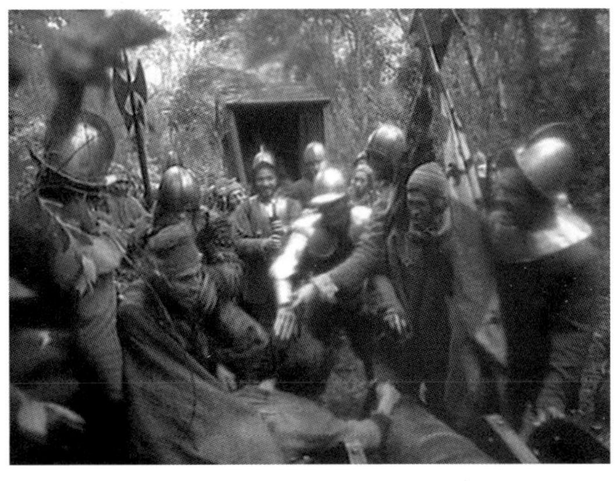

32 Eroberer. In ihrer Blechlawine verloren im Urwald (AGUIRRE – DER ZORN GOTTES)

Und schließlich bekennt Herzog, dass Joseph Conrads Erzählung **Herz der Finsternis** (1899), die von der psychedelischen Flussreise eines englischen Seemanns auf der Suche nach einem Reich des Bösen erzählt, ihn – wie wenige Jahre später Francis Ford Coppola zu seinem Vietnamfilm APOCALYPSE NOW (1979) – auch in Stimmung und Tonfall des Films inspiriert habe. Bei AGUIRRE ist allerdings das «Herz der Finsternis» in Gestalt der Titelfigur schon von Anfang an mit an Bord und doch haben der von Marlon Brando verkörperte Colonel Kurtz in Coppolas Film und Kinski als Aguirre viele Gemeinsamkeiten. Schon der Abstieg vom Felsengebirge in der ersten Szene von AGUIRRE, DER ZORN GOTTES ist mehr als eine Landschaftsbegehung. Die Männer führen Sänften, Kanonen, Fahnen und Waffen mit sich bei ihrem Abstieg in eine mystisch schillernde «Unterwelt» (Abb. 32), die schließlich von Fabelwesen bis hin zu den Totenkopfäffchen nur so strotzt, wobei alle – insbesondere Aguirre – den Keim ihres Untergangs schon in sich tragen. Der Nihilismus der Weltan-

Herz der Finsternis –Eine Erzählung von Joseph Conrad, geschrieben 1899, über eine Flussfahrt mit einen Dampfschiff den Kongo aufwärts auf der Suche nach dem rätselhaften «Leiter der inneren Station», der zwar Rekordmengen an Elfenbein an die Zentrale schickt, der sich aber schon seit einem Jahr nicht mehr gemeldet hat. Je mehr man sich dem vorgeblichen Aufenthaltsort von Kurtz nähert, um so geheimnisvoller und mystischer sind die Anzeichen einer Schreckensherrschaft des dem Wahnsinn verfallenen selbsternannten Urwaldkönigs, am Ende findet man ihn jedoch nur noch sterbend vor. Seine letzten Worte sind «Das Grauen. Das Grauen».

Diese Worte hat Francis Ford Coppola in seinem Meisterwerk APOCALYPSE NOW Marlon Brando als Colonel Kurtz in den Mund gelegt. Der Film hält sich 1979 in seiner finalen Phase trotz aller Modernisierung am Rande des Vietnamkrieges weitgehend vor allem in der morbiden Stimmung an Conrads vielfach gerühmte Erzählung. *Herz der Finsternis* gilt als Conrads faszinierendste gleichwohl furchtbarste Auseinandersetzung mit dem Bösen in der menschlichen Seele, dessen abstoßende Grausamkeit und zugleich deren Faszination der polnisch-britische Schriftsteller, der ausschließlich in seiner zweiten Fremdsprache Englisch schrieb, sozusagen in «Reinkultur» beschreibt.

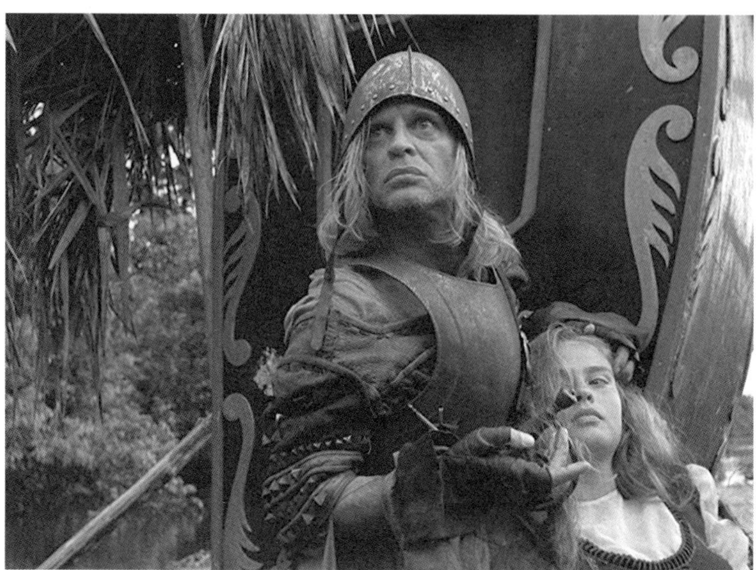

33 Geschichte inszenieren wie andere Theater. Aguirre und Tochter

schauung des Aguirre trägt seine Strafe als Entmenschlichung im Wahnsinn schon in sich selbst und so ist er nicht einmal einer Regung fähig, als seine abgöttisch geliebte Tochter im Finale von einem Speer durchbohrt wird (Abb. 33). Dabei hatte er sie doch immer wieder als seinen wahren Existenzgrund beschworen. Diesem Mann ist am Ende nichts mehr heilig und so wirken seine Sprüche auch nur noch hilflos und im Rückblick sogar wie eine verlogene Selbstbespiegelung: «Das Glück lächelt auf die Tapferen und spuckt auf die Feigen.» Der Amazonas als Seelenlandschaft hat den selbstgerechten Helden da längst eingeholt und ist ihm nur noch die Hölle seiner sinnentleerten Leidenschaften. Neben zahlreichen Varianten der Geschichte von Aguirre als billige Räuberpistole mit Goldschatz hat auch der spanische Meisterregisseur Carlos Saura 1988 mit El Dorado – Gier nach Gold den Stoff mit Padre-Padrone-Darsteller Omero Antonutti als Aguirre verfilmt, überfrachtete ihn aber zu sehr als Gedankendrama um die gewaltige Schuld und die ausgebliebene Sühne des spanischen Kolonialismus. Auf dem Filmplakat schlagen heftige Flammen aus einer offenbar menschenentleerten Ritterrüstung eines Konquistadoren. So sehr ist sie schon überhitzt vom Zorn der kolonialen Gewalt.

Derartige politisch-moralische Einordnungen seiner Figuren sind Herzog in seinem Werk fremd. Er interessiert sich stets mehr für die Mechanismen, mit denen deren Verstand jeglicher Kontrolle entgleitet. Deswegen haben ihn immer die Grenzgänger interessiert, so wie er sie in Aguirre, der Zorn Gottes oder in Fitzcarraldo in den Mittelpunkt stellt.

Beide Figuren wurden von Klaus Kinski verkörpert, der Herzog als kongenialer Darsteller galt. Wie sehr Kinski auch bei den Dreharbeiten ein ekstatischer Seelenverwandter war, das zeigt Herzog 1999 in seinem Dokumentarfilmessay MEIN LIEBSTER FEIND: Das Filmemachen selbst als ekstatischer Prozess zwischen Hass und Liebe (Abb. 34–35). Herzog im Film: «Wir waren zusammen ja wie zwei kritische Massen die eine gefährliche Mischung ergaben, wenn sie in Berührung kamen.» – Kinski: «Los machen Sie und drehen den Scheißdreck runter.» – Herzog: «Das werd ich nicht tun Herr Kinski.» – Kinski: «Das werden wir ja sehen.» – Herzog: «Ich entfernte ihn darauf aus dieser Einstellung. Kinski tobte und sagte, ich sei größenwahnsinnig geworden. Ich sagte ihm darauf, dann sind wir jetzt eben zu zweit. Was war der Grund, dass ich mir das antat.» Kinski: «He's crazy thats why we work together.» – Herzog: «Wir gehörten zusammen. Wir waren bereit, miteinander unterzugehen. Egozentrisch ist wahrscheinlich gar nicht das richtige Wort. Er war richtiggehend egomanisch. Und er schrie stundenlang auf mich ein. Er war so dicht an meinem Gesicht. Kinski wollte mich gegen meinen eigenen Irrsinn schützen. Er war sehr, sehr lieb mit mir auch damals, hat mich geküsst und mich ganz lang gehalten, war ganz aufgelöst und sehr gerührt auch. Das Einzige was zählte war, was letztlich auf der Leinwand zu sehen war.» Herzog und Kinski kannten sich schon lange. Kurze Zeit hatten sie ab 1953 gemeinsam in einer Pension in der Elisabethstraße in München gewohnt, woran Herzog in MEIN LIEBSTER FEIND erinnert. Da war 1953 Werner Herzog ein 11-jähriger

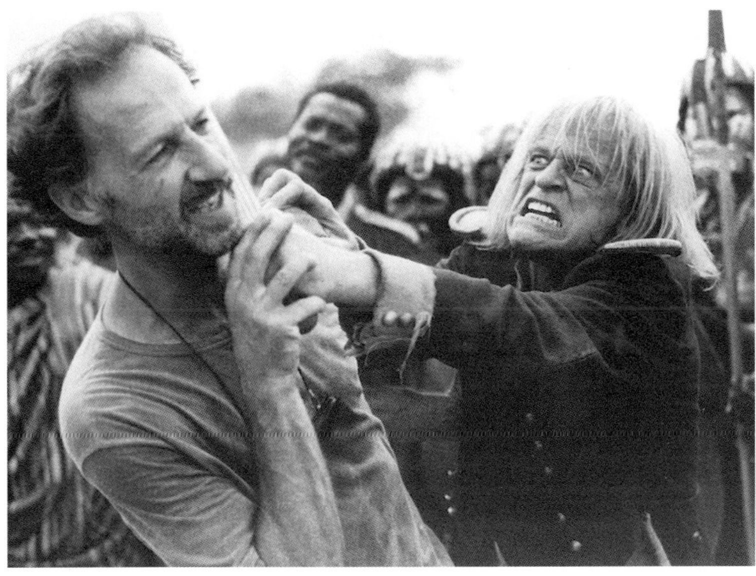

34 Sein «liebster Feind» geht Herzog an die Gurgel

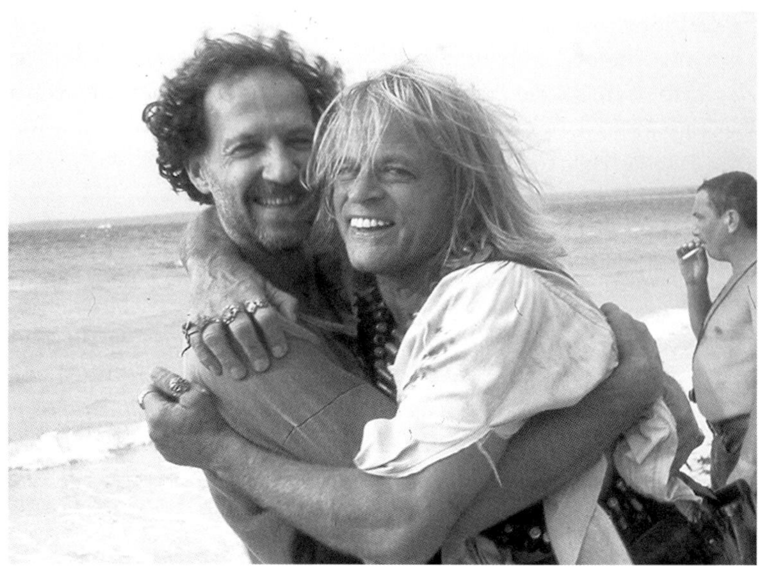

35 Die Zärtlichkeit unter Wölfen: Herzog und Kinski bei COBRA VERDE

Junge, der mit Bruder und Mutter dort eingezogen war und das Gymnasium besuchte. Klaus Kinski dagegen zog als noch einigermaßen unbekannter fast 30-jähriger Schauspieler mit seiner «Ein-Mann-Wanderbühne» übers Land und rezitierte Verse von François Villon, Arthur Rimbaud und Kurt Tucholsky. Er lebte in einem zeitweise mit Stroh gefülltem Zimmer und zerlegte manchmal das Badezimmermobiliar. Schon beim Schreiben des Drehbuchs hatte Werner Herzog nach eigener Aussage Klaus Kinski im Kopf und der sagte – inzwischen ein bekannter Weltstar aus Edgar-Wallace-Filmen und Italowestern – auch sofort zu. Und so sehr Kinskis schauspielerische Methode sehr genau zu dem passte, was sich Herzog unter seinem wilden Berserker Aguirre vorgestellt hatte, so sehr war er dessen Launen und Befindlichkeiten bei den Dreharbeiten auch ausgeliefert und musste zu ausgebufften Listen greifen, um das zu bekommen, was er sich erhofft hatte. Herzog in MEIN LIEBSTER FEIND: «Ich wusste natürlich auch, dass das bei Kinski sehr oft so ein Art Strohfeuer war. Manchmal war's auch provoziert. Wenn er sich zweieinhalb Stunden zu Ende gebrüllt hatte. Er hatte dann ja auch Schaum, harten Schaum in den Mundwinkeln. Dann wusste ich: Jetzt ist er gut, jetzt ist er mürbe, jetzt ist er für eine stille Szene reif. Es gab Momente, in denen ich ihn provoziert habe – bewusst. Da hab ihm gesagt: Klaus, was ich jetzt gerad gesehen habe, da schlafen mir ja die Füße ein. Dann war klar: Jetzt wird zwei Stunden gebrüllt. Er wollte zum Beispiel eine der Schlüsselszenen, wo er sich zum Zorn Gottes erklärt und wo er sagt: Wenn – ich – Aguirre will, dass die Vögel tot von den Bäumen herunterfallen, dann fallen sie tot von den Bäumen. Das wollte er brüllend darstellen. Und ich habe gesagt: Nein, das muss eine Szene sein, die viel gefährlicher ist, wenn der Aguirre das leise sagt, als leise Drohung, als bedingungslose Drohung. Gut, dann hat er erst mal zwei Stunden gebrüllt, aber dann war er auf der Ebene auf der ich ihn gebraucht habe.»

So ähnlich beschrieb Herzog auch die Besetzung Klaus Kinskis in WOYZECK 1979 unmittelbar nach der Beendigung der Dreharbeiten zu dem ja eigentlich schon «leisen» Film NOSFERATU –PHANTOM DER NACHT, der den Schauspieler aber so erschöpft habe, dass er ihm die Rolle des Leidensmannes aus Georg Büchners Dramenfragment ohne die üblichen Ausbrüche und Übertreibungen schließlich zugetraut habe. Und tatsächlich schaffte es Kinski eindrucksvoll mit unglaublicher Blickdichte einen Mann zu verkörpern, der für Experimente missbraucht und von seiner Freundin scheinbar treulos hintergangen, sich zu einem Mord «aus verlorener Ehre» entscheidet. In den Gebrechen einer Figur spiegelt sich die Gebrechlichkeit der Welt. Und ihr Weg in den Abgrund des Verbrechens ist zwar als Film eine kleine Nebenarbeit verglichen mit den grandiosen filmischen Monumenten von AGUIRRE, DER ZORN GOTTES und FITZCARRALDO. Dennoch zeigt sie auch, dass die ganze Bandbreite der Zusammenarbeit von Herzog mit Kinski nach fünf gemeinsamen Filmen – zuletzt 1987 mit COBRA VERDE – noch nicht ausgeschöpft war als Kinski 1991 starb.

Die gemeinsamen Filme gehören zum Besten was das deutsche Autorenkino nach dem Zweiten Weltkrieg hervorgebracht hat. Und als quasi «sechster» Film gehört ja auch MEIN LIEBSTER FEIND dazu, der die große Zeit der beiden zueinander zärtlichen, zugleich zornigen Egomanen noch einmal kritisch und poetisch heraufbeschwört und mit einer sehr persönlichen romantischen Liebeserklärung an Klaus Kinski endet. Er zeigt ihn eben nicht als «rasenden Roland», sondern wie er ganz zärtlich mit einem Schmetterling spielt. Und so drückt Herzogs Fazit in diesem Film mehr Nähe als Konflikt aus: «Ich sehe uns zurück im Dschungel zusammen in einem Boot. Die ganze Welt gehört uns. Aber Klaus scheint davonfliegen zu wollen. Hätte ich es damals nicht wahrnehmen müssen, dass es wohl seine Seele war, die davonflattern wollte. Und dann sehe ich ihn mit einem Schmetterling ganz sachte, ganz leicht. Das kleine Wesen will nicht fort von ihm und ist so zutraulich, dass mir manchmal scheint Klaus selbst wird zum Schmetterling. Und alles was schwer war zwischen uns weicht und alles wird gut. Und auch wenn sich mein Verstand dagegen sträubt, sagt mir etwas in mir. So würde ich ihn am liebsten im Gedächtnis behalten.» Die gemeinsamen Filme der beiden – auf FITZCARRALDO wird noch später ausführlich eingegangen werden – sind ganz außergewöhnliche Reisen in die Unterwelt der Seele.

Der Mann der die Bären liebt und Mörder, die die Wahrheit sagen

13 Sommer lang lebte der Tierschützer Timothy Treadwell mit den Grizzlybären in Alaska zusammen. Und er dokumentierte dieses Leben in Videos und Tonaufzeichnungen mit am Ende über 100 Stunden Material, das Werner Herzog zu dem eindrücklichen, sehr persönlichen Dokumentarfilm GRIZZLY MAN verarbeitet hat, in dem es weniger um die merkwürdige Liebe seiner Hauptfigur zu den Bären, sondern vielmehr um Treadwells besonderes «Mensch-Sein» in diesem scheinbar ausweglosen Wahnsinn geht (Abb. 36). Manchmal spricht Herzog dabei durchaus «Klartext», wenn er sich zum Beispiel direkt von seinem Protagonisten Timothy Treadwell distanziert und dafür sein eigenes wildes archai-

36 Sein liebster Bär. Timothy Treadwell als GRIZZLY MAN

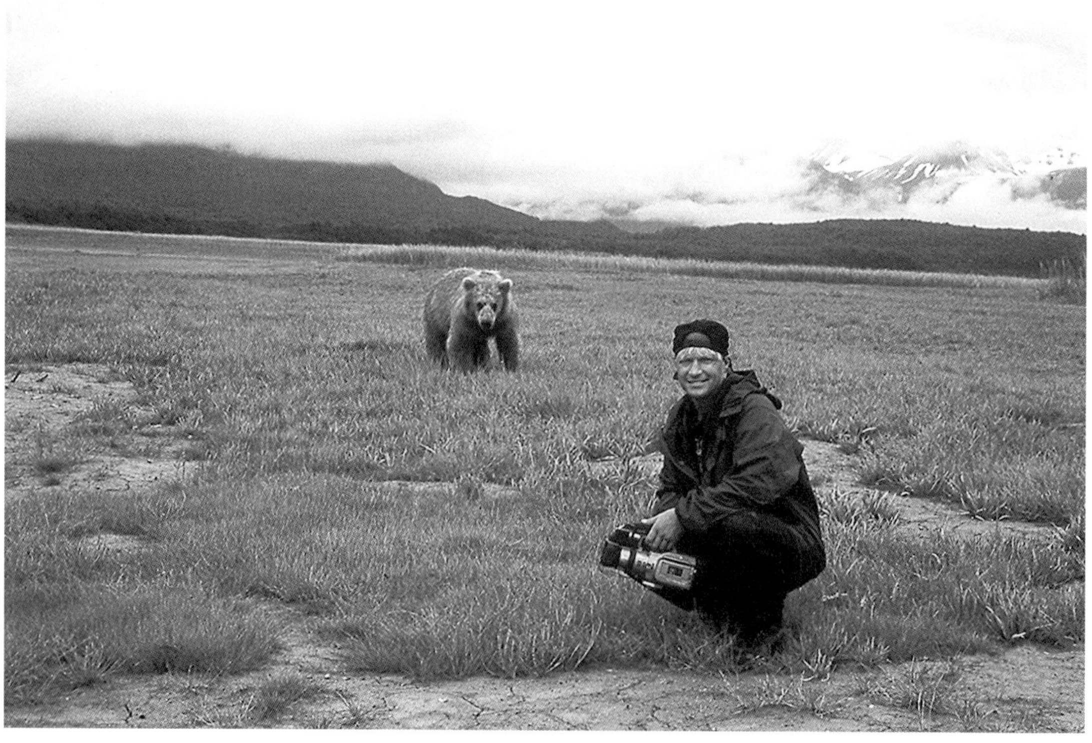

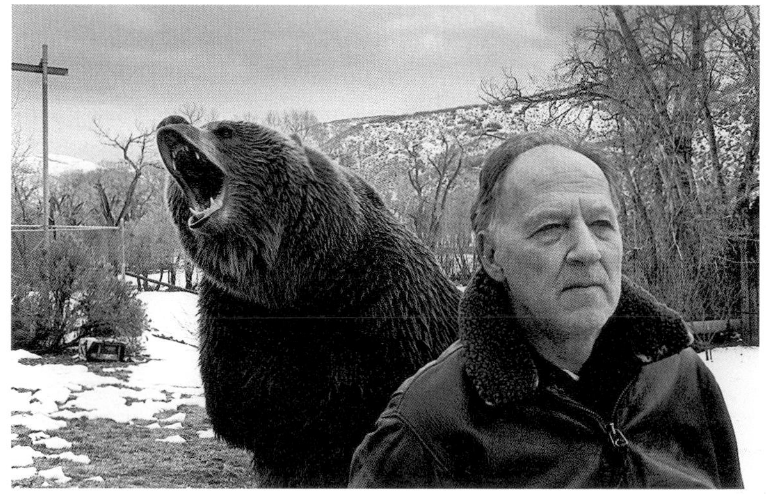

37 Bildmontage zu GRIZZLY MAN. Herzog als Bärenherrscher

sches Weltbild zelebriert. Herzog spricht mit seiner einnehmenden Kommentatorenstimme in den Film hinein: «Raubtiere sind etwas Natürliches. Ich glaube, dass der gemeinsame Nenner des Universums nicht Harmonie ist, sondern Chaos, Feindseligkeit und Mord.» Die wahre Geschichte des Grizzly Man nimmt ein trauriges Ende, das sogar auf Video dokumentiert ist. Es gibt ein Stück Film, das die letzten Minuten von Timothy Treadwell und seiner Freundin zeigen müsste. Allerdings wurde dabei die Schutzkappe nie von der Linse genommen. So existiert nur die Tonspur der letzten sechs Lebensminuten des Paares. In Anwesenheit von Jewel Pawolak, der Nachlassverwalterin von Timothy Treadwell, hört sich Herzog im Film mit Kopfhörern schweigend das Band an, lässt uns aber nicht mithören und beschwört sie hinterher, das Material nie selbst anzuhören, es besser zu vernichten. So verweigert er auch uns einen voyeuristischen Blick auf das Ende des Grizzly Man (Abb. 38).

Ein typischer Herzog-Moment in dem er an der Grenze des Erträglichen durchaus ein wenig mit den Gefühlen der Zuschauer spielt. Zu einem Film mit einem derartigen Thema gehört also immer eine Prise «Zumutung». Und dann lässt er doch noch den Piloten auftreten, der Treadwell immer wieder in die Wildnis geflogen und später auch seine letzten Überreste gefunden hat. «Als ich runter sah, sah ich einen menschlichen Brustkorb und ich wusste sofort: das kann nur Tim oder Amy sein. Und der Bär war dabei, ihn aufzufressen. Ich flog also noch eine Runde. Ging so tief wie möglich runter und versuchte ihn so mit dem Flugzeug zu verjagen. Und jedes Mal wenn ich über ihn hinwegflog, fraß er nur schneller, kauerte sich über den Brustkorb. Und in diesem Augenblick erkannte ich, dass

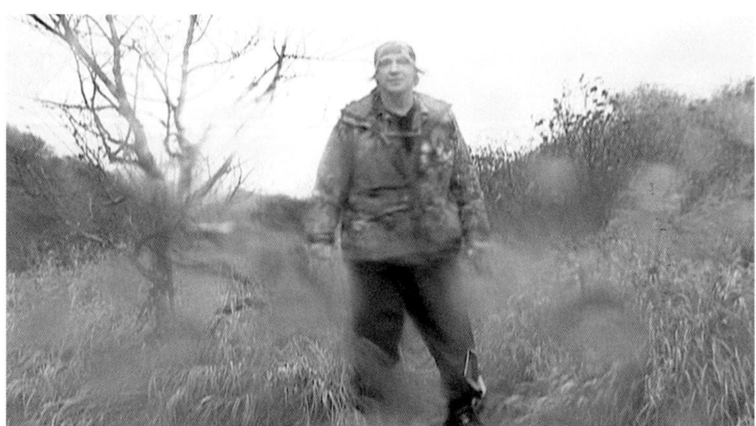

38 Letzte Augenblicke: Treadwell verschwindet in der Wildnis (GRIZZLY MAN)

ich ganz nah dran war, selbst gefressen zu werden und das versetzte mir einen Adrenalinstoß wie ich ihn noch nie zuvor verspürt hatte. Meine Kehle war wie zugeschnürt. Ich konnte kaum atmen. Ich war wie erstarrt. Ich konnte meine Arme und Beine nicht bewegen. Und dann hab ich die Leitstelle angefunkt und ihnen berichtet, was hier draußen passiert war. Dass es hier ein Problem gab. Dass wir Hilfe brauchten.» Der realistische Tonfall dieses Tatsachenberichts des Piloten mit der knarzenden Stimme ist ungewöhnlich für Herzogs Dokumentarfilmmethodologie, bei der stets die übergeordneten spirituellen Elemente des jeweiligen Sujets im Vordergrund stehen. Es interessieren ihn im Wesentlichen auch keineswegs die grausigen Details. Wichtiger ist ihm die Poesie des Lebens, die er vorher auf seiner Suche nach dem Wesen der Natur finden konnte und die auch im eigentlich gnadenlos realistischen Material Treadwells immer wieder aufblitzt. Doch durch Herzogs Filme zieht sich immer ein Moment ständiger Selbstreflexion des Filmemachers. Auch in der Geschichte des Grizzly Man findet er letztlich den Zauber des Kinos wieder – und sei es noch im Rauschen der Gräser – durch die Füchse und Bären streifen.

Herzog: «Beim Drehen fallen einem manchmal Dinge in den Schoß, die man sich nie hätte erträumen können. Es gibt so etwas wie eine unerklärliche Magie des Kinos.» Werner Herzogs filmisches Werk ist stets von dem Versuch geprägt im Sinne Siegfried Kracauers Theorie des Films die «Errettung der äußeren Wirklichkeit» zu betreiben. Unseren Blick zu öffnen für das Kleine, Zufällige, Unbeabsichtigte, Unbestimmte. Das Rauschen des Meeres, die Schreie der Möwen und dann die ewige Wahrheit, dass wir uns doch immer nur mit uns selbst beschäftigen. So endet auch Herzogs GRIZZLY MAN in der abschließenden Szene selbst wenn es eine Tragödie ist fast versöhnlich und philosophierend: «Treadwell lebt nicht mehr. Die Frage wie recht oder unrecht er hatte, verschwindet in der Ferne in einem Nebel. Was bleibt sind seine Aufnahmen. Und während wir die Tiere in ihrer Freude am Leben, in ihrer Grazie und Wildheit beobachten drängt sich ein Gedanke auf: Dass dies nicht so sehr ein Film über wilde Tiere ist, als vielmehr ein tiefer Blick in uns selbst, in unsere Natur. Und das gibt weit über seine Mission hinaus seinem Leben und seinem Tod einen dauerhaften Sinn.» Bei der Suche nach den Grenzen des menschlichen Bewusstseins geht Herzog mit Treadwell einen Schritt über alle Grenzen hinaus immer weiter in die Abgründe des Seelischen, so weit, dass selbst die Grenzen zwischen Mensch und Natur zu verschwinden scheinen. Natürlich verdankt dieser Film einen Teil seiner Eindrücklichkeit dem Originalmaterial und der Persönlichkeit Treadwells. Und doch öffnet auch Herzog mit diesem Film die Pforten der Wahrnehmung so weit, dass weiterer Entgrenzung nunmehr Tür und Tor geöffnet ist. Der Film wurde mehrfach preisgekrönt und vermehrte Herzogs Ruf als Filmemacher, der stets auf der Suche nach neuen Ufern ist (Abb. 37).

Mit ON DEATH ROW (IM TODESTRAKT; Abb. 39) betrat Herzog 2011/2012 selbst auf eine noch ungewöhnlichere und eindrucksvolle Weise Neuland mit einer Dokumentarfilmreihe. In insgesamt acht Filmen befragte Herzog Todeskandidaten, die im Gefängnis auf ihre Hinrichtung warteten. Im Bild sind nur die Protagonisten zu sehen, manchmal tatsächlich mit Gitterstäben vor ihrem Gesicht. Aus dem Off hört man den Fragesteller Werner Herzog. Jeder Film wird eingeleitet von einer Kamerafahrt, die den letzten Gang zur Hinrichtungsstätte andeutet. Herzog bekennt in einem einleitenden Text, dass er Gegner der Todes-

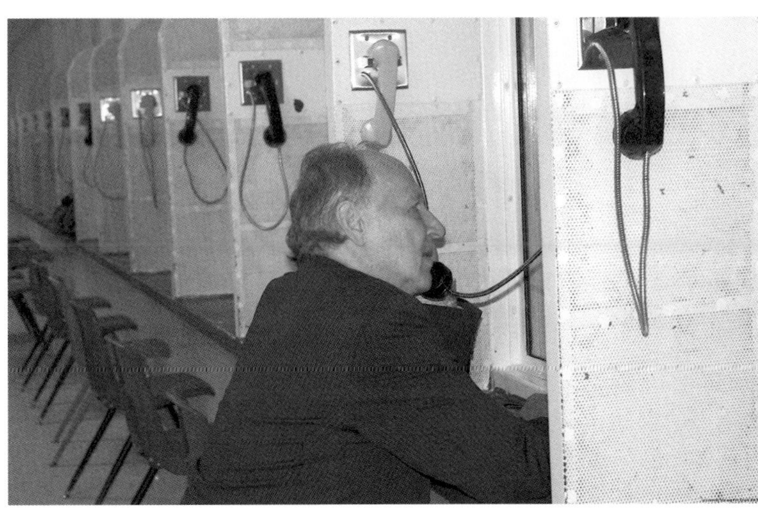

39 Am Telefon des Besuchsraums: IM TODESTRAKT

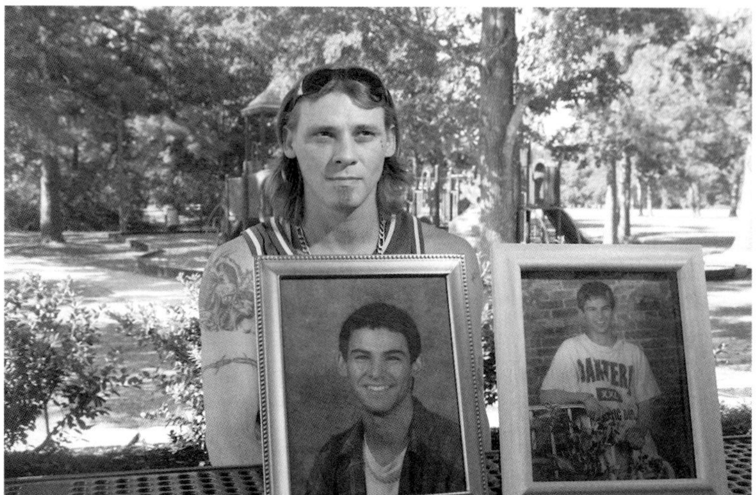

40 Altar der Opfer. Aus INTO THE ABYSS – A TALE OF DEATH, A TALE OF LIFE

strafe ist, als Gast in den USA sich aber nicht in die inneren Angelegenheiten einzelner Bundesstaaten, die die Todesstrafe verhängen können, einmischen möchte. Sein Film soll also erklärtermaßen kein Propagandafilm gegen die Todesstrafe sein. Er drehte in der denkbar einfachsten Form eines Dokumentarfilms, der «Talking Heads» (die Kamera zeigt nur «sprechende Köpfe»). Er lässt Menschen von sich erzählen und bleibt ganz bei ihnen. Die Kamera rührt sich während der Interviews nicht. Werner Herzog findet, dass aber schon die Auswahl der Gesprächspartner ein Eingriff in die Wirklichkeit ist. Herzog: «Einen Dokumentarfilm zu drehen, das hat viel mit «Casting» zu tun. Das ist wie beim Spielfilm. Man muss die richtige Besetzung finden. Und damit beginnt die Faszination.» Die Auswahl der Protagonisten, dem kann man nach dem Anschauen der Filme nur zustimmen, ist ein wichtiges Element dieser Filmreihe (Abb. 41–43).

Herzog hatte zunächst 2011 einen Film über die gemeinschaftlichen dreifachen Mörder Michael Perry und Jason Burkett in Texas gedreht: INTO THE ABYSS – A TALE OF DEATH, A TALE OF LIFE, wobei Perry acht Tage nach dem Gespräch hingerichtet wurde, Burkett aber mit lebenslänglich davonkam (Abb. 40). Herzog musste sich bei den Gesprächen an strenge Regeln halten und bekam nur kurzzeitig Zugang zu seinen Gesprächspartnern. Während dieser lange Dokumentarfilm noch Zugang zu der jeweiligen Lebensgeschichte mit anderen Erzählern zulässt, widmete Herzog die weiteren acht mittellangen Filme lediglich der Gesprächszeit, die er mit den Mördern und Verbrecher verbringen durfte und betitelte sie ON DEATH ROW (IM TODESTRAKT).

Zum Beispiel bei dem Serienmörder James Barnes, der 1988 nackt außen an einem Apartmenthaus hochkletterte mit dem festen Vorsatz Patricia Patsy Miller zu vergewaltigen. Danach erschlug er sie. Als ihn diese Anklage einholte, saß Barnes schon im Gefängnis, weil er seine Ehefrau erwürgt hatte. Erst in der Todeszelle gestand Barnes immer weitere Morde. Werner Herzog bemüht sich, bei den Geständnissen dieses kaltblütigen Killers unerschüttert zu bleiben. «James Barnes ist der ultimative Albtraum für Frauen. Dass ein Mann sich nackt im Bad versteckt. Für vier Stunden schaut er zu, wie sein Opfer ihren Haushalt verrichtet. Er sieht sie kochen, ein bisschen Soap-Opera schauen und dann lässt er sie duschen. Dann taucht er auf, vergewaltigt sie, tötet sie und verbrennt sie mitsamt ihrem Bett. Ja das wäre schon ein Spielfilmstoff. Aber ich bin da einfach reingesprungen, habe nie drüber nachgedacht.» Immer wird Herzog das gefragt, warum er keinen Spielfilm aus diesen Geschichte gemacht hat. Aus der Geschichte einer wahrscheinlich unschuldig Verurteilten, aus der Geschichte eines klug durchdachten und stolz präsentierten Massenausbruchs, aus den letzten Minuten vor der dann doch verschobenen Hinrichtung und aus der Geschichte eines Mörders dem an Skrupellosigkeit auch Hannibal Lector in DAS SCHWEIGEN DER LÄMMER kaum das Wasser reichen könnte:

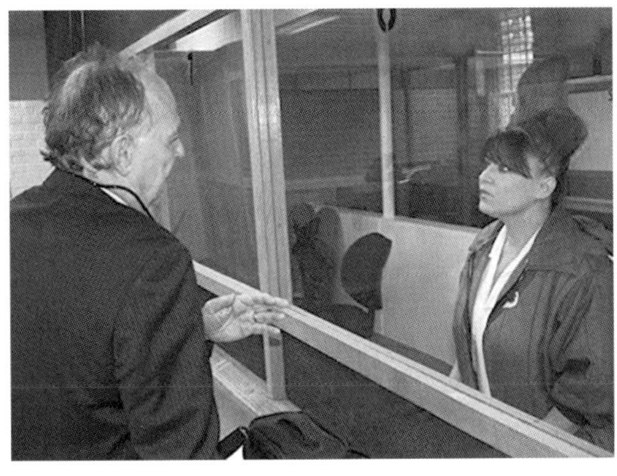

41 Durch eine Glasscheibe die Wahrheit erkunden: mit Darlie Routier (IM TODESTRAKT)

«1998 wurde James Barnes zu lebenslanger Haft verurteilt, weil er seine Frau ermordet hatte. Nach sieben Jahren in Haft gestand er einen vorausgegangenen Mord, der ihn auf die ‹Death Row› brachte. Ich wusste, dass Barnes noch einen Einspruch laufen hatte. Ich beschloss dennoch, ganz ehrlich zu ihm zu sein: Mr. Barnes, auch wenn es in Ihrem Verfahren im Prozedere Ungerechtigkeiten gegeben hat, die ich verurteile, so heißt das nicht notwendigerweise, dass ich Sie mögen muss. Besonders treibt mich die Frage um: Nehmen Sie etwas von der Außenwelt wahr. Sehen sie den Himmel, sehen sie einen Baum, sehen sie einen Vogel, der vielleicht ein Nest baut?» Gänzlich überrascht von Herzogs unerwarteter Frage nach der Poesie des Augenblicks mitten im Mörderwissen antwortet Barnes wahrheitsgemäß :«Ich bin ja weit drinnen in meiner Zelle. Aber wir haben zwei Gänge mit Gittern. Zehn Fuß weiter weg ist ein Fenster. Aber ich kann von da nur das Gebäude gegenüber sehen. Wenn ich aber ganz durch bin, kann ich in einem anderen Fenster etwas Grün sehen, ein paar Bäume rund 700 Yard weiter weg. Das ist wenigstens etwas. Und manchmal nistet sogar ein Vogel in einem dieser Fenster.»

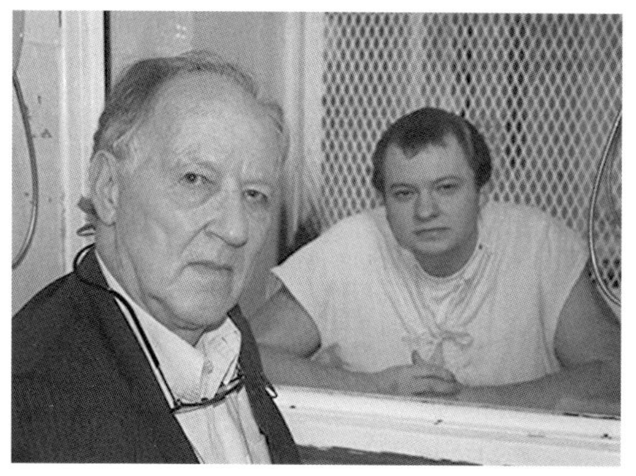

42 Dem Mörder gegenüber. Herzog mit Blaine Milam (IM TODESTRAKT)

Werner Herzogs Fragen sind scheinbar distanziert aber mitunter auch «vergiftet». Er fragt nach Vogelnestern und Henkersmahlzeiten. Dann sticht er zu mit ganz konkreten und direkten Fragen, die er wohl nur stellen kann, weil er seine Gesprächspartner vorher eingelullt hatte mit unerwarteten Fragen nach der Schönheit und der Leidenschaft dieses Lebens am Rande der Auslöschung. Das hat ihm übrigens bei vielen seiner Dokumentarfilmkollegen Kritik eingebracht. Hat er nicht offensichtlich zu sehr mit den gemeinen Mördern sympathisiert? Herzog bei der Pressekonferenz der Berlinale 2012: «Es ist gar keine wirklich große Sympathie im Spiel. Ich respektiere sie als menschliche Wesen. Das habe ich sehr klar gemacht. Ich versuche sie nicht zu humanisieren. Die Verbrechen, die ich schildere sind monströs. Die Täter sind jedoch nie selbst Monster, sie bleiben menschliche Wesen. Ich mache keine Helden aus ihnen. Outlaws gegen den Staat oder gegen die Gesellschaft. Ich versuche auch nicht die Geschichten emotionell aufzuladen. Im Fall von Michael Perry und im Fall von James Barnes sagte ich Ihnen: Auch wenn sie eine schwere Kindheit hatten, heißt das nicht, dass sie über alles erhaben sind und ich sie mag. Und Perry, der einer der Protagonisten von INTO THE ABYSS – A TALE OF DEATH, A TALE OF LIFE ist, hörte nach 120 Sekunden auf zu reden, als er das merkte. Ich wusste, dass ich das sagen musste und ich wusste auch, dass das vielleicht das Ende des Films sein würde. Einen Moment lang zögerte er. Dann sagte er: Ich versteh das. Sie mochten mich alle. Sie wollten, dass ich zurückkomme. Weil ich aufrichtig war.»

Der aufrichtige, neugierige und schonungslose Umgang mit den Protagonisten seiner Filme ist eines der Geheimnisse hinter den Dokumentarfilmen von Werner Herzog. Er ist immer präsent – mit seiner ganzen Persönlichkeit. Das ist auch charakteristisch für sein ganzes Schaffen. Für Herzog ist das Kino Trance und Traum. Alles ist erlaubt. Sämtliche Mischformen. Auch eine hanebüchene Science-Fiction-Geschichte zu Unterwasserbildern von Eisgebirgen, die einfach umgedreht zu gewaltigen Himmelsskulpturen werden in THE WILD BLUE YONDER, 2005, wird zur dokumentarischen Phantasie von einem fernen Planeten im Andromedanebel. Ein wagemutiger Film, der ohne wahnwitziges Produktionsdesign eine Welt vorgaukelt, die gar nicht existiert. Und sogar bei den Todeskandidaten der DEATH ROW interessiert sich Herzog ganz besonders für deren Träume.

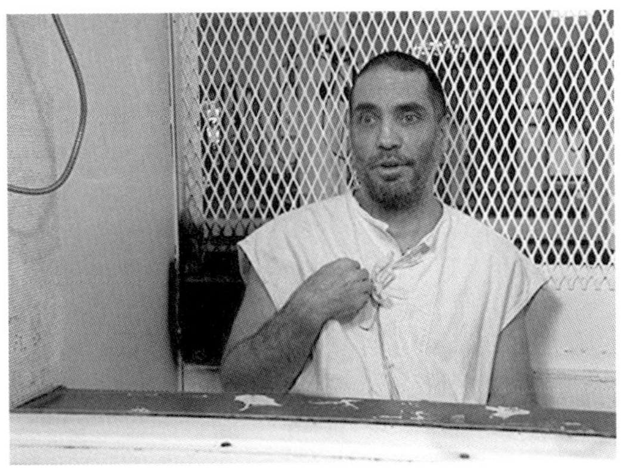

43 Meine Träume? Wieso wollen Sie die wissen? (IM TODESTRAKT)

«Manchmal haben sie von ganz alleine über ihre Träume gesprochen. Und wenn man 23 Stunden am Tag in eine kleine Zelle eingesperrt ist und nur mal kurz in einen größeren Käfig darf. Dann lebt man in der Phantasie, in den Träumen. Ihre ganze Menschlichkeit kondensiert sich in ihren Träumen. Deswegen war ich davon fasziniert. Sie zeigen eine sehr menschliche Seite, die gar nicht so weit weg ist von dem was wir sind. Manchmal sind sie nur einen Schritt entfernt davon was mich ausmacht. Ich hab natürlich keinerlei Antrieb zum Mord. Manchmal doch. Aber das passiert sicher anderen auch. Es ist eine interessante Frage, die dazu führt, tief in diese menschlichen Wesen hineinzublicken. Deswegen kam ich auch nicht mit einem Katalog von Fragen. Ich war nicht wie ein Journalist. Man muss sofort den richtigen Tonfall finden.»

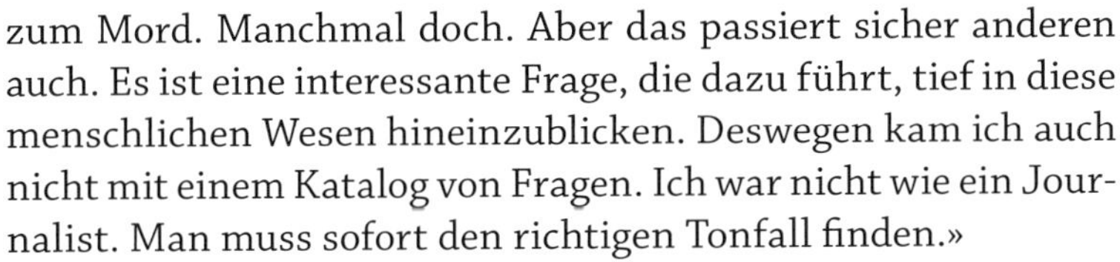

Das kann man nicht auf der Filmschule lernen. Nirgendwo. Mit dieser grenzenlosen Neugier und Fabulierfreude kann sich Herzog in ON DEATH ROW auch der Frage nähern, wie sich das wohl anfühlen mag, den sicheren Tod zu erwarten. Hank Skinners Hinrichtung zum Beispiel wurde 35 Minuten vor der tödlichen Spritze gestoppt. Er ist den ganzen Weg gegangen bis ein Telefonanruf des Richters – wie in einem Hollywoodfilm der 30er-Jahre – ihn noch einmal überleben ließ. Auch Joseph Garcia – ein Meisterausbrecher, dem ein Polizistenmord angelastet wird, spricht über seine Gefühle vor der Hinrichtung und der Betäubung dabei. Garcia: «Ich weiß im Grunde nicht wie die Drogen wirken. Soviel ich weiß vom Lesen darüber macht die erste Droge einen bewusstlos. Die zweite Droge stoppt deine Lunge. Und die dritte bringt dein Herz zum Stillstand. Es ist schon eine wilde Sache, dass man eingeschläfert wird wie ein Hund.» Herzog: «Erschreckt Sie das?» Garcia: «Ja das tut es.» Joseph Garcia ist einer der berüchtigten «Texas Seven». Im Todestrakt ist er gelandet für den Mord an einem Polizisten nach einem spektakulären Gefängnisausbruch. Er wurde am 4. Dezember 2018 mit einer Giftspritze hingerichtet.

Werner Herzog will den Mördern das Geheimnis entlocken, wie sie zu ihren grausamen Taten fähig waren und enthüllt dabei ein ganzes Spektrum der Verirrungen menschlichen Geistes, was noch kein Krimi, in dem die Taten stets kurz und einfach sind, jemals vermocht hat. Das ist oft schwer erträglich. Und doch lohnt dieser Blick in die dunkelsten Regionen der menschlichen Seele und nur der so harmlos und neugierig fragende Werner Herzog kann immer wieder, oft für Sekunden, den Schleier wegziehen, der die menschliche Grausamkeit und Gewissenlosigkeit noch stets verhüllt. Sich diesen Geheimnissen gegenüber tatsächlich zu öffnen, dafür braucht man nicht die Pfiffigkeit von Krimiermittlern wie Hercule Poirot oder Miss Marple. Mord geht weder schnell noch ist er stets unblutig. Und vorher ist eine schwer begreifliche, aber tiefgehende seelische Veränderung eines jeden Menschen notwendig, der sich über sämtliche moralische Maßstäbe und Regeln elementarer menschlicher Anteilnahme erheben muss, um tatsächlich zum Täter werden zu können. Kein Spielfilm hätte das jemals nachzubilden vermocht, weswegen diese Dokumentationsserie wohl den einzigartigen Versuch darstellt, mit den Mitteln der Filmkunst das Unbegreifliche begreifbar machen zu wollen. Das geht ans Eingemachte, weswegen die beklemmenden Gefühle die Herzogs Einzelstudien auslösen, auch einzigartig sind. Kann man noch weitergehen? Mit den Mitteln des Fiktiven zum Beispiel?

In anderen Gemütszuständen

«Diesen Regisseur fasziniert nur das Außergewöhnliche, extreme Zustände, extreme Deformationen, extreme Stilisierungen», schrieb der Kritiker und Filmregisseur Hans C. Blumenberg damals in der *Zeit*, als er 1976 Herzogs Film HERZ AUS GLAS einordnen sollte. Josef Bierbichler verkörpert darin den bayrischen Nostradamus Mühlhiasl, im Film Hias genannt, der im späten 18. Jahrhundert in einem Dorf außerhalb der Zeit das Geheimnis der Herstellung des besonders wertvollen «Rubinglases» zurückholen soll, das mit dem Tod des Glasbläsermeisters Mehlbeck verloren gegangen scheint. So muss der Held des Films sich zeitweise in eine Welt zwischen Leben und Tod begeben, was Herzog dadurch nachzubilden versuchte, indem er die Darsteller bei den Dreharbeiten in Hypnose versetzen ließ. Und tatsächlich sieht man die Menschen in diesem Film in einem besonderen Zustand, sozusagen mystisch «vernebelt» mit Bewegungen, die in ihrer Lethargie nicht realen Bewegungen entsprechen. Auch die teilweise improvisierten Dialogfetzen behalten eine visionär-poetische Anmutung, die ganz konsequent innere seelische Zustände abbilden soll. Wortwörtlich «traumverloren» steigert sich HERZ AUS GLAS in eine apokalyptische filmische Sentenz hinein, die die Welt-

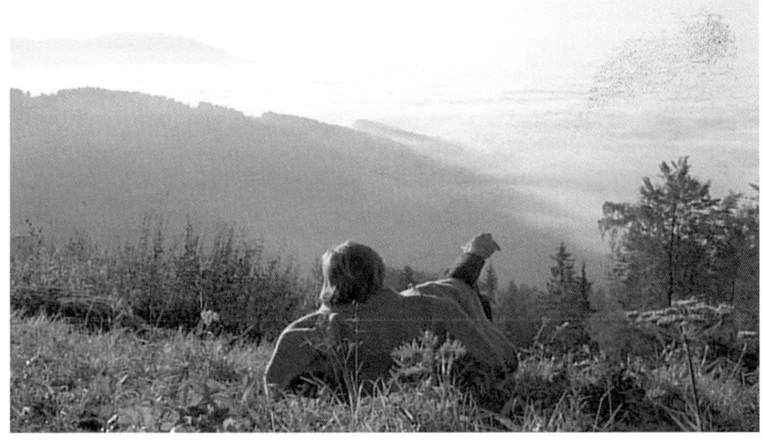

44 Traumverlorener Blick über die Wolken HERZ AUS GLAS

sicht eines Sehers bis hin zum zeitweisen Stillstand der Bewegungsbilder steigert und man glaubt eine zweite und eine dritte Erzählebene zu spüren, die ebenso schlicht-einfach wie komplex-psychedelisch wirkt. Der Film beginnt mit Bierbichler, der an einem Abgrund sitzt und geht über in eine Montage rasender Wolkenfelder, deren Bewegungen filmisch zeitweise heftig beschleunigt gezeigt werden (Abb. 44). Dazu deutet Hias eine apokalyptisch anmutende Traumvision an:

«Ich schau in die Ferne bis ans Ende der Welt und eh der Tag um ist, kommt schon das Ende. Erst kommt die Zeit ins Stürzen und dann die Erde. Die Wolken kommen ins Rasen. Dann kocht die Erde. Das ist das Zeichen. Das ist der Anfang vom Ende. Der Rand der Welt fängt an zu stürzen. Alles fängt an zu stürzen. Stürzt nieder und stürzt und fällt. Ich schau in das Stürzen hinein wie in einen Sog. Es zieht mich, taucht mich hinunter. Ich beginne zu stürzen. Ich stürze. Mich schwindelt vom Stürzen.»

Zu den stürzenden Fluten montiert Herzog eine triumphierende Musikpassage seiner esoterischer Hausband Popol Vuh, komponiert von Florian Fricke mit auftrumpfenden Gitarrenakzenten. Wieder kommt die Stimme Bierbichlers in den Vordergrund: «Und jetzt seh ich die Mauer und suche einen Punkt auf dem meine Augen einen Halt finden. Ich werde leicht, immer leichter. Alles wird leicht. Ich fliehe nach oben. Aus dem Stürzen und Fliegen hebt sich ein neues Land. Wie das versunkene Atlantis taucht die Erde aus dem Wasser auf. Ich sehe eine neue Erde.»

In dieser lyrischen Passage spiegelt Herzog sein literarisches Schaffen dieser Zeit wider, das er unter dem Titel *10 Gedichte* 1978 in der Literaturzeitschrift *Akzente* veröffentlichte. In diesen Gedichten, zum Beispiel in einem betitelt *Der Mühlenfrenzel*

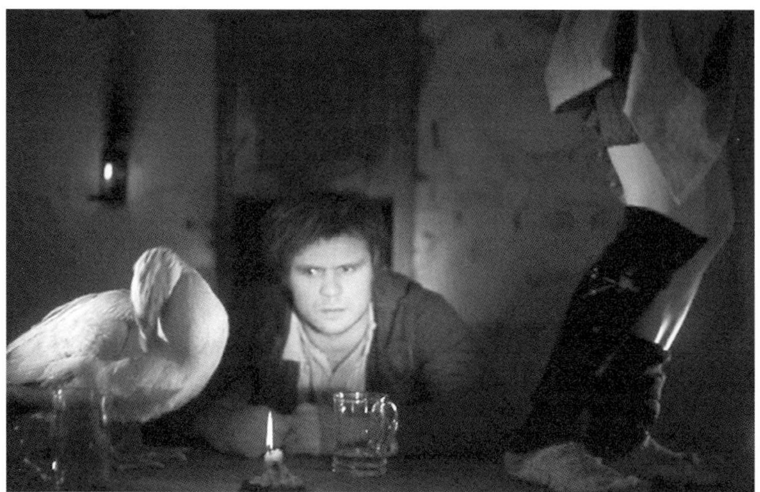

45 Stillleben mit Ente (HERZ AUS GLAS)

und besonders in einem Poem ohne Überschrift stellt sich sehr unmittelbar die Stimmung von HERZ AUS GLAS wieder her:

«Die Stühle stehen leer
Und Farbe blättert von den Wänden
Schon wieder schmilzt der Schnee
Noch gleicht der Stuhl dem Stuhl
Das Zimmer einem Zimmer
Nichts ist rot als der Fuchs
Nichts ist schwarz als die Raben
Dem Kampf zweier Schlangen
Gibt es nichts Gleiches
Und die Reiher, heisst es
Zielen immer zuerst aufs
Auge des Gegners
Ich fürchte mich davor,
Dass es sehr hell wird, dass
Türen und Fenster sich öffnen
Und hundert Gäste sich drängen
Ganz ungeladen»

So ein Gedicht, ins Filmmedium übertragen samt Bild und Bewegungsform ist HERZ AUS GLAS. Es ist Herzogs Film, der sich – gedreht in weiten Teilen in der Gegend seines Heimatdorfes, und mit seinem Freund Herbert Achternbusch zusammen entwickelt, in dessen Roman *Die Stunde des Todes* schon die Kernszene enthalten ist – am weitesten von allen seinen filmischen Experimentieranordnungen ins Mysteriöse vorwagt. Zugleich ist dieses «Kino im Kopf» bei allem Realitätsschönen

Herbert Achternbusch (*1938) – Bayrischer Schriftsteller, Dramatiker, Filmregisseur und Maler, 1938 in München geboren, ist ein guter Freund von Werner Herzog und prägte mit seinen ebenso bodenständigen wie surreal-experimentellen Filmen wie kein anderer das bundesdeutsche Autorenkino der 1970er-Jahre. Manche seiner Filme, oft am Ufer des Starnberger Sees in Ambach mit Annamirl und Sepp Bierbichler gedreht, mit denen er dort zusammenlebte, sind die Resultate einer ungewöhnlichen Künstlerwohngemeinschaft mit viel Originalität und Authentizität, dabei angriffslustig und oft dezidiert politisch. 1982 wollte Innenminister Friedrich Zimmermann der Filmgroteske Das Gespenst die ihm zuerkannten Gelder aus dem Deutschen Filmpreis verweigern, weil er sie für «blasphemisch» hielt. Eine heftige Diskussion zwischen Filmbranche und Politik entbrannte, die Achternbusch aber überstand.

Neben seinen frühen Erfolgen mit Das Andechser Gefühl (1974), Die Atlantikschwimmer (1976) und Bierkampf (1977), spürte er später in seinem krausen Drama Heilt Hitler (1985) als Wehrmachtssoldat Herbert valentinesk dem deutschen Ungeist hinterher und findet sich in der Jetztzeit in München wieder, das er für das von den deutschen Siegern umgebaute Stalingrad hält. Eine typische Achternbusch-Scharade. Aus der öffentlichen Wahrnehmung ist Achternbusch mit seinen Filmen mehr und mehr verschwunden. Inzwischen hat er sich auf Arbeiten für das Theater und als Buchautor zurückgezogen, ist aber ein unbestrittener Solitär als Münchner Original und Gesamtkunstwerk.

noch immer eine beeindruckende Innenansicht voller Endzeitvisionen mit Blick auf die Schrecknisse des 20. Jahrhunderts und es ist voller visuell betörender Poesie. Ein Film so jenseits sämtlicher Zeitvorstellungen, dass Wahnsinn, Furcht und Zorn unmittelbar daraus hervorblitzen, ganz so, als habe man sich vorübergehend direkt in den Kopf einer egomanischen Figur wie Aguirre oder in die verzerrte Gedankenwelt des Grizzly Man oder eines Mörders aus den Dokumentationen On Death Row verirrt. Dass dem Betrachter schon bei Herz aus Glas die Filmwelten eines **David Lynch** in den Sinn kommen, der mit Blue Velvet 1986 den surrealistischen Thriller erfunden hat und bis hin zu Mulholland Drive 2001 und Inland Empire 2006 ein eigenes erzählerisches Universum fernab des üblichen «Geschichten Erzählens» erschaffen hat, kommt nicht von ungefähr.

Doch erst 2009 entschlossen sich Herzog und Lynch, der letztere als Produzent, zusammenzuarbeiten. Ein fürsorglicher Sohn ist die Geschichte eines rätselhaften, brutalen Schwertmordes eines Sohnes an seiner Mutter, den Willem Dafoe als Detektiv Hank Havenhurst aufzuklären hat und hinter dem sich die griechische Tragödie des, den Mord an seinem Vater rächenden Muttermörders, Orestes, den er in einer Hochschulaufführung gespielt hat, als Schlüssel zur Gedankenwelt eines Studenten in einem Vorort von San Diego ver-

David Lynch (*1946) – Der Filmemacher und bildende Künstler ist selbst ein Rätsel. Und das sind auch seine Arbeiten. Das war schon bei seinem ersten Film ERASERHEAD so, in dem 1977 ein bizarres Monsterbaby nicht aufhört zu schreien und der ganze Film schon durchweg kultisch «dröhnt». Und so ist es geblieben. 1980, als er um den missgebildeten Elefantenmenschen eine düstere Nebel-Kulisse des viktorianischen England webte. Oder 1986 bei BLUE VELVET, der mit einem spektakulären Fahrt in die Unterwelt des grünen amerikanischen Vorstadtrasens beginnt und sich zu einem sado-masochistischen Thriller auswächst. Um die Fernsehserie TWIN PEAKS mit dem Mordopfer Laura Palmer bildete sich in den 1990er-Jahren bis heute ein regelrechtes Dechiffriersyndikat, das sämtliche Geheimnisse der verzwickten Geschichte aufklären sollte. Vieles blieb natürlich offen.

Bei der Verleihung des Oscar-Ehrenpreises Governors-Award 2020 berichtete Isabella Rossellini in ihrer Laudatio von ihrem Casting für den stilbildenden Film BLUE VELVET, den sie 1986 geprägt hat, und schloss mit der Aufforderung: «Sucht nicht nach direkten Antworten und einfachen Emotionen in seinen Filmen. Seine Muse ist das Mysteriöse.» Seinem Film MULHOLLAND DRIVE 2001 konnte nur folgen, wer sich den überraschenden Windungen der Prominentenstraße in den Hollywood Hills und Lynchs Konstruktion aus Parallel- und Alternativgeschichten mit wachem Hirn und Lust an Bilder- und Gedankenungetümen hingeben konnte, wie auch bei INLAND EMPIRE mit einer schwätzenden Hasenfamilie samt Einblendungen von Gelächter eines fiktiven Serienpublikums. Laura Dern als Hauptfigur Nikki weiß bald nicht mehr, ob sie sich noch in einer filmischen «Realität» oder auf irgend einer anderen Traumebene mit ihren vielen Bedeutungen befindet. Zeiten, Orte und Identitäten geraten immer mehr aus den Fugen. Noch einmal das Kino als Irrgarten, den man lustvoll und voller Erwartung betreten kann, aus dem es aber längst keinen einfachen Ausweg mehr gibt. INLAND EMPIRE war 2006 auch der letzte Lynch-Film. Seither dreht David Lynch keine Filme mehr. Er profilierte sich eher als bildender Künstler zum Beispiel mit einer großen Ausstellung in Maastricht 2018.

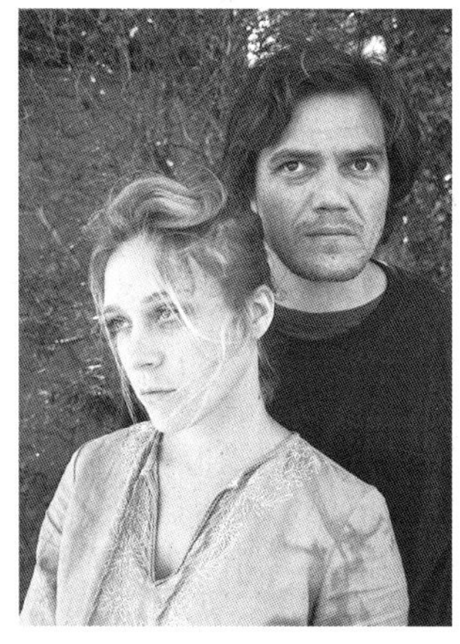

46 EIN FÜRSORGLICHER SOHN mit Geliebter

birgt (Abb. 47). Nach dem Mord hat er sich verbarrikadiert und angeblich Geiseln genommen, die sich jedoch nachher – ein typischer Herzog-Scherz – als Flamingos herausstellen. Doch nicht den Kriminalfall schildert Herzog nach einem Drehbuch, das er gemeinsam mit dem Spezialisten für griechische Mythologie, Herbert Golder, geschrieben hat, sondern die scheinbare ausweglose seelische Falle, in die sich Brad Macallum manövriert hat (Abb. 46). Das entspricht allerdings der mörderischen Familientragödie der Atriden bei Aischylos mit einer Abfolge von Rachemorden, die erst die Göttin Athene im Widerstreit mit den Rachegeistern der Erinnyen auflösen kann. Wer will, kann darin auch Elemente des Paranoia-Kinos von David Lynch widergespiegelt sehen. Jedenfalls tut sich Willem Dafoe in der Rolle des Detektivs ziemlich schwer bei dem Versuch in der Art eines Film-Noir-Helden das gerade sich vollziehende Geschehen zu begreifen, weswegen die aktuelle Filmkritik – stets besessen von der Sucht nach verbindlicher Deutungshoheit ganz ähnlich

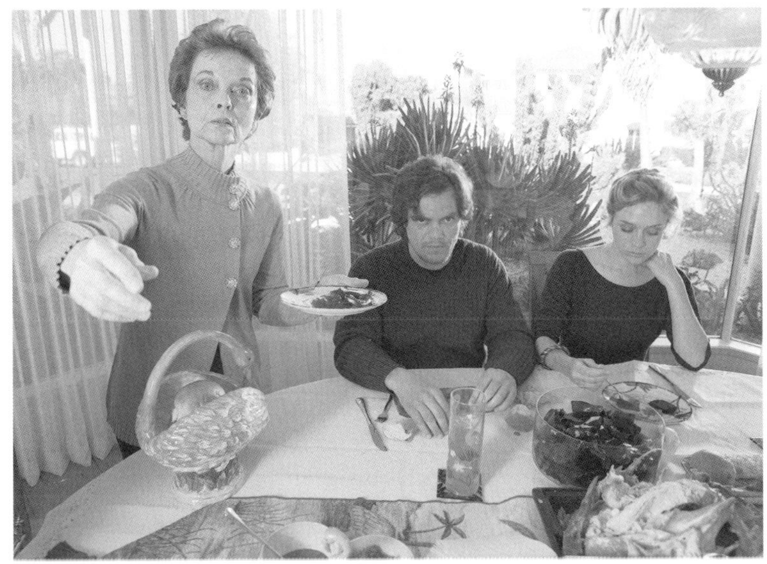

47 Die Idylle mit Kuchen trügt, denn im fürsorglichen Sohn kochen die Gefühle

wie der routinierte Kriminalkommissar – sich reichlich verloren vorkam zwischen griechischem Theaterchor und den bewusstseinsverändernden Seelenreisen Brads in Rückblenden bis an den reißenden Fluss Urubamba in Peru, wo sich Brads Zorn und Wut auf die Welt über die Grenze zum Wahnsinn hinwegbewegt hatte. Dabei ist gerade die chronische Entrückung der Hauptfigur und sei sie noch so inkonsistent und letztlich logisch nicht auflösbar das eigentliche Thema des Films. Inspiriert vom realen Fall des Studenten Mark Yavorsky, der 1979 mit einem antiken Schwert seine Mutter erstochen hatte, bringt Herzog bei dessen filmischer Nacherzählung nicht unabsichtlich sämtliche erzählerische Konventionen ins Wanken, um dem Kern des Wahnsinns näherzukommen, denn der ist systematisch, kein zufälliges Aufflackern von Gewalt.

In die Unterwelt der menschlichen Seele kann man tatsächlich nicht wirklich eindringen mit einem Film und doch lässt sein ästhetisches Spektrum besonders intensive Annäherungen im dunklen Kinoraum zu, in dem alle Sinne auf die vierte Wand und ihre Transzendenz zu purer Imagination gerichtet sind. Das kann man nutzen, um alternative Realitäten vorzuspiegeln, die gar nicht so weit weg sind von der Wirklichkeit, in die man nach der kleinen Flucht des Kinobesuchs zurückkehrt. Man kann sich aber auch in Phantasiewelten hineinbewegen, die außerhalb des Kinos gar nicht existieren. Und man kann filmisch in die Welt der Seele und zum Beispiel in die der extremen Gefühlswelten des Mörderhirns einzutauchen versuchen. All das gehört zur den Welten des Werner Herzog: Eine Welt ist *nicht* genug.

Hochmut kommt vor den Fall: Die Fallen der Hybris

Schon kurz nach der Erfindung des Kinos Ende des 19. Jahrhunderts durch die Brüder Lumière mit ihren Minireportagefilmen von der EINFAHRT EINES ZUGES IN DEN BAHNHOF VON LA CIOTAT bis hin zu ARBEITER BEIM VERLASSEN DER FABRIK spaltete sich das Kino auf in einen realistischen Zweig, der das Leben der Menschen so zeigen wollte, wie es ist, und in einen phantastischen Zweig im Gefolge des Filmpioniers Georges Méliès, einem ehemaligen Varietézauberer, der mit seiner REISE ZUM MOND oder unter den Meeresspiegel am liebsten noch nie gesehene Bildwelten auf die Leinwand zauberte. Diesen Spagat zwischen Realismus und Phantastik hat die Filmkunst immer weiter gepflegt und deshalb immer auch Spinnern und Schwärmern eine Heimat geboten – Visionären, die von phantastischen Welten in den Weiten des Universums oder in den Tiefen des Unterbewusstseins träumten.

Dass Kinoträumer die Geschichten anderer Träumer, am liebsten die von denen der radikalen Sorte, besonders interessant finden, wundert da keineswegs. Und dass Werner Herzog zu ihnen zählt, auch nicht. Und dass es einmal um ein Schiff gehen könnte, das über einen Berg fliegt, hatte Herzog – wahrscheinlich eher zufällig – schon am Ende von AGUIRRE, DER ZORN GOTTES angedeutet. Als Aguirre schon in den Fängen des Wahnsinns weilt, erkennen wir aus seinem Blickwinkel die Überreste eines gewaltigen Schiffsskeletts in den Baumkronen. Zu fernem Donnergrollen und Chorgesang beginnt der Film FITZCARRALDO so wie AGUIRRE, DER ZORN GOTTES mit einer eindrucksvollen Totale des Amazonas. Bei AGUIRRE erkennt man gleich winzige Menschen eines Trupps von Abenteurern, der sich wie über eine Ameisenstraße hindurchschlängelt. In FITZCARRALDO ist der Dschungel überzogen von wabernden Nebelfeldern. Wir hören Musik von Florian Frickes Gruppe Popol Vuh mit Gesang, der einem Chor gleicht. Dann erscheinen Zwischentitel, die die Geschichte eines von der italienischen Oper Besessenen noch einmal zu einem archaischen Mythos überhöhen: «Cayahuari Yacu, das Land in dem Gott

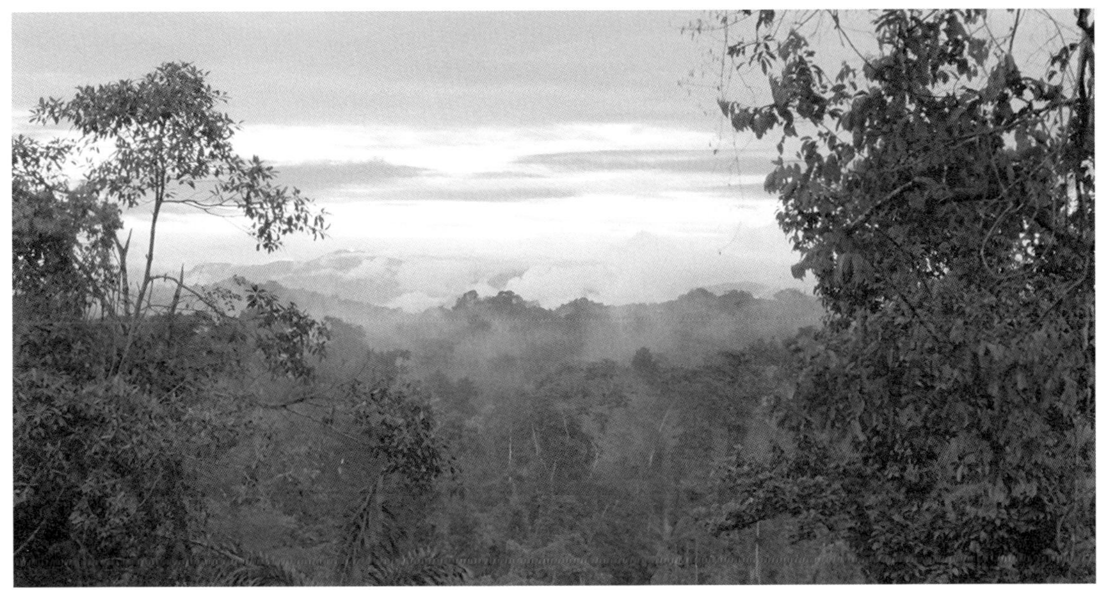

48 Wie die nicht fertig gewordene Schöpfung. Eine Urwaldphantasie (FITZCARRALDO)

mit der Schöpfung nicht fertig wurde, nennen die Waldindianer dieses Land. Erst nach dem Verschwinden der Menschen werde er wiederkehren, um sein Werk zu vollenden», heißt es dort. Doch: «Der Urwald ist voller Sinnestäuschungen», warnt den Titelhelden noch den befreundeten Kautschukbaron Don Aquilino. Aber da hat jenen schon der Traum von der «Eroberung des Nutzlosen» ergriffen (Abb. 48).

Vom Kirchturm von Iquitos aus schreit er: «Ich werde eines Tages die große Oper in den Urwald bringen», und unterstreicht sein Glaubensbekenntnis mit dem Alarmläuten der Glocke (Abb. 49). Und später dann auf dem Ball der Superreichen stellt er einfach sein Grammophon auf und präsentiert als Überzeugungsmaterial den Gesang des legendären Tenors Enrico Caruso, den er so verehrt (Abb. 50). Als er bei dieser von den Gastgebern als Störung empfundenen Vorführung unterbrochen wird, steigert er sich schnell in einen Wahnmonolog: «Ich bin in der Überzahl! Ich bin die Milliarden. Ich bin das Schauspiel im Wald! Ich bin der Erfinder des Kautschuks! Durch mich erst wird Kautschuk zum Wort!» Und Klaus Kinski, denn der ist es, der schließlich den Fitzcarraldo spielt, – so wird buchstäblich der bewundernd klingende Künstlername des Brian Sweeney Fitzgerald in den Dialekt der Peruaner übersetzt – ist schon kurz davor aufzubrechen zu seiner halsbrecherischen Reise mit dem Flussdamp-

49 Kinski läutet die Glocke des Kirchturms von Iquitos (FITZCARRALDO)

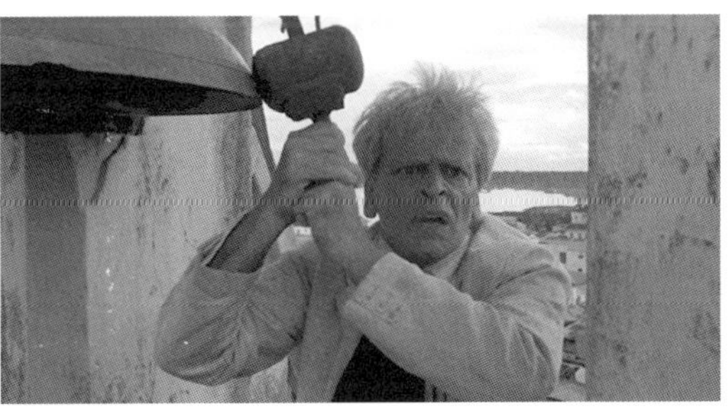

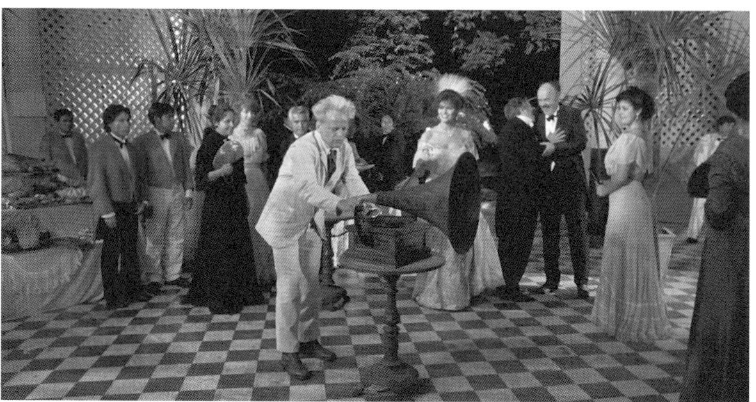

50 Mit dem Grammophon die Oper herbeizaubern: Fitzcarraldo im Kreise seiner Bewunderer

fer Molly Aida zu einem Nebenfluss des Amazonas, wo er ein Gelände mit 14 Millionen Kautschukbäumen erschließen will, was ihm endlich den immensen Reichtum verspricht, den er für die Erfüllung all seiner Sehnsüchte braucht. Tatsächlich soll das nur ein erster Schritt sein zu seinem wahren Traum: Er will den von ihm so sehr bewunderten italienischen Meistertenor Enrico Caruso einmal in einem eigens dazu errichteten Opernhaus mitten im Dschungel singen hören. Ebendies treibt ihn schon in einer der ersten Szenen des Films an, in der er mit seiner Geliebten, der Bordellchefin Molly, gespielt von Claudia Cardinale, mit einem wirklich winzigen überdachten Boot außer Atem nach offenbar tagelanger Reise zum Opernhaus von Manaus «Teatro Amazonas» hastet, um dort tatsächlich den Sänger zu erleben. Die in seinen Augen kleinliche Frage des Operndieners nach seiner Eintrittskarte wischt er mit der Bemerkung beiseite, seine Mühe überhaupt dorthin zu kommen und seine Begeisterung sei doch wohl Grund genug, ihm den Zutritt zur Oper keineswegs zu verwehren. Dieser Mann ist von der Rechtmäßigkeit seiner Traumverwirklichung so überzeugt, dass ihn jetzt ganz bestimmt keiner mehr aufhalten kann.

Tatsächlich gibt es dieses abstruse Opernhaus mitten im Dschungel in Manaus, mit dem Geld der superreichen Kautschukbarone 1881 erbaut, wirklich (Abb. 51). Doch Enrico Caruso hat dort nie gesungen. Die im Film gezeigte Opernszene stammt aus *Ernani* von Giuseppe Verdi und ist von Herzogs Freund, dem Filmemacher Werner Schroeter, inszeniert worden. Den echten Baron Carlos Fermín Fitzcarrald hat es ebenfalls tatsächlich gegeben, doch ist nichts bekannt von dessen etwaiger Liebe zur Oper, die Herzog seiner Figur so leidenschaftlich andichtet. Sogar ein Schiff über einen Berg soll das historische Vorbild des Fitzcarraldo mithilfe von hunderten von Ureinwohnern, die

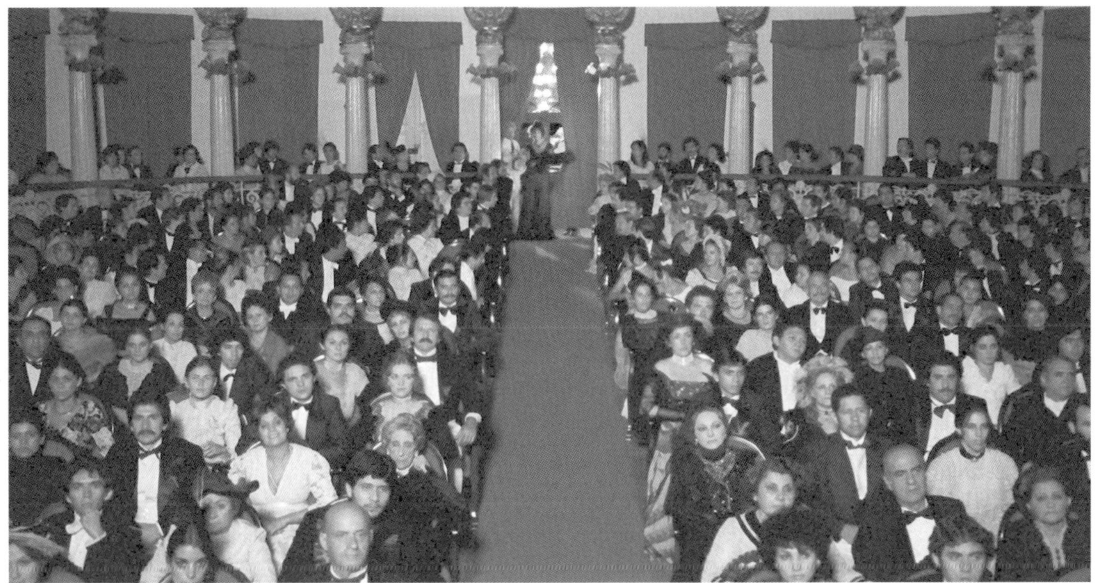

51 Ein Blick ins Opernhaus von Manaus in FITZCARRALDO

ohnehin für ihn den Kautschuk-Rindensaft ernteten, über einen Berg transportiert haben. Weniger dramatisch als in der Filmstory und auch mit einem in seine Einzelteile zerlegten Schiff soll sich das in Wirklichkeit zugetragen haben. Mit dem spektakulär auratischen Fitzcarraldo Marke Kinski hatte dessen historisches Vorbild jedoch wenig zu tun. Als Basis für die Legende von dem Mann, der das Unmögliche schafft, indem er inmitten der Wildnis ein Schiff über einen Berg wuchten lässt, eignet sich die historische Figur immerhin ganz ausgezeichnet. Ende des 19. Jahrhunderts glich der Reichtum der Kautschukbarone Amazoniens übrigens tatsächlich dem der Ölförderer in Texas.

Für den Vorplatz der Oper von Manaus ließ man beispielsweise Pflastersteine aus einem Kautschuk-Sand-Gemisch herstellen, die das Getrappel der vorbeifahrenden Pferdekutschen so sehr dämpften, dass sie den Operngesang nicht beeinträchtigen konnten. Die wohlhabende Oberschicht der heimlichen Hauptstadt der Amazonasregion leistete sich einige hochmütige Ausraster. Man schickte zum Beispiel die Wäsche zum Säubern lieber über den Atlantik nach Lissabon, als sie dem heimischen Waschpersonal und dem unreinen Amazonas anzuvertrauen. So wird Fitzcarraldo gegenüber der Mentalität der Oberschicht beschrieben, die er von seinem Projekt überzeugen will. Doch zunächst braucht er ein Schiff samt Crew, was ihm seine Geliebte generös vorfinanziert. Er hat nämlich eine besondere Idee. Um die gefährlichen Stromschnellen des direkten Zuflusses zum Amazonas zu umgehen, will er auf

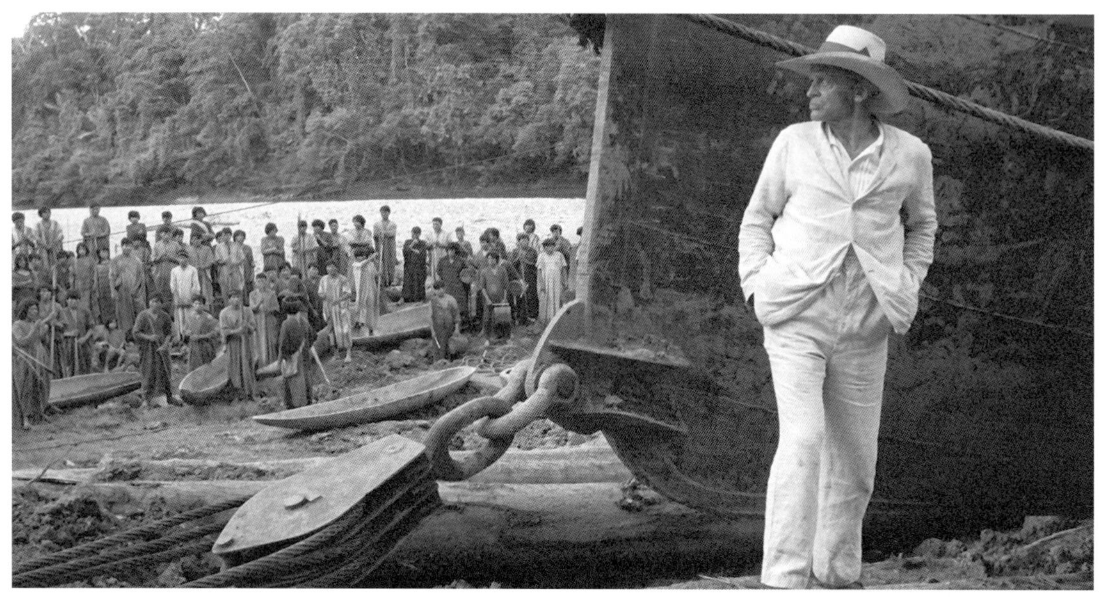

52 Sie sollen ihm helfen. Fitzcarraldo riskiert einen misstrauischen Blick auf die Eingeborenen

53 Die Molly Aida fliegt über den Berg: Cover von Herzogs Buch *Die Eroberung des Nutzlosen*

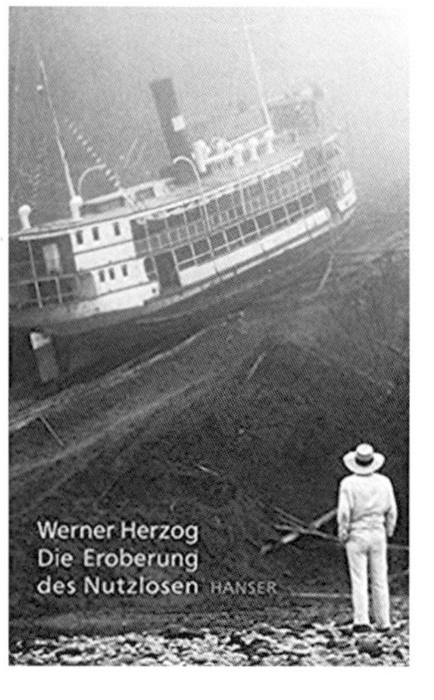

einen unbekannten Parallelzufluss bis in die Region vordringen, in der die Kautschukbäume vermutet werden und an einer geeigneten Stelle eine bergige enge Landzunge überqueren. Doch es erwarten die Abenteurer feindselige Ureinwohner, die sich bedrohlich dem Schiff nähern (Abb. 52). Und als schon bis auf einige wenige Getreue die komplette Crew geflohen ist, hat Fitzcarraldo die rettende und auch erfolgreiche poetische Idee, erneut sein Grammophon aufzustellen und die Indios mit dem ungewohnten Klang des Operngesanges zu besänftigen. Denn davon ist er mehr als überzeugt. Und so gleitet die Molly Aida in einer der schönsten, weil so sinnfreien Szenen des Films scheinbar «angetrieben» durch einen Plattenspieler über den Fluss.

Nun erst kommt es zu der Kernpassage des Films, die zeigt wie das Dampfschiff zunächst mit einem komplizierten System von Winden und dann scheinbar durch eigene Kraft einen steilen Berghang hinaufgezogen wird, um an der anderen Seite wieder in einen Fluss zu gelangen (Abb. 54). Eine auf den ersten Blick unmögliche Aufgabe, war doch der 40 Meter lange Flussdampfer 160 Tonnen schwer. Die damals üblichen Spezialeffekte und erst recht die heute gängigen digitalen CGI-Techniken sollten nicht zum Einsatz kommen und so entsprachen die Schwierigkeiten der Dreharbeiten weitgehend den tatsächlichen Gegebenheiten der Sisyphos-Arbeit, die Werner Herzog in seinen Tagebuchaufzeichnungen «Eroberung des Nutzlosen» so ausführlich skizziert hat. Auf dem Cover des Büchleins sieht man das Schiff schräg fest vertäut am steilen Hang und unten am Ufer steht

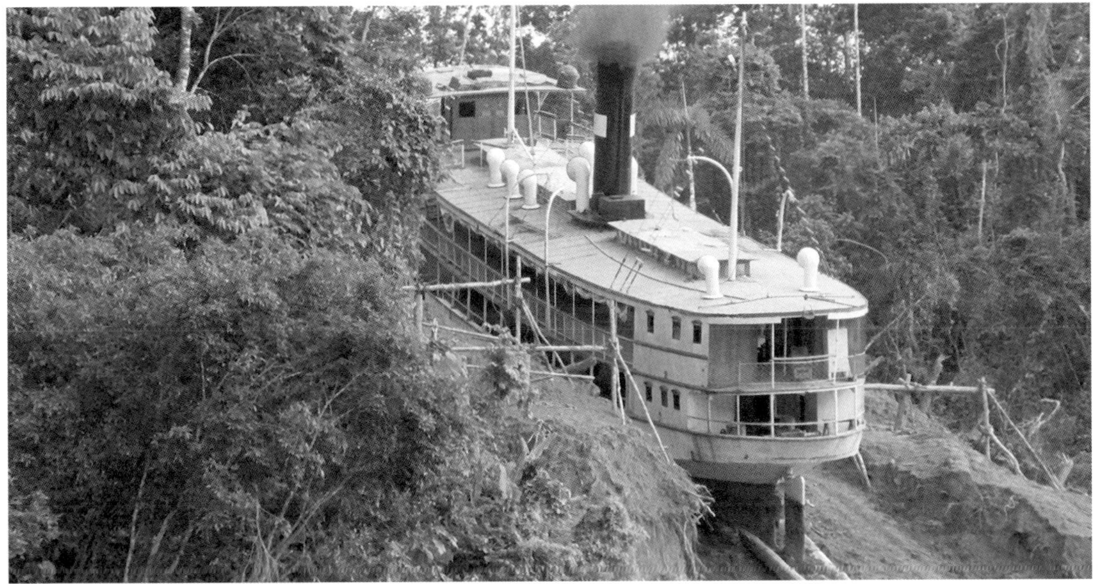

54 Ein langer mühevoller Weg beginnt

in seinem weißen Leinenanzug und mit Strohhut ein Mann mit den Händen in den Taschen sein Werk bewundernd (Abb. 53). Ist es Kinski? Oder ist es etwa Werner Herzog selbst, der in diesem Moment seinen «Sieg über das Nutzlose» feiert?

Im Tagebuch spielt er das ausgerechnet in der Stunde des Triumphes allerdings herunter: «Das Schiff war mir gleichgültig, es hatte keinen höheren Stellenwert als irgendeine zerbrochene Bierflasche im Schlamm, als irgendein sich ringelndes Stahlkabel im Lehm. Es gab keinen Schmerz, keine Erregung, keine Erleichterung, kein Glücksgefühl, keinen Laut und auch kein tiefes Durchatmen. Es war das Begreifen einer großen Nutzlosigkeit oder genauer, ich war nur tiefer in ihr geheimes Reich eingedrungen. Ich sah, wie sich das Schiff, wieder in sein Element zurückgestoßen, träge seufzend aufrichtete. Heute am Mittwoch, den 4. November 1981, kurz nach zwölf Uhr mittags, haben wir das Schiff vom Rio Camisea über einen Berg in den Rio Urubamba geschafft. Alles was zu berichten ist, ist dies, ich nahm daran teil.» Dabei hatte Herzog in seinem Büchlein durchaus davon erzählt wie die Dreharbeiten zu FITZCARRALDO mit all ihren technischen, persönlichen und finanziellen Schwierigkeiten sich immer mehr dem mühevollen Traum des Titelhelden anverwandelt hatten. Die ursprüngliche Besetzung mit Mario Adorf als Kapitän sowie Jason Robards als Fitzcarraldo und Mick Jagger als dessen Vertrauten löste sich aus verschiedensten Gründen auf, obwohl Szenen mit ihnen schon gedreht waren, die in Les Blancs Making-of-Dokumentation DIE LAST DER TRÄUME teilweise zu sehen sind.

Zahlreiche kleinere und größere Unfälle und Katastrophen samt eines Flugzeugabsturzes behinderten die Dreharbeiten. Von all dem, und dass es ihm im Grunde nichts anhaben konnte, berichtet Herzog in seinem Tagebuch durchaus nicht frei von Stolz und Selbstvertrauen. Und auch die Spuren von Größenwahn, die Herzog angetrieben haben, blitzen immer durch das Dschungelgeäst des Berichtes. Insofern verschmelzen das Titanenwerk der Herstellung dieses Films immer mehr mit der Geschichte des FITZCARRALDO zu einem einzigartigen Gesamtkunstwerk.

Mit der im Film immer wieder ausbrechenden Lust am Größenwahn des Fitzcarraldo ist Werner Herzog pures Kino gelungen mit Bildern und Taten, die größer sein wollen, als das Leben selbst. Noch im Scheitern, wenn die Protagonisten sich wiederfinden auf dem von den Indios heimlich losgebundenen Schiff, das durch die Stromschnellen des Urubamba trudelt, wozu aus *Lucia di Lammermoor* von Gaetano Donizetti «Wer vermag den Zorn zu hemmen» vom Grammophon erklingt, ist jedes Scheppern des Schiffes noch auftrumpfend. Und man kann die Ureinwohner verstehen, die diese Höllenfahrt der Molly Aida ins vermeintliche Glück als deren eigentliche Bestimmung sehen, für die sie soviel geopfert haben.

Überhaupt ist das Verhältnis des europäischen Eroberer-Helden mit seinem Operntraum zu den Indios sehr interessant gezeichnet. Für sie ist Fitzcarraldo, dieser aufgedonnerte Paradiesvogel, etwas Seltsames. Anfangs tasten sie an ihm herum, schnuppern und probieren. Zwischen ihren nicht weiter erklärten Mythen und den wahren Motiven und der Verrücktheit des Kautschukbarons mit seinem Traumschiff besteht eine heimliche Verbindung. Dass dessen Größenwahn und Hochmut ebenso Bewunderung wie Strafe verdient, scheint ihnen sofort klar, weswegen sie auch die unerwarteten Strapazen so klaglos hinnehmen. Damals aktuelle Zeitungsartikel, die Herzog vorwarfen, die Campa Indianer für Hungerlöhne in eine gefährliche Arbeit gelockt zu haben, mögen ihre Berechtigung haben, jedoch kann man ihm nicht vorwerfen, ihnen nicht, zum Beispiel in der Gestalt des Darstellers ihres Film-Häuptlings David Pérez Espinosa, eine außergewöhnliche filmische Präsenz eingeräumt zu haben. Gerade in der Filmpassage des Transports des Schiffes über den Berg sind sie sogar die «heimlichen Helden», ohne die nichts geht. Da mag Klaus Kinski noch so sehr von einer stolzen Herrscherpose in die andere verfallen. Auch wenn Herzog seinem Fitzcarraldo wenigstens ein kleines Happy End gestattet, wenn er auf der Molly Aida einen Chor mit zwei Sängern präsentiert, die aus Vincenzo Bellinis Oper *I Puritani* die Arie «A te, o cara»

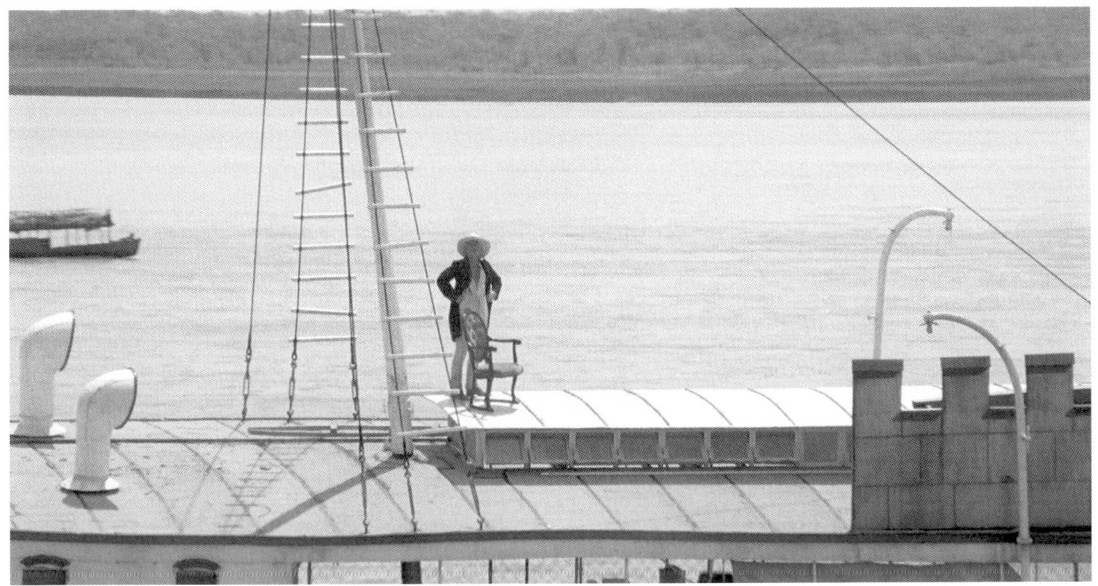

schmettern, während das Schiff an Iquitos vorbeifährt (Abb. 55). Während sich Klaus Kinski zufrieden in stolzer Pose mit dicker Zigarre und rotem Thronstuhl an Bord räkelt, ist der wahre Höhepunkt dieser Jagd nach dem Unmöglichen längst vorüber.

55 Ein stolzer Fitzcarraldo genießt die Arie «A te, o cara»

Himmelhoch jauchzend – zu Tode betrübt

Natürlich geht die Kinski-Figur mit ihrer überbordenden Großmannssucht stets über jegliche Grenzen vernunftgemäßen Handelns hinaus. Für die Zeitgenossen wirkt er lächerlich und abstoßend, wenn er auch in Herzogs Film so über alle Maßen als der wahre Träumer der Geschichte gefeiert wird. Sein Hochmut kommt unmittelbar nach der mythisch überhöhten Schiffspassage über den Berg direkt «vor den Fall». In Gestalt des Schiffsrumpfes wird er nur noch herumgeschubst und verfällt aus der Euphorie direkt in tiefe Verzweiflung. Eben noch himmelhoch jauchzend, unmittelbar darauf zu Tode betrübt, zeichnet FITZCARRALDO das Bild einer bipolaren Störung zwischen Euphorie und Depression in die Dschungelwelt wie wir sie übrigens schon von Aguirre her kennen könnten, der sich schon zum «Zorn Gottes» erklärt hatte und mit seinem Größenwahn als «König der Welt», einer neuen Welt, die durch ihn erst erschaffen wird.

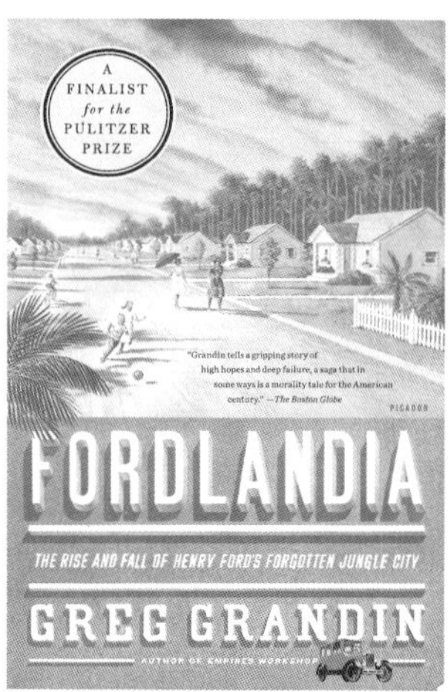

56 Amerikanische Musterstadt im Dschungel: Cover des Buches von Greg Grandin

Und so sieht es auch Fitzcarraldo, der die Welt als «große Oper» neu erfinden will. Außer ihm hätte wohl nur Ludwig II. den Film FITZCARRALDO machen können. So ordnete sich Werner Herzog einmal selbst in den Stammbaum der maßlosen Träumer ganz nah bei Bayerns legendärem Märchenkönig ein.

Interessant ist in diesem Zusammenhang die Nachricht, dass Herzog einen weiteren Amazonasfilm plant, der sich mit der Utopie einer amerikanischen Musterkleinstadt mit Gummifabrik im brasilianischen Dschungel beschäftigt, die Autopionier Henry Ford in den 1920er-Jahren am Ufer des Rio Tapajós errichtete und «Fordlândia» nannte. Der Film soll dem Bestsellertatsachenbericht zum Thema von Greg Grandin folgen: «Noch sind wir erst bei den Drehbüchern. Bei Ford geht es um zeitlose Themen wie Automatisierung, Ressourcen, Globalisierung – und ein Sozialexperiment. Die barfüßigen Arbeiter im Urwald mussten morgens Hafergrütze essen, durften keinen Alkohol trinken oder unzüchtig tanzen. Es gab schnell einen Aufstand. Als Erstes wurden die Stechuhren kurz und klein geschlagen», verriet Herzog 2019 in einem Interview im *Handelsblatt* mit Hans-Jürgen Jacobs. Fordlândia ist ein Thema wie geschaffen für einen Werner Herzog Film. Ein 10 000 Quadrat-

Fordlândia – Henry Ford, Industrieller und Kraftfahrzeugpionier, führte in seinen Fabriken das Fließband ein und den 8-Stunden-Tag und erhöhte den Mindestlohn. Am Fließband wurde das Ford Modell T zum ersten Erfolgsauto der Welt. Außerdem engagierte er sich zunehmend für diverse soziale Projekte. Mitten im Dschungel Brasilien entstand mit Fordlândia die ultimative kapitalistische Utopie nicht ohne Eigennutz, denn er wollte dem britischen Kautschukmonopol das Rückgrat brechen. Über die Flüsse Rio Tapajós und Amazonas sollten seine Kautschukprodukte in alle Welt verschifft werden, auch nach São Paulo, wo sich eine Ford-Autofabrik befand. Die gewählte Landschaft war allerdings hügelig und weitgehend unfruchtbar. Die geplante Kautschukplantage war von Anfang an ein Erntemisserfolg. Auch gewöhnten sich die einheimischen Arbeiter nie an die aus den USA importierten Arbeitsbedingungen, weswegen es im Dezember 1930 zu einem großen zerstörerischen Aufstand kam. Dieser wurde noch von brasilianischen Soldaten niedergeschlagen.

Ford-Bevollmächtigte machten in Belterra weiter flussabwärts in flacherem Gelände noch einmal einen weiteren Versuch mit einer kapitalistischen Idealstadt. Abgesehen von ein paar Proben wurde keine nennenswerte Menge von Kautschuk in die USA gesandt. Ein Hauptgrund für das Scheitern war der Befall der Kautschukbäume mit der Südamerikanischen Blattfallkrankheit (auch Südamerikanischer Mehltau), die durch den in asiatischen Kautschukanbaugebieten nicht vorkommenden Pilz Microcyclus ulei verursacht wird. Weitere Schädlinge kamen hinzu. 1945 wurde der Synthesekautschuk entwickelt und machte das Projekt weiter unwirtschaftlich. Fords Enkel Henry Ford II verkaufte den Landstreifen schließlich für 244 000 US-Dollar an Brasilien, nachdem über 25 Millionen US-Dollar investiert worden waren. Die Anlagen wurden eine Weile weiterhin gewartet, aber bald schafften es die rund 800 Einwohner nicht mehr, den Verfall aufzuhalten.

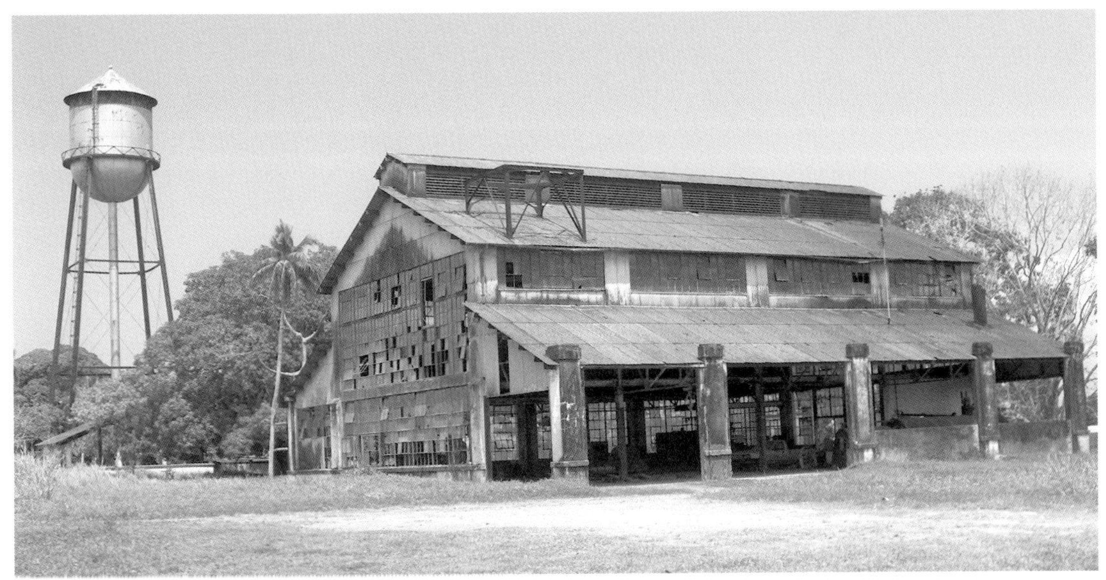

57 Wasserturm und Villa Americana stehen noch heute

kilometer großes Grundstück hatte die Ford Motor Company tatsächlich nicht weit von Manaus am Rio Tapajós erworben, um dort eine Kautschukplantage mit Verarbeitungsanlagen zu errichten. Vordergründig wollte Ford vom britischen Naturkautschuk aus Malaysia für die Reifenproduktion unabhängig werden. So wurde 1928 eine ganze Stadt für 8000 einheimische Arbeiter mit Kraftwerk, Kino, Feuerwehr und Krankenhaus errichtet, zum Teil, mindestens für die amerikanischen Chefs, mit schmucken Reihenhäusern und Vorgarten wie in Suburbia/Amerika. In Wahrheit aber wollte Ford, der selbst niemals nach Brasilien reiste, mehr. Er wollte eine Modellwelt errichten lassen, in der am US-amerikanischen Wesen die Welt genesen sollte. Die Arbeiter mussten blecherne Identitätsmarken tragen, Hamburger essen, jeglicher Alkoholkonsum sowie das Rauchen waren streng verboten. Am Wochenende gab es Kino und amerikanisches Tanzvergnügen mit Square Dance. Das Projekt scheiterte neben der chronischen Misswirtschaft und mangelnder Kenntnis der örtlichen Botanik an der Großmannssucht und Selbstgerechtigkeit der amerikanischen Ford Company Manager. Die Kautschukbäume waren zu nah beieinander gepflanzt, sodass Pilzerkrankungen die Plantage vernichteten konnten. Der wirtschaftliche Grund fiel ebenfalls mit der Erfindung des synthetischen Kautschuk weg. Am Ende hatte Henry Ford eine Milliarde Dollar für seinen Traum im Urwald vergeudet und schon sein Sohn gab die seltsame Utopie endgültig auf. Heute leben nur noch 800 Menschen auf dem verfallenen Gelände, auf dem noch Teile der ursprünglichen

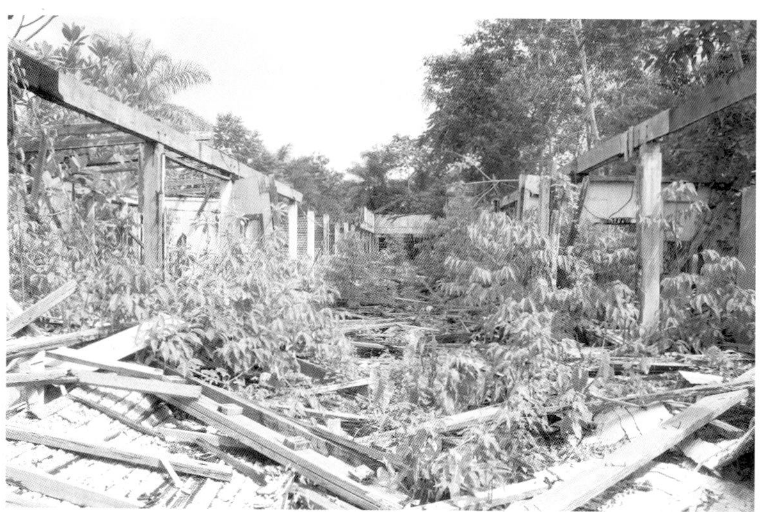

58 Ruinen der gescheiterten Utopie Fordlandia

Anlagen und Wohnhäuser sowie der Wasserturm und die Villa Amerikana erhalten sind – und ein gewisser Stolz der ehemaligen Fordler auf ihr Utopia mitten im Dschungel (Abb. 57–58).

Man kann sich schon gut vorstellen, was Herzog an dieser Utopie und ihrem grandiosen Scheitern reizen könnte. Immerhin ist sie kaum weniger phantastisch als eine Oper im Dschungel oder ein Schiff, das über einen Berg «fliegt». Das Besondere aber mag darin liegen, dass sich ausgerechnet ein etablierter Industrieller, sozusagen der personifizierte Kapitalismus, zum Träumer aufschwingt und der Welt seinen Stempel aufdrücken will mit Square Dance im Haupthaus und gepflegten Vorgärten in der Mustersiedlung, die ein unwirtliches Dschungelbrachland in eine feinste Kulturlandschaft verwandeln sollte. Nur als Helden der Geschichte müsste Herzog noch jemand finden, denn Henry Ford blieb schön in seinem Domizil in Dearborn/Michigan. Aber vielleicht weist ein historisches Foto aus Greg Grandins Monografie den Weg. «Pioniere auf dem Weg zur Siedlung in Ford's Dschungelreich» ist dieses Bild überschrieben, auf dem eine US-amerikanische Abordnung noch in dicker amerikanischer Winterkleidung und mit Gepäck zu sehen ist. So werden sie sich im Dschungel kaum zurechtfinden und in größtmöglicher Fremdheit zu den einheimischen Arbeitern verharren. Die Absurdität der großen Träume und durchaus auch deren unfreiwillige Komik ist ja durchaus schon ein Thema von FITZCARRALDO und AGUIRRE, DER ZORN GOTTES und so wäre FORDLANDIA durchaus ein Film, auf den man, sollte er zustande kommen, sehr gespannt sein darf und der in Werner Herzogs Werke, die vom Scheitern egomanischer Utopien erzählen, perfekt hineinpasst.

Auch COBRA VERDE, der fünfte und letzte Film Herzogs mit Klaus Kinski in der Hauptrolle, erzählt 1987 von einer manischen Figur – von Francisco Manuel da Silva. Der ist zugleich die Titelfigur COBRA VERDE aus Bruce Chatwins diesem Film zugrunde liegenden Roman *Der Vizekönig von Ouidah*. Dort ist er eigentlich nur die Nebenfigur eines Banditen, die bei Herzog mit da Silva charakterlich zu einer einzigen Figur verschmolzen wird. Dieser wird auf der Suche nach Nachschub im Sklavenhandel nach Benin verschlagen, wo er eine bizarre Gewaltherrschaft samt Amazonenarmee errichtet. Der Wahnwitz dieses egomanischen Spiels folgt sehr weit dem Stil des selbstverliebten Hauptdarstellers Klaus Kinski (Abb. 59), der sich zu dieser Zeit schon in den Phantasien seiner Karriere nach Herzog als Paganini und Christus suhlte. So ist mehr über Kinskis Eskapaden und etwa die Entlassung von Herzogs stilprägendem Bildgestalter Thomas Mauch geschrieben worden, als über die Variationen der Großmannssucht der Hauptfigur, was sich auch im Dokumentarfilm MEIN LIEBSTER FEIND widerspiegelt.

Verglichen mit FITZCARRALDO oder ganz deutlich auch mit AGUIRRE, DER ZORN GOTTES fehlt COBRA VERDE die Ebene einer wie immer auch gearteten, wenn auch trügerischen verträumten Utopie, wodurch die Inszenierungen von Protz und Prunk und die Gewaltexzesse um Kinski herum seltsam entleert wirken, for-

59 Kinski entfesselt den Zorn Gottes hier in COBRA VERDE

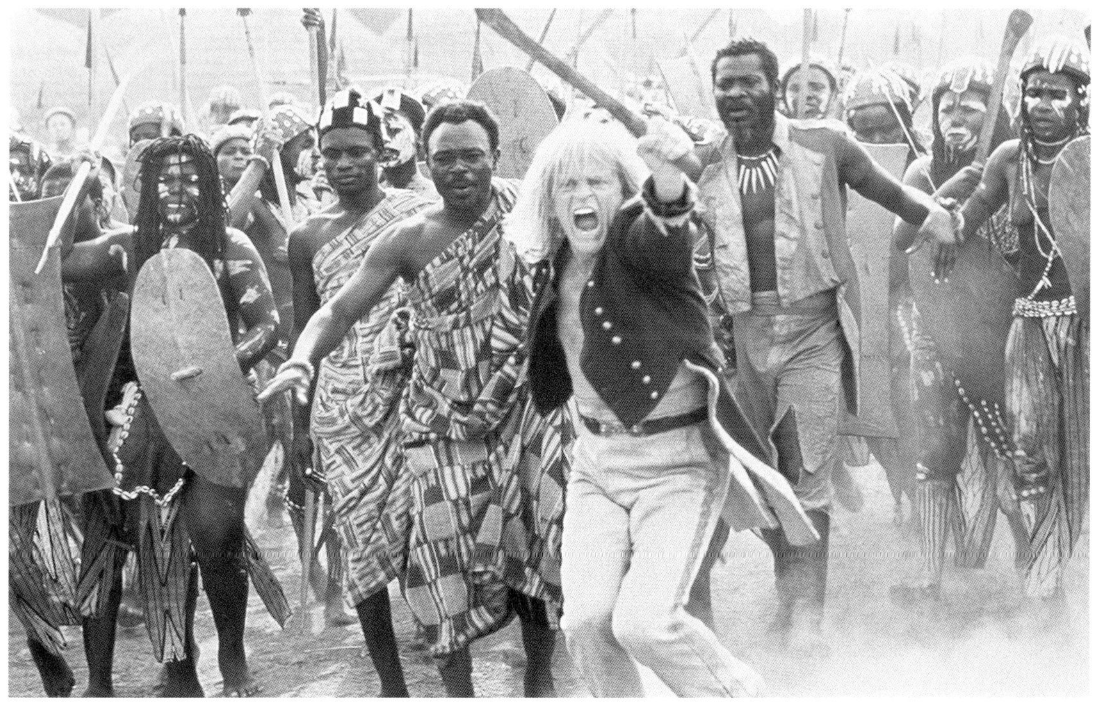

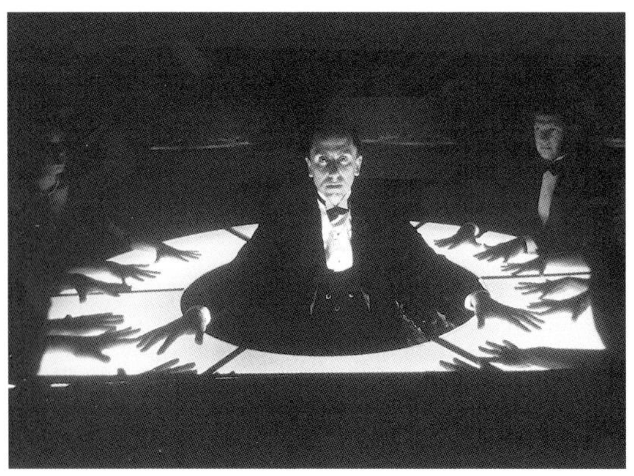

60 Tim Roth als Erik Jan Hanussen in seinem magischen «Palast des Okkulten» (INVINCIBLE – UNBESIEGBAR)

malisiert bis zum absoluten Höhepunkt. Wieder einmal, wie so oft bei Herzog, fallen hier filmische Inszenierung und die Inszenierung der Dreharbeiten mit dem Porträt des Selbstdarstellers Klaus Kinski zusammen, den Herzog einmal wie ein wildes Tier beschreibt, das immer wieder im Dschungel verschwindet, um dann wieder kurz an der Wasserstelle des Filmsets aufzutauchen und ein Konzentrat seiner Selbstwahrnehmung abzuliefern, das vielleicht gerade mit wirrem Haar und wildem Blick die wahre Substanz des Hochmuts nach seinem Zusammenbruch enthält: eine unendliche Kraftanstrengung, die nirgendwohin führt und deshalb nur noch reine Pose ist.

Ähnlich war es schon Erik Jan Hanussen ergangen in INVINCIBLE – UNBESIEGBAR, der als Hypnotiseur im Schlepptau der Nationalsozialisten einen «Palast des Okkulten» in Berlin aufbaut und bis zum Ende glaubt, der eigentliche Herrscher im Hintergrund sein zu können, während Adolf Hitler die wahre Macht ergreift (Abb. 60). Tim Roth als Hanussen ist nur eine Nebenfigur im Moralstück um den jüdischen Kraftmenschen Zishe Breitbart, der um seine Identität ringt. Doch dessen Geschichte ist in Herzogs filmischem Universum eine weitere Variante des Großträumers, der an der Welt scheitert, weswegen er auch diesen Film mit schillernden Auftritten auf der Varieté-Bühne vom eigentlich unbedeutenden dramaturgischen Rand her die Geschichte doch regiert. Auch im Dschungel der Großstadt werden große Träume von fast gottgleicher Allmacht nie wirklich wahr und tatsächlich bitter bestraft. Die SA schießt den ehemaligen scheinbaren Gefolgsmann nieder wie einen Hund und verscharrt ihn im Wald. So enden Phantasien von Macht und Herrlichkeit. Oder «Hochmut kommt vor den Fall» wie es in der Bibel in den Sprüchen Salomo 16/18 heißt.

FITZCARRALDO taumelt mit seiner Molly Aida durch die Stromschnellen und AGUIRRE landet auf einem Floß in der fast jenseitigen Unwirklichkeit der Mangrovenwälder des Amazonas. Im Film finden die maßlosen Helden bei Herzog wenigstens ein pointiertes Finale mit dramatischem Schlussbild. Doch bleibende Wirkung geht eher vom Bild eines Schiffes aus, das über den Berg fliegt und von der poetischen Wirkung einer Opernarie mitten im Urwald – von der Eroberung des Unmöglichen und des Nutzlosen, die Herzog auch sonst in immer neuen Variationen interessiert hat und seinen Ruf als besonders visionärer Vertreter des deutschen Kinos begründete.

Die Katastrophen und das Naturschöne

Ein Mann außer Atem. Er ist heftig erregt und weist auf einen Berg hinter ihm. Von dort wird das Unheil kommen sagt er. Aber er will immer noch so nah wie möglich heran an den Vulkan La Grande Soufrière, der jeden Moment ausbrechen kann. Die Insel mit dem Departement Basse-Terre um den Vulkan, zugehörig zu Guadeloupe in der Karibik, ist weitgehend evakuiert. Es sollen sich aber noch vereinzelte Bewohner dort aufhalten, die sich weigern, die Insel zu verlassen. Werner Herzog möchte ihnen begegnen und er will auch selbst unmittelbar Zeuge des von ihm als archaisch empfundenen Geschehens werden. An diesem Tag im Jahr 1977 wird der eigentlich aktive Vulkan schließlich doch noch kein Magma spucken. Aber der 30-minütige Film LA SOUFRIÈRE – WARTEN AUF EINE UNAUSWEICHLICHE KATASTROPHE, für dessen Herstellung Herzog den Schnitt seines halbdokumentarischen Films STROSZEK unterbrochen hatte, ist gedreht als teilnehmende subjektive Dokumentation, die besonders besticht durch die Begeisterung mit der Herzog vor laufender Kamera aufgeregt seinen Bericht der laufenden Ereignisse abliefert. In der unmittelbaren Nähe zu realen Katastrophen fühlt sich Herzog höchst lebendig, sozusagen am Puls dessen, was das Leben ausmacht (Abb. 61–62). Im Nachhinein war er wohl erleichtert, dass dem Film sein lebensgefährlicher dramatischer Höhepunkt nun ohne einen realen Vulkanausbruch doch fehlt, was ihm und seiner Crew letztendlich das Leben ret-

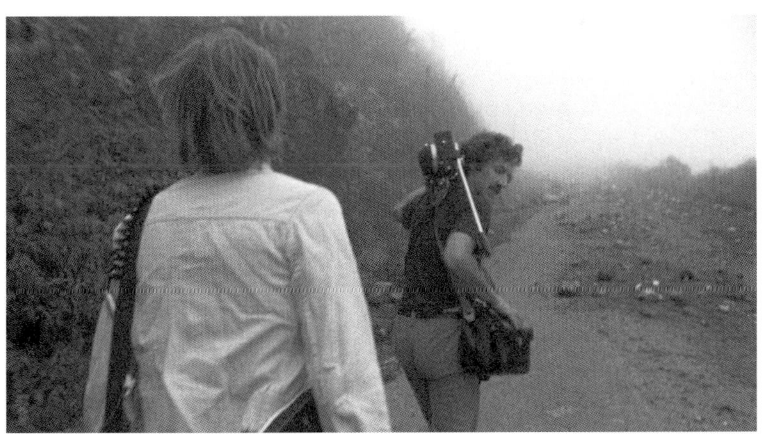

61 Auf dem Weg zur unausweichlichen Katastrophe in LA SOUFRIÈRE

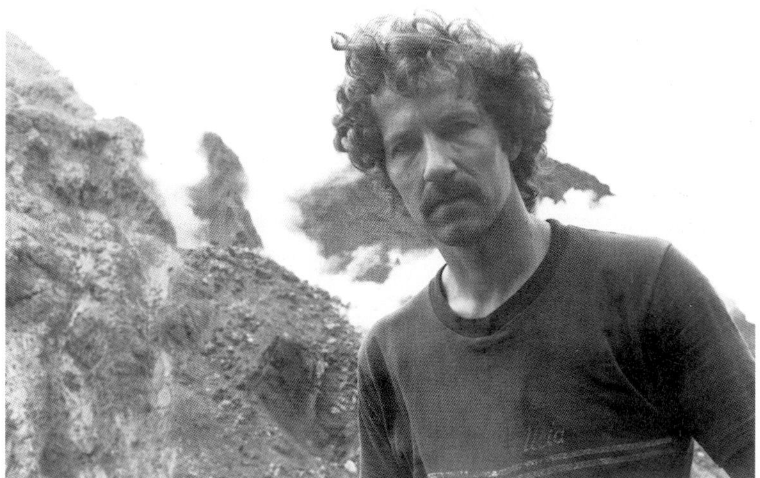

62 Am vulkanischen Höllenschlund: Werner Herzog (LA SOUFRIÈRE)

tete. Und doch sollte diese Untersuchung am offenen Herzen der Katastrophe durchaus ein dauerhafter Aspekt im Werk Werner Herzogs bleiben. Mit Vulkanen hat er sich später zusammen mit dem Vulkanologen Clive Oppenheimer in einem weiteren Dokumentarfilm mit Reisen zu Vulkanen in Indonesien, Island, Nordkorea und Äthiopien beschäftigt, den er 2016 drehte. INTO THE INFERNO zeigt vor allem die Mythen und religiösen Einordnungen des Blickes der Menschen in die Abgründe vulkanischer Höllenschlunde, die ebenso sehr poetisches Faszinosum wie auch ein elementar beängstigender Einbruch der Naturgewalt ins Leben sind. Abgerundet wird Herzogs dokumentarischer Blick in die Welt der Katastrophen durch FIREBALL – BESUCH AUS FERNEN WELTEN, seinem neuesten Dokumentarfilm, der 2020 nur über eine Streaming-Plattform verbreitet worden ist.

Dieser Film beginnt mit Feuerbällen, die wie niedergehende Sterne über der Autobahn aufblitzen. Sie stammen aus Amateurfilmmaterial, das im sibirischen Tscheljabinsk gedreht worden ist und künden von der Apokalypse des Impakts, des Sternenzusammenstoßes und den Meteoriteneinschlägen auf der Erde, die dessen Vorboten sind. Auch den berühmten «Tag der Toten» in Mexiko bringt der Film mit dem «Feuerzauber» des Meteoriteneinschlags in Verbindung. Und hinter dem «schwarzen Stein» der berühmten quadratischen Kaaba in Mekka verbergen sich Teile eines schwarzen Meteoriten, der sich im Zentrum des Kults einer heiligen Wallfahrt der Anhänger des Islam befindet. Der wurde der Legende nach von Erzengel Gabriel an den Stammvater Abraham übergeben und jeder Teilnehmer der Hadsch am heiligen Ort umkreist ihn sieben Mal. Mit dem für ihn so charakteristischen Gestus des «staunenden Beobachters» geht Herzog

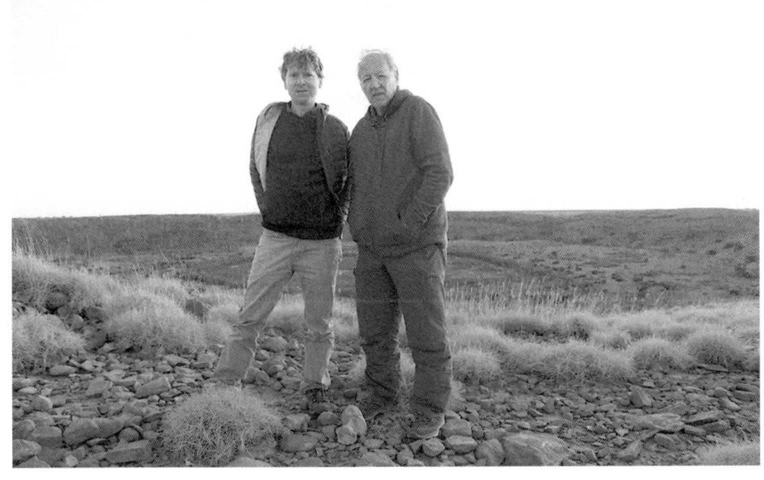

63 Im Herzen der Einöde (FIREBALL)

der Vermutung nach, dass wir im Grunde wie Sternenstaub sind (wobei er für sich selbst einschränkt: Nein, ich bin Bayer), findet die rätselhaften Muster von Pseudokristallen aus dem Weltraum in den Ornamenten orientalischer Palastfassaden wieder und durchsucht das ewige Eis der Antarktis nach dort besonders auffälligen Minimeteoriten. Und er lässt sich von einem australischen Ureinwohner erzählen, dass die Meteoriten ja vielleicht ein elementares Transportsystem darstellen «von einem Leben in das nächste». Und endlich begreift man, warum wir so gerne Sternschnuppen anschauen. Doch Poesie und Katastrophe liegen nah beieinander. Herzogs Staunen darüber, dass ein Meteoriteneinschlag vor der Halbinsel von Yucatán vor 65 Millionen Jahren die Dinosaurier aussterben ließ und zugleich die Erde ummodellierte und wie das in den Mythen der Menschen wiederhallt, teilt sich unmittelbar schon im Tonfall seines Kommentars mit, wie überhaupt Herzogs Dokumentarfilme oft schon durch seine plaudernde Erzählerstimme besonders eindringlich wirken (Abb. 63).

Bei LEKTIONEN IN FINSTERNIS geht es 1992 einmal nicht um eine Naturkatastrophe, sondern um eine von Menschen gemachte, doch gefilmt wirken die Flammenlandschaften der brennenden Ölfelder nach dem Golfkrieg in Kuwait wie die Menschheitskatastrophe mindestens eines Vulkanausbruchs (Abb. 64–65). In dem sparsamen Kommentarton lässt Herzog die politischen Implikationen des Gezeigten völlig außer Acht und konzentriert sich auf deren Höllenästhetik. Er zitiert sogar Blaise Pascal, den er auch als ästhetische Richtschnur nimmt: «Der Zusammenbruch des Universums wird – wie die Schöpfung – in grandioser Pracht stattfinden.» Dafür wurde ihm fälschlicherweise die Absicht einer Ästhetisierung des Krieges unterstellt.

Man muss also nicht nur genau hinschauen, sondern auch genau hinhören. Herzogs Kommentartexte bei seinen Dokumentationen sind mehr als nur Kommentare. Sie haben stets auch etwas Philosophierendes an sich. Es sind Essays auf der Suche nach den tieferen Wahrheiten hinter den Dingen, die er zunächst nur bestaunt. Er berührt dabei alle Bereiche eines universellen Wissens, ob er den Grizzlybären zuschaut oder in der Urmenschenhöhle von Chauvet die Malereien betrachtet. Und so entdeckt er in der DIE HÖHLE DER VERGESSENEN TRÄUME nichts weniger als die Sehnsucht der Menschen, in der Kunst die Bewegungen der Welt nachzuvollziehen. Nicht nur Platons Höhlengleichnis, sondern auch die achtbeinigen Tiergemälde verweisen für Herzog 30 000 Jahre in der Vergangenheit schon auf das «Kino»: «Ihnen erschienen die Tiere vielleicht lebendig, so als würden sie sich bewegen. Es ist bemerkenswert, dass der Künstler diesen Bison mit acht Beinen gemalt hat und so Bewegung andeutet fast wie bei einer Art Urkino.»

Für Herzog ist das Kino Trance und Traum. Alles ist erlaubt. Sämtliche Mischformen. Auch eine hanebüchene Science-Fiction-Geschichte zu Unterwasserbildern von Eisgebirgen, die einfach umgedreht zu gewaltigen Himmelsskulpturen werden, in THE WILD BLUE YONDER 2005 wird zur Phantasie mit dokumentarischen Gestus, auch wenn sie von einem fernen Planeten im Andromedanebel handelt. Ein wagemutiger Film, der ohne jedes wahnwitzige Produktionsdesign eine Welt vorgaukelt, die gar nicht existiert. Sehr wohl existent ist die Höhle von Chauvet, deren urzeitliche Wandmalereien von Tierszenen Werner Herzog 2011 mit kleinem Team erstmals zugänglich machen konnte. Für Herzog war das ein besonderes Erlebnis in Ansehung des Kunst-

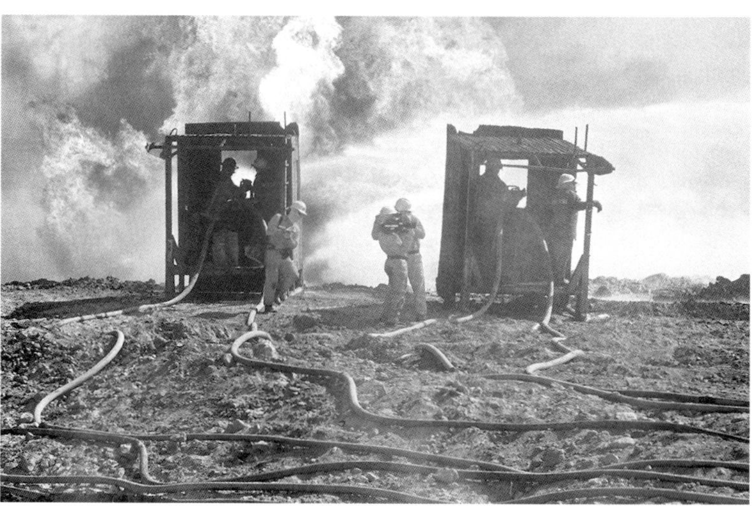

64 Löschversuche im Feuerinferno (LEKTIONEN IN FINSTERNIS)

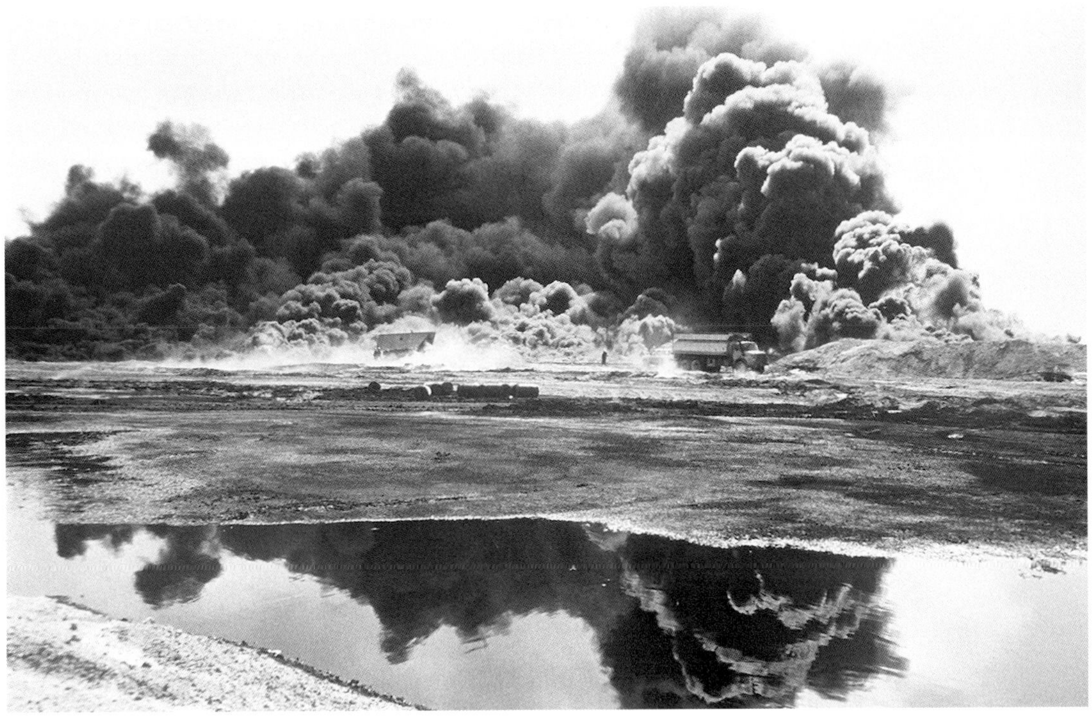

65 Lektionen in Finsternis: «Der Zusammenbruch des Universums wird in grandioser Pracht stattfinden» (Blaise Pascal)

und des Naturschönen in der Die Höhle der Vergessenen Träume, was er neben den atemberaubenden Bildern der Filmkamera in einem staunenden Essay als begleitender Kommentator und Erzähler eindrucksvoll zum Ausdruck bringt. Unterstützt wird dieser Effekt noch durch das 3D-Verfahren mit dem Herzog die besonderen räumlichen Dimensionen, mit denen die urzeitlichen Künstler gearbeitet haben, herausholt. Die Schönheit und Erhabenheit dieser «Louvre der Vorzeit» wie er die Höhle tituliert, nötig ihm einen außergewöhnlichen Respekt und Bewunderung ab, die im Essay poetische Züge annimmt.

In einer trostlosen Mondlandschaft mitten im Outback in Australien spielt 1984 Wo die grünen Ameisen träumen. Dieser erzählt vom Kampf der Aborigines gegen eine Mining Company, die mit Bulldozern die Landschaft zu einer Ansammlung kleiner Sandhaufen umgemodelt hat, um unter der Oberfläche nach Uran zu suchen. Die Erde wird gesprengt, aufgebohrt und aufgewühlt bis sich die Ureinwohner gegen die Bulldozer stellen. Dieser Widerstand erscheint auf die Dauer sicher aussichtslos, aber sympathisch, wie die Geschichte der fiktiven mythischen grünen Ameisen, die sich der Legende der Helden dieser Geschichte nach, die vordergründige Realität der Menschen ja nur ausgedacht haben. In der visuellen Trostlosigkeit der Mondlandschaft des Outbacks scheint der Untergang der Welt durch eine elementaren Weltkatastrophe längst vollzogen. Da bedarf es nicht einmal mehr der Nachhilfe beim Vernichtungswerk durch profitgierige Unternehmen das in einer Umweltkatastrophe gipfelt, der die Ureinwohner nur durch das Besteigen eines fremdartig anmutenden olivgrünen Flugzeuges entkommen können. Sie schauen unverwandt in den Osten. Dorthin, so sagen sie, sind die grünen Ameisen verschwunden.

Der Film SALT AND FIRE, gedreht 2016, beginnt als Entführungsdrama der Forscherin Laura Sommerfeld, die im Auftrag der Vereinten Nationen einer mysteriösen Umweltkatastrophe im fiktiven Diablo Blanco auf der Spur ist. Die Professorin wird mit zwei Kollegen auf eine entlegene Hazienda verschleppt und kann zunächst nicht einmal den Grund für diese Ereignisse verstehen. Irgendwann wird sie mit zwei blinden Jungen am Fuße eines Kakteen bewachsenen Berges in der Salzwüste Salar de Uyuni im Süden Boliviens mit nichts als einigen beschränkten Wasservorräten zurückgelassenen. Die größte Salztonebene der Erde ist tatsächlich 10 000 Quadratkilometer groß und wenn Veronica Ferres ihr Ohr an die dicke Salzkruste legt, dann scheint diese tatsächlich zu pulsieren. Damit, so hat ihr der Chef der Entführer schon verraten, kündigt sich der Ausbruch des nahe gelegenen Supervulkans Uturuncu an. Oder ist es einfach nur der Puls der Erde? Die Anfangs so selbstsichere Wissenschaftlerin ist mit ihrer zunehmenden Verzweiflung allein auf sich selbst gestellt und stellt sich immer mehr der elementaren, absurden Situation des «Wartens auf Godot».

Die von dem Entführer gewollte Experimentalsituation zieht sie immer mehr in den Bann, wodurch der Film allgemeine existenzielle Fragen des Menschseins in den Vordergrund drängt. Dass hinter der Situation eine von Menschen verursachte Umweltkatastrophe steckt, die einen in den Tiefen der Salzwüste verborgenen «Tag der Verdammnis» heraufbeschwört, tritt hinter den allgemeinen Fragen, die Ferres als zutiefst verunsicherte Protagonistin für sich selbst ganz kreatürlich beantworten muss, immer mehr zurück. Auch im Visuellen türmt sich die Welt immer mehr zu Wolkenungetümen und Sonnenuntergängen wie über einem fremden Planeten und den Szenen absurden Theaters. Dass Werner Herzog den Plot einer Kurzgeschichte von Tom Bissell namens *Aral* über die Zerstörung des usbekischen Aralsees entnommen hat, spielt angesichts des meditativen bis surrealen Grundtons des Films, dem sich Hauptdarstellerin Veronica Ferres übrigens besonders im zweiten Teil des Films kongenial und variantenreich anpasst, zunehmend keine Rolle mehr. Die Klage der Umweltzerstörung, die hier wie das Endspiel um die

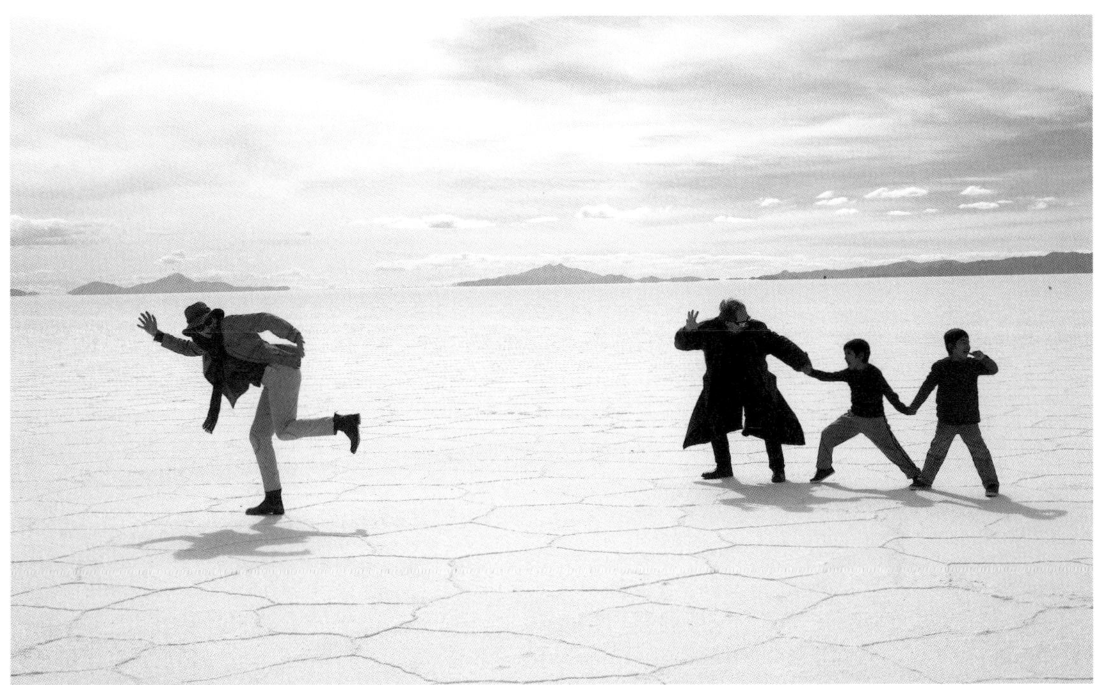

66 Surreale Begegnung in der Salzwüste SALT AND FIRE

unumkehrbare Zerstörung der Welt erscheint und sich im finalen Schuldbekenntnis des Täters auflöst, ist vergleichsweise wenig von Belang. Übrigens löst sich darin auch das Rätsel der Blindheit der beiden Jungs ganz nebenbei auf. Herzog schwankt wie in allen seinen Annährungen an Katastrophen und Naturereignisse stets zwischen Faszination und Staunen sowie echter Sorge oder gar Angst ohne sich letztendlich zu entscheiden, worin sich das Theater der Seele gegenüber der Grausamkeit des Naturschönen auch ganz allgemein widerspiegelt. Schon in der Anfangssequenz von HERZ AUS GLAS mit seinen dramatischen, in die Tiefe stürzenden Wolkenspielen und den Übersichtsaufnahmen des Dschungels zu Beginn von AGUIRRE, DER ZORN GOTTES und dem Schwenk über die Nebelschwaden und das ferne Donnergrollen am Anfang von FITZCARRALDO hatte Herzog seine Naturbewunderung herbeizitiert. Doch das gleißende Weiß der endlosen Salzwüste Salar de Uyuni setzt neue Maßstäbe (Abb. 66) oder wie Laura Sommerfeld das im Angesicht der majestätischen wirkenden endlosen Fläche vor ihr formuliert: «Der Wunsch, meine wissenschaftlichen Instrumente dabeizuhaben, verschwindet.» Und so weichen auch die rationalen Erklärungsansätze, dessen was man sieht, immer mehr generellen Betrachtungen über den tieferen Sinn und die allgemeinen Wahrheiten des Lebens. So wie sich in der Wüste und im Angesicht des Todes die Gedanken jedes Menschen verändern würden.

Verrückt sein: Grenzen überschreiten

Eine Wüstenlandschaft mit flirrender Luft. Die Kamera schwenkt über sie hinweg. Später scheint weit in der Ferne und eher immer mehr verschwimmend als sich nähernd, ein Fahrzeug aufzutauchen, ein kastenförmiges Nichts, wozu eine Stimme – es ist die Stimme Lotte Eisners – den Beginn des Maya-Schöpfungsmythos *Popul Vuh* in der Bearbeitung Werner Herzogs zitiert:

«Hier ist nun zu berichten wie einst die Welt in tiefem Schweigen schwebte, in tiefer Ruhe schwebte, in Stille verharrte, sanft sich wiegte, einsam da lag und öde war. Und dies ist die erste Kunde, die erste Aussage. Es gab keine Menschen, kein Tier, Vogel, Fisch, Krebs, Baum, Stein, Höhle, Schlucht, Grasbüschel oder Busch. Einzig und allein der Himmel war da.»

So beginnt nach einer Kaskade landender Großflugzeuge in München-Riem und einem harten Schnitt FATA MORGANA, Werner Herzogs bis heute rätselhaftester Film (Abb. 67–68). Aus einer Mischung aus Tagebuch und philosophischem Essay mit Fetzen eines Roadmovies entsteht ein einzigartiges Selbstexperiment mit einem buchstäblich «ver-rückten» Bild der Welt voller Visionen und abwegiger Gedankensplitter, so wie sie in

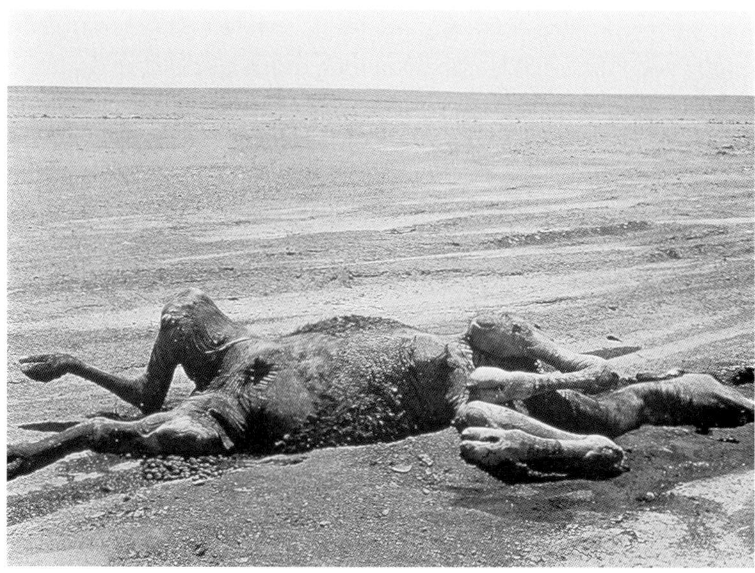

67 Tierkadaver als Endzeitvision in FATA MORGANA

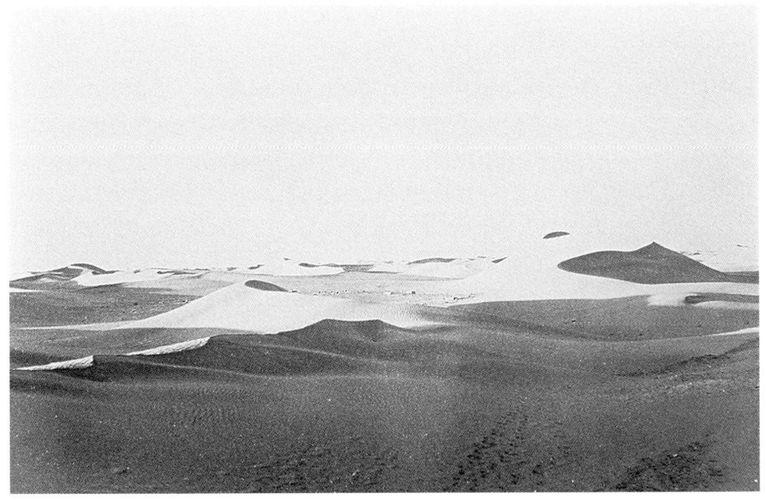

68 Die Traumstruktur der unberührten Wüste (FATA MORGANA)

der Wahrnehmung des Filmemachers 1971 offenbar existierten. Eine kaum entzifferbare Luftspiegelung ist dieser Film tatsächlich, dessen erster Teil mit «Schöpfung» betitelt ist. Dann folgen ebenso kaum zu entschlüsseln die Teile «Paradies» und «Das goldene Zeitalter», womit Werner Herzog ganz nebenbei schon einen Überblick über die zukünftige Themenpalette seines filmischen Schaffens gibt. Und auch die Entstehung dieses Films spiegelt schon manche Arbeitsprinzipien Herzogs. Es ist ein Schnellschuss, rasch und ohne große Vorbereitung unter unmittelbarem Eindruck der realen Wüstenbilder gedreht. Erst im Schneideraum, so bekennt Herzog, entstand die spätere traumartige Struktur. Den Monolog zum *Popul Vuh* nahm er in einem Zug mit seiner Nagra-Tonanlage bei Lotte Eisner auf, die er zu diesem Zweck besuchte und überredete, an seinem Film mitzumachen. Ursprünglich wollte er nur einen Blick auf die Welt werfen aus der Perspektive fiktiver Außerirdischer. Davon nahm er noch vor Beginn der Dreharbeiten Abstand, griff diesen Gedanken aber wieder 2005 in THE WILD BLUE YONDER auf. Ohne diese Einordnung als abwegige Science-Fiction-Fabel wirkt FATA MORGANA allerdings noch fremder. Die heiße, flirrende Luft wirkt wie ein Brennglas mit dem man tatsächlich zum ersten Mal eine Welt im Moment ihrer Schöpfung sieht, und zurückgelassener Zivilisationsschrott wird mit den Worten des Kommentartextes gewissermaßen «beseelt». Die langen Kamerafahrten und Plansequenzen von Herzogs Bildgestalter Jörg Schmidt-Reitwein tragen ein Übriges dazu bei, den Eindruck zu hinterlassen, dass mit diesem Film die Grenzen der Wahrnehmung dauerhaft verschoben zu sein scheinen. Und so ist es kein Wunder, dass gerade diejenigen, die ansonsten mit

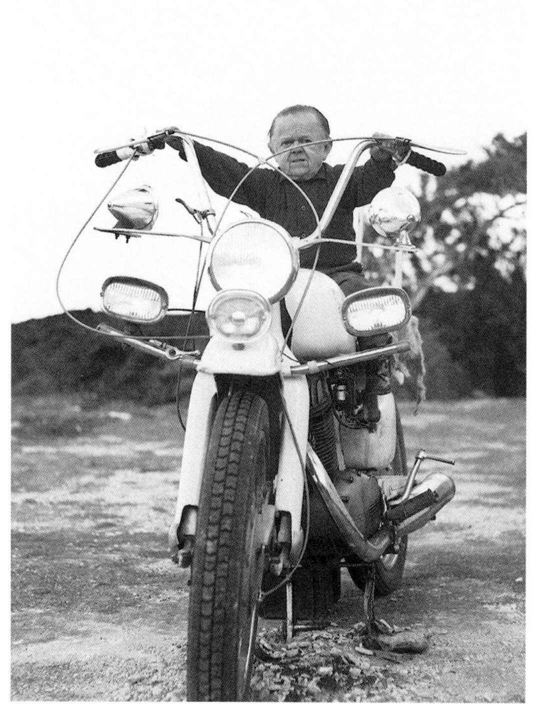

69 Auch Zwerge wirken auf dem Motorrad groß

dem Werk Herzogs nichts anfangen können, seinen frühen Film als Schlüsselwerk des modernen Autorenkinos sehen. Jedenfalls ist FATA MORGANA eine klare Grenzüberschreitung mit der Werner Herzog schon damals seinem Publikum zu fordern verstand.

Eben erst hatte er 1970 seinen Film über einen radikalen Ausbruchsversuch der Unterprivilegierten aus der gewohnten Ordnung AUCH ZWERGE HABEN KLEIN ANGEFANGEN (Abb. 69) abgedreht, in dem die kleinwüchsigen Bewohner eines Erziehungsheims die Gesellschaft ins grotesk Gewalttätige «ver-rücken». Ausgelöst wurde das Ganze durch die zeitweise Abwesenheit des offen autoritären Direktors. Während sich dessen Stellvertreter verschanzt und die Rasenden vergeblich zur «Vernunft» aufruft, stürzen die «unartigen Zwerge» sich immer weiter in zerstörerische anarchische Spiele (Abb. 68), die zu einer wilden Tortenschlacht um alles, was sich vernichten lässt, ausartet. Ein Auto wird in eine trockene Zisterne gestürzt. Auf einem Riesenbett sollen die zwei Kleinsten unter Zwang öffentlich kopulieren. Zwischen Gelage und Gewaltorgie entstehen Visionen vom Zusammenbruch der bürgerlichen Werte. Wahn und Besessenheit brechen sich Bahn als wirklichkeitsgestaltende Kräfte, die im Chaos ihre wahre Bestimmung finden. Immer wieder kippen die einzelnen Szenen jedoch um ins Grotesk-Komische.

Herzogs Film wurde fälschlicherweise als reaktionäre Parodie auf das Zerschellen jeder Revolution an der blutigen Wirklichkeit interpretiert und ihm die Besetzung der Rollen mit Liliputanern als behindertenfeindliches Zerrbild übel genommen, weswegen der Film zunächst von der freiwilligen Selbstkontrolle der Filmwirtschaft gesperrt wurde, bevor er dann später doch als «besonders wertvoll» prädikatisiert in Cannes seine Premiere feierte. Mehr als auf die Parabel kam es Herzog jedoch in Wahrheit auf die wilde Orgie von Bilderfindungen wie in einem Hieronymus-Bosch-Höllengemälde an, die er ablieferte und deren filmische Überhöhungen durch Tempo, Geräuschkulisse und der Musik von Florian Frickes Popol Vuh, die auch heute noch wirkt, mit einem Äffchen am Kreuz, fratzenhaft verzerrten Gesichtern und meckerndem Höllengelächter. Im deutlichem Gegensatz zur kontemplativen Ruhe des quasi zeitgleich entstandenen Films FATA MORGANA ist AUCH ZWERGE HABEN KLEIN ANGEFANGEN

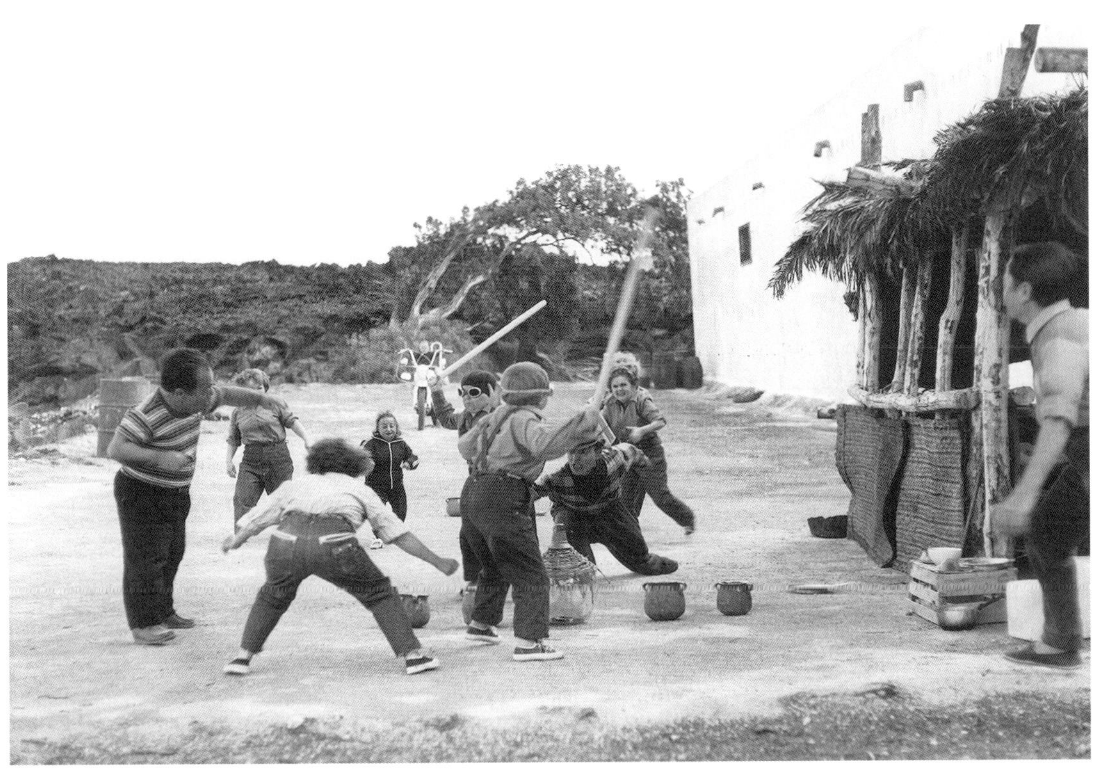

70 Groteske Parodie: AUCH ZWERGE HABEN KLEIN ANGEFANGEN

von einer mitreißenden gestalterischen Wut durchzogen, ähnlich wie Jean-Luc Godards zorniger Film WEEKEND von 1967, bei dem der Ferienstau auf Frankreichs Straßen außer Kontrolle gerät oder die archaische Parabel DAS GROSSE FRESSEN von Marco Ferreri von 1973, bei der ein bürgerliches Wochenendgelage ausartet. Insofern ordnen sich Werner Herzogs Filme durchaus auch in den filmischen Zeitgeist ein.

Mit JEDER FÜR SICH UND GOTT GEGEN ALLE geht Herzog einen ganz anderen Weg, denn die Verrücktheit von Kaspar Hauser, dessen Geschichte er sich in diesem Film vornimmt, rührt von seiner Natur her. Die ersten Jahre seines Lebens hat er in einem Kellerloch verbracht ohne Kontakt zu irgendjemanden. Er muss das Gehen und Sprechen erst erlernen und später das Lesen und Schreiben. Nicht ohne Grund erfreut ihn, den Naturmenschen, am meisten die Musik, die unmittelbar seine Gefühle anspricht. Anders als François Truffauts DER WOLFSJUNGE, der im gleichen Jahr entstanden ist, hat bei Herzog der naive pädagogische Fortschrittsoptimismus keine Chance, sieht er Kaspar Hauser doch als besonders sensiblen Visionär, den die Bemühungen seines Lehrers Georg Friedrich Daumer um seine Weiterbildung eher seinen authentischen Blick auf die Welt wieder verstellen. Insofern erzählt der Film eine Leidensgeschichte von nicht alltäglichem Ausmaß. Erst als die Ärzte nach seinem Tod sein Gehirn auseinanderschneiden und dabei einige Anomalien zu finden glauben, glaubt man ihn auch zu verstehen, seine Sprunghaftigkeit, seinen Widerstand gegen den regulierten Alltag und den Hang zum Mystischen, den man bei ihm angesichts scheinbar banaler Phänomene verspürt. Kurz vor seinem Ende erzählt Kaspar Hauser einen Traum. «Das ist eine Geschichte von der ich nur den Anfang kenne», räumt er ein. Und erzählt dann von einer Karawane in der Wüste, deren Anführer ein blinder alter Mann ist. Irgendwann sieht die Gruppe unüberwindliche Berge vor sich. Man fühlt sich wie in die Irre geführt. Da nimmt der Blinde eine Hand voll Sand und sagt: «Das da vor uns sind gar keine Berge.» Die Karawane zieht weiter und kommt tatsächlich ans Ziel. «Wie gesagt: Das

Kaspar Hauser (1812–1833) – Am 26 Mai 1828 tauchte in Nürnberg ein anscheinend zurückgebliebener Jugendlicher von ungefähr 16 Jahren auf. Seinen Namen schrieb er auf einen Zettel. Sonst konnte er weder lesen noch schreiben, stammelte nur und hatte ein rätselhaftes Schreiben bei sich, das über seine wahre Herkunft nichts wirklich verriet. Seine spätere Aussage, er sei ganz allein bei Wasser und Brot in einem dunklen Raum gefangen gehalten worden, konnte durch nichts bestätigt werden. Der Gymnasialprofessor Georg Friedrich Daumer unterrichtete ihn und schrieb seine Erfahrungen mit dem seltsamen Wesen auf. Es tauchten Zweifel auf an der Geschichte des Kaspar Hauser, aber auch Gerüchte, er sei der Erbprinz von Baden. Diese Prinzenlegende erregte die Gemüter, sie gilt heute als widerlegt. In Ansbach verkehrte er in den besten Gesellschaftskreisen. Er besaß ein gewinnendes Wesen, war ein leidenschaftlicher Tänzer und liebte Musik. Am 17. Oktober 1829 wurde Hauser mit einer ungefährlichen Schnittwunde aufgefunden und am 14. Dezember 1833 kam er mit einer am Ende tödlichen Stichwunde nach Hause. In beiden Fällen behauptete er, Opfer eines Attentäters geworden zu sein. Seine Anhänger vermuteten ein politisch motiviertes Verbrechen. Nach kriminalistischen Untersuchungen hatte er sich jedoch die Verletzungen selbst beigebracht.

«Hier liegt Kaspar Hauser, Rätsel seiner Zeit, unbekannt die Herkunft, geheimnisvoll der Tod. 1833» heißt es auf Latein auf seinem Grabstein. Seine Geschichte war Gegenstand zahlloser Studien und Romane und wurde sechsmal verfilmt, neben Werner Herzogs Version des Stoffes – historisch treu von Peter Sehr. Reinhard Mey verfasste einen populären Schlager. Peter Handke schrieb eine vielbeachtetes Bühnenstück über die Sprachlosigkeit und den gnadenlosen Drill, der zur Sprache führt mit dem Titel *Kaspar*. Das hat Werner Herzog nachweislich bei Vorstudien zu seinem Kaspar-Hauser-Film gelesen. Kurt Tucholsky hatte unter dem Pseudonym «Kaspar Hauser» satirische Texte publiziert. Der Fall Kaspar Hauser beherrschte lange die philosophischen und pädagogischen Debatten des 19. Jahrhunderts und regte einmal mehr die Phantasien um «wilde Menschen» an, seien sie von Wölfen oder Waldgeistern aufgezogen und darum, welches Leben sie führen könnten. François Truffaut drehte 1970 Der Wolfsjunge, in dem er selbst Dr. Jean Itard, den Erzieher und Arzt eines «Wolfsjungen» – ganz nah an einem authentischen Fall und auch an Kaspar Hausers Geschichte – spielte.

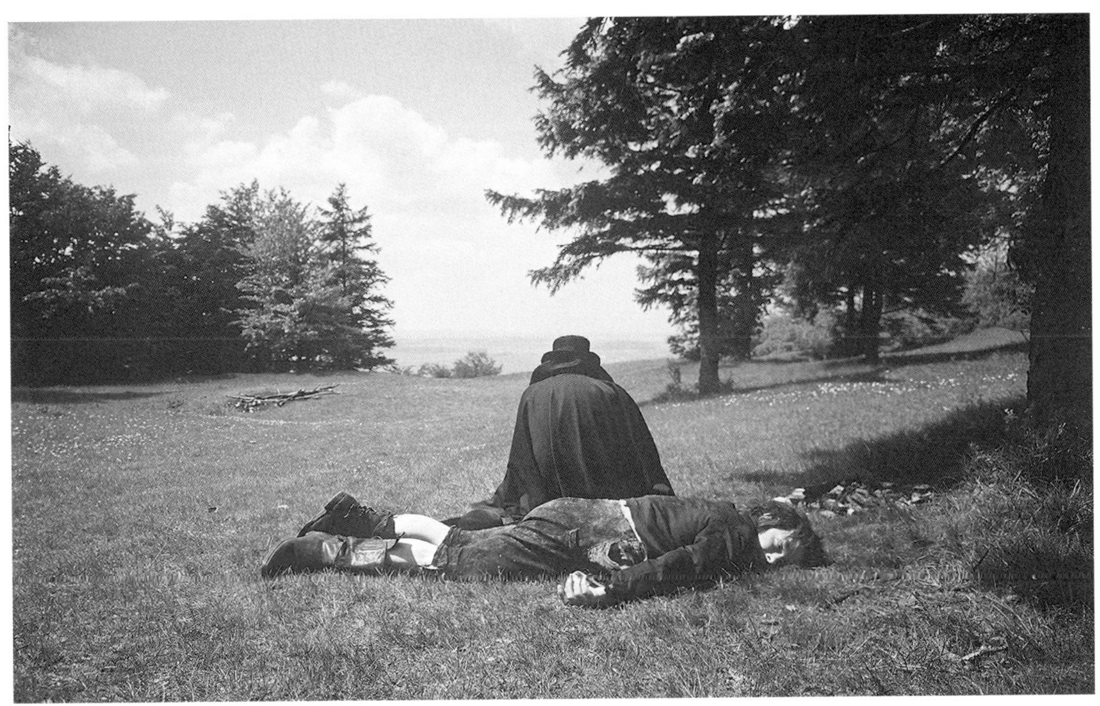

71 Findelkind mit Zauberer vor Landschaft JEDER FÜR SICH UND GOTT GEGEN ALLE

ist nur der Anfang», sagt Kaspar Hauser: «Danke, dass sie mir zugehört haben.» Dazu sieht man Bilder aus der Welt von FATA MORGANA und später wieder Kaspar Hauser auf dem Sterbebett, der erleichtert, fast geläutert, von seinem kleinen Ausflug in eine Phantasiewelt zurückgekehrt ist, bevor es für ihn ans Sterben geht. In dieser Szene ist alles grotesk verzerrt, wie aus einer Welt, in der das Visionäre endlich frei aufspielen kann. In der Welt des Kaspar Hauser. Werner Herzog zitiert in seinem Film auch immer wieder den Wortlaut echter Briefe des historischen Kaspar Hauser und greift zugleich im Wesentlichen auf die überlieferte volkstümliche Erzählung vom Findelkind mit den besonderen visionären Gaben zurück. In der Vorbereitung des Film hatte Herzog, das hat er später erzählt, Peter Handkes provokatives Theaterstück *Kaspar* angeschaut, bei dem Hausers Sprechen lernen dezidiert als «Sprechfolter» dargestellt ist. Bei der Gestaltung der Rolle kam ihm auch entgegen, dass er dafür den völlig unerfahrenen Bruno S. besetzte, den er in Berlin als Straßensänger entdeckt hatte und der später auch seinen Film STROSZEK prägen sollte. Bruno Schleinstein – lange war der Nachname hinter dem großen S. nicht bekannt – personifizierte als gelernter Ausgestoßener und Außenseiter das gequälte Naturkind Kaspar Hauser, das in die Fänge der Zivilisationsmaschine gerät, mit besonders großer Intensität (Abb. 72).

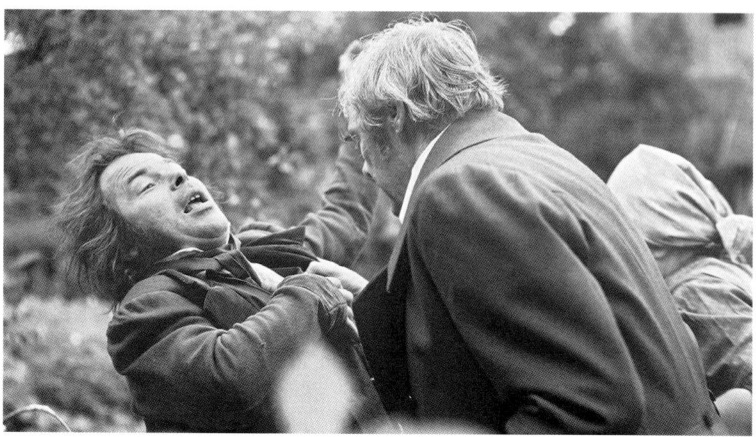

72 Bruno S. als Kaspar Hauser in Schwierigkeiten

Auch den WOYZECK sollte Bruno S. ursprünglich spielen in Herzogs filmischer Annäherung an Georg Büchners Geschichte eines Leidensmannes, der, von allen gedemütigt und ausgenutzt, zum Mörder an seiner treulosen Freundin Marie wird. Doch kurzfristig entschied sich Herzog für Klaus Kinski als Verkörperung des schizophrenen Mörders, den «Stimmen» zur Bluttat antreiben. Im explosiven Rausch der Rache überschreitet Kinski als WOYZECK expressiv die Grenze zum Wahn und

Bruno S. (1932–2010) – Der Klarname des Bruno Schleinstein wurde noch geheim gehalten, als er mit seinen Rollen in Werner Herzogs Filmen JEDER FÜR SICH UND GOTT GEGEN ALLE als Kaspar Hauser und in STROSZEK als quasi Herzogs Alter Ego Bruno S. Furore machte. Auch in WOYZECK war er ursprünglich vorgesehen, bevor Klaus Kinski die Rolle übernahm. Besonders als erfolgloser Glückssucher STROSZEK spielt Bruno Schleinstein quasi sich selbst. Herzog verriet seinen Nachnamen zunächst nicht und nannte ihn stattdessen den «unbekannten Soldaten des deutschen Films». Den hatte er in einem Dokumentarfilm über Berliner Außenseiter als BRUNO DER SCHWARZE entdeckt, der sich mit Gelegenheitsjobs und als Straßensänger durchs Leben schlug. Eine Lebensgeschichte als Opfer von medizinischen Experimenten in der Städtischen Nervenklinik für Kinder und Jugendliche Wiesengrund 1941 und mit vielen Aufenthalten in Heil- und Pflegeanstalten hatte er da schon hinter sich und galt als «geistig zurückgeblieben».

Doch Herzog erkannte und nutzte die Talente des damals 42-Jährigen, die auch heute noch beeindrucken. Nach der kurzen, aber heftigen Karriere im Film trat er noch einmal 2003 auf im Dokumentarfilm von Miron Zownir BRUNO S. – DIE FREMDE IST DER TOD und 2009 in dessen Spielfilm PHANTOMANIE, wo er das Thema Einsamkeit in einer ihn verachtenden Welt noch einmal variierte. Schließlich ist er noch einmal zu sehen 2010 in dem Dokumentarfilm «ARBEITSSCHEU-ABNORMAL-ASOZIAL» – ZUR GESCHICHTE DER BERLINER ARBEITSHÄUSER von Andrea Behrendt und lebte sein Leben zwischen prekärer Randexistenz und verkanntem Kunstmaler und Sänger, ein wenig noch vom kurzen Ruhm seiner großen Auftritte in den Filmen von Werner Herzog zehrend, wobei der ihm einen gewissen kreativen Anteil an den Filmen durchaus zugesteht. Bruno Schleinstein starb am 11. August 2010 im Alter von 78 Jahren in Berlin an Herzversagen.

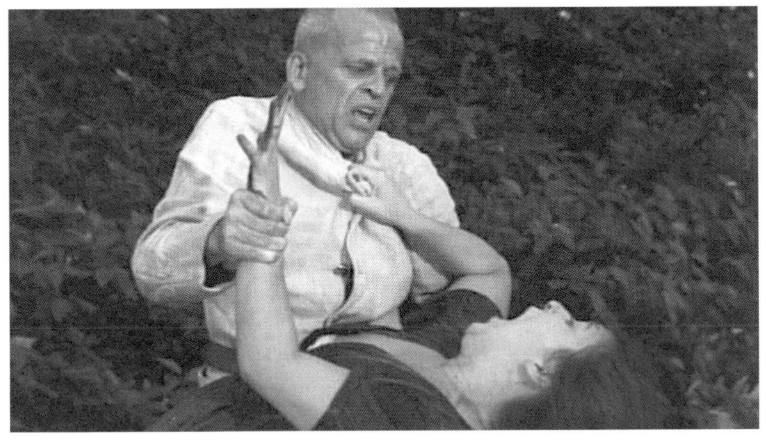

73 Woyzeck mordet

offenbart alle Gebrechlichkeit und Verletzbarkeit dieser empfindsamen soldatischen Figur (Abb. 73), die sich als Experimentierfeld für dubiose Diäten missbrauchen und zutiefst kreatürlich demütigen lässt, bis sie sich einmal gegen alle Vernunft auflehnt und in der finalen Tragödie seiner großen Liebe ein Messer in den Leib rammt. Bei aller Virtuosität mit der Kinski dieser Rolle gerecht wird, kann man sich auch Bruno S. als zu WOYZECK passend vorstellen. Hatte er doch schon STROSZEK so kongenial verkörpert, einen Straßenmusiker aus Berlin, der – eben erst aus dem Gefängnis entlassen – gleich wieder ins Elend gerät. Seine Fragen ans Leben haben mehr Gewicht als seine Handlungen, die ihn wie zufällig selbst verschuldet immer weiter in den Abgrund treiben. «Wenn wir auf alle ihre Fragen eine Antwort hätten, wären wir viel weiter.» Doziert einmal in diesem Film ein Arzt, der gleichzeitig ein hilfloses schreiendes Frühchen, das ihm anvertraut ist, als Beispiel für seine These hochhält. Eva Mattes spielt die Prostituierte Eva (Abb. 74), mit der Bruno befreundet ist und die ihm auch umstandslos hilft,

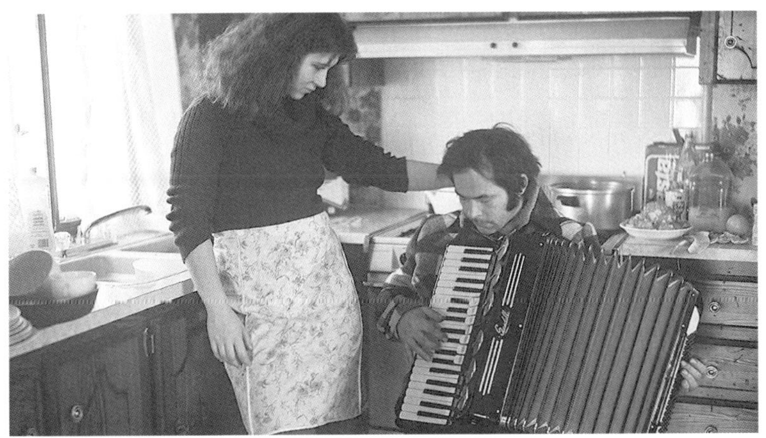

74 Eine tröstende Hand. Eva Mattes mit Bruno S. als STROSZEK

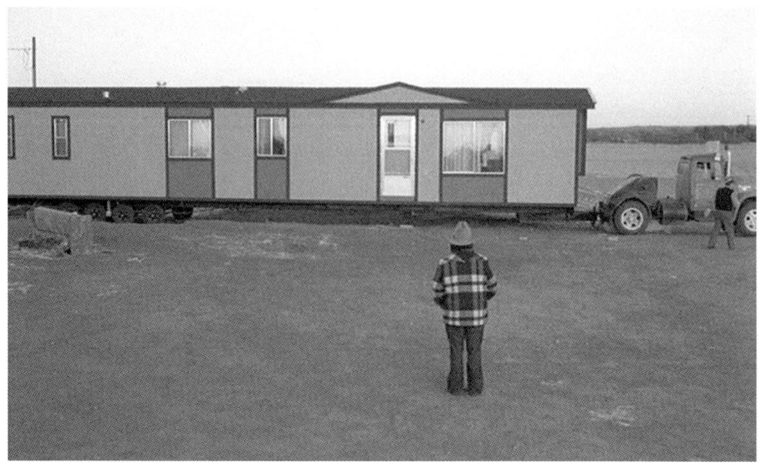

75 Zurückgeblieben: Das Eigenheim wird fortgeschafft (STROSZEK)

das Geld zusammenzukratzen, um nach Amerika zu gehen, wo er endlich ein neues Leben beginnen will. Im abgelegenen Plainville kauft er ein überdimensionales Wohnwagenhaus auf Rädern (Abb. 75). Doch damit beginnt erst recht sein Abstieg, bis er sich nicht mehr zu helfen weiß und mit seinem besten Kumpel Scheitz einen tragikomischen Pseudo-Bankraub plant, der in einen dilettantischen Überfall auf einen Friseursalon mündet. Mit seiner Waffe und einem unförmigen, gefrorenen Truthahn macht sich STROSZEK auf seine letzte sinnlose Flucht.

STROSZEK wirkt wie ein schnell gedrehter amerikanischer Independent-Film jener Zeit Ende der 1970er-Jahre und ist tatsächlich über weite Strecken aus dem Moment heraus improvisiert. Dazu passt, dass die Darsteller – bis auf Eva Mattes als einzige professionelle Schauspielerin – mehr oder weniger Laien sind, die sich selbst zu spielen scheinen. Das gilt insbesondere für Hauptdarsteller Bruno S. als STROSZEK, der tatsächlich einen guten Teil seines Lebens als «Zurückgebliebener» in Heimen und Heilanstalten verbracht hatte und sich nur mit Gelegenheitsjobs über Wasser halten konnte. Vor dem Hintergrund dieser Lebensgeschichte sind seine ungelenken und aussichtslosen Versuche, doch noch an ein wenig Glück teilzuhaben, so besonders authentisch und überzeugend, auch wenn die Anekdotenhaftigkeit der Filmerzählung über das Leben dieses heiligen Toren immer wieder neue Überraschungen bereithält. Der Grundton dieses Films ist eigentlich zutiefst traurig, insbesondere nachdem ihn Eva einfach wegen irgendwelcher Typen verlassen hat, die einen pekuniär besseren Plan haben. Mit ihr entschwinden auch das Haus und jegliche Aussicht auf irgendeine Zukunft.

Doch die Figur STROSZEK verliert keineswegs die Sympathie der Zuschauer, weil sie gegen alle Wahrscheinlichkeit immer noch

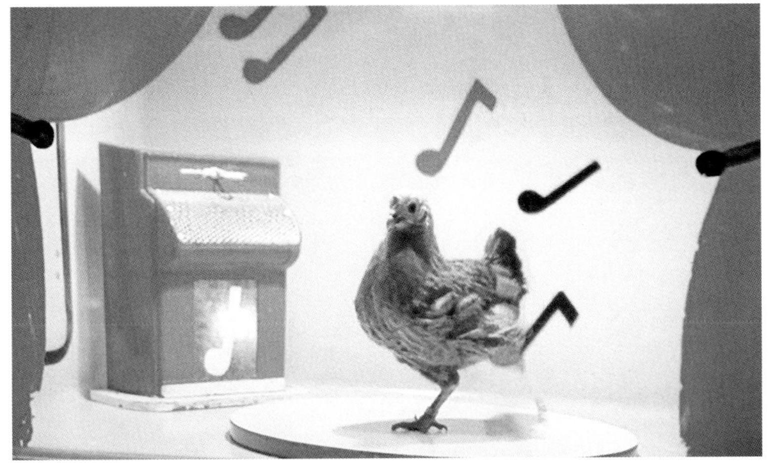

76 Tanzendes Huhn in der Musikbox. Das Spiel des Lebens (STROSZEK)

Wärme und Humor ausstrahlt. Die spröde Poesie dieses Films wird durch das raffinierte ästhetische Konzept seines Bildgestalters Thomas Mauch unterstützt, der bei aller Improvisation eine gewisse, auch farbliche Stilisierung einhält. Deswegen atmet der Film sowohl im deutschen wie im amerikanischen Teil den Tonfall einer Ballade vom armen Wesen, das sich in unserer Welt so wenig zurechtfindet wie ein Alien aus einer fremden Galaxie auf der Erde und deswegen mit traumhafter Sicherheit immer den falschen Ton trifft, wenn es sein Leben zu gestalten versucht. Für diese Lebensstimmung hat Herzog ganz am Ende des Films ein besonderes Bild gefunden, das eines tanzenden Huhns in einer Präsentationskiste. Da wirft man eine Münze ein und ein Huhn kommt heraus. Immer wieder pickt das Huhn auf eine Art Musikbox und tanzt dann auf einem runden Teller fröhlich, aber sinnlos herum (Abb. 76). Es ist die tragikomische Metapher auf STROSZEKs Leben und dessen sinnlose Versuche, eine eigene Melodie dem Konzert des Lebens hinzuzufügen. Derweil hat er selbst eine Liftgondel bestiegen und ist davongeschwebt. Man hört nur einen Schuss in der Ferne und sieht dann wieder das Huhn in seiner Käfigkiste, ein Bild, das niemand vergisst, der diesen Film einmal gesehen hat. STROSZEK steht für das In-die-Irre-gehen der konsequenten Sinnsuche in allen Herzog-Filmen und das tanzende Huhn ist das Scharnier, das seine Filme verbindet.

Einen Schritt weiter geht er mit GRIZZLY MAN, der Geschichte eines Mannes, der sich den Bären näher fühlt als sämtlichen Mitmenschen und schließlich den tödlichen Irrtum begeht, sich als einer der ihren zu fühlen und in deren Welt vollständig aufzugehen versucht. Entfremdeter kann man sich der Welt der Menschen wohl nicht fühlen als Timothy Treadwell, der 13 Jahre bei den Grizzlybären in Alaska lebte, und dessen Leben und tra-

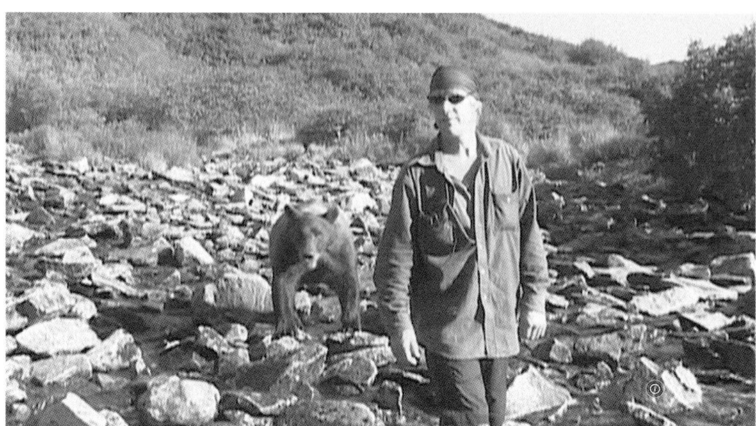

77 Mensch und Bär. Ein tödlicher Irrtum

gisches Scheitern Werner Herzog in seinem Dokumentarfilmessay nachzuzeichnen versucht (Abb. 77). Auf sehr andere Weise überschreiten Aguirre und Fitzcarraldo sämtliche Grenzen der menschlichen Existenzweise. Während der Titelheld in AGUIRRE, DER ZORN GOTTES schon bald in der grenzenlosen Wahnwelt des Dschungels versinkt und mit starrem Blick nur noch egozentrische Utopien herbeifabuliert, nimmt Fitzcarraldo sich die Zeit, den Dschungel für seine von Opern dominierte Weltsicht zu poetisieren, in dem er sein Grammophon nach draußen und die Dschungelbäume an den Flussufern mit Musik zum Zittern bringt (Abb. 78). Und dann steht er vor dem scheinbar unüberwindlichen Berg, den er mit dem schweren Schiff quasi fliegend zu überwinden gedenkt. Sicher, die Umsetzung dieses verrückten Plans bedarf der großen Hilfe der Eingeborenen und technischer Unterstützung durch ein komplexes System von Tauen und Winden samt Motorkraft. Und doch ist es nur als Wunder zu erklären, wie sich schließlich alle Widrigkeiten des Dschungels dem Willen eines Mannes unterwerfen. Die Welt als Wille und als Vorstellung. Einmal findet sie in einem Film ihre kongeniale Entsprechung.

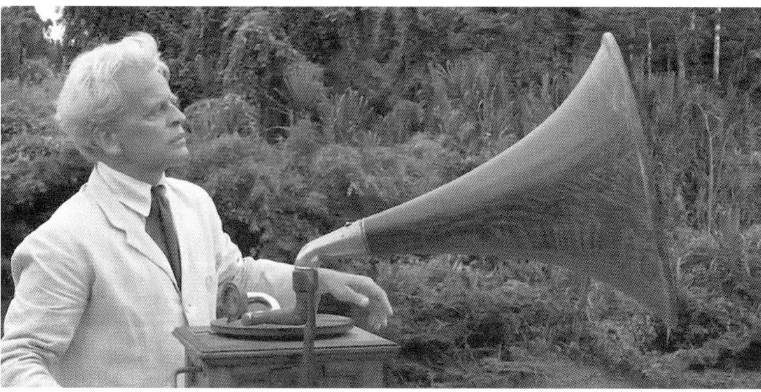

78 Die Welt als Wille und als Vorstellung. Kinski und sein magisches Grammophon in FITZCARRALDO

Augen kann man nicht kaufen

Kamera und Bildgestaltung

«Augen kann man nicht kaufen», so betitelte der Kritikerpapst der Süddeutschen Zeitung Peter Buchka sein Buch über Wim Wenders. Das Werk von Werner Herzog zeigt eigentlich: Man kann es doch – durch die Wahl seiner Kameraleute. Wim Wenders vertraute schon meistens dem Bildgestaltungslyriker Robby Müller wie viele Filmregisseure, die stets auf den gleichen Bildgestalter zurückgreifen. Bei Herzog verteilt sich das Gewerk der Kamera im Wesentlichen auf drei Schultern. Er begann mit physisch ausdrucksstarken Thomas Mauch, den er von Edgar Reitz und Alexander Kluge übernahm, und der die visuell besonders starken frühen Filme wie LEBENSZEICHEN, AGUIRRE, DER ZORN GOTTES, FITZCARRALDO und STROSZEK bestimmte. Zugleich galt Herzog als unzertrennlich verbunden mit dem Sohn eines bekannten Kunstmalers, Jörg Schmidt-Reitwein, mit dem er schon seinen stilbildenden Film FATA MORGANA gedreht hatte und seinen bildstarken Kaspar-Hauser-Film JEDER FÜR SICH UND GOTT GEGEN ALLE, HERZ AUS GLAS, vor allem aber NOSFERATU – PHANTOM DER NACHT realisierte. Für sein Spätwerk mit zahlreichen herausragenden Dokumentarfilmen wie LITTLE DIETER NEEDS TO FLY, DIE HÖHLE DER VERGESSENEN TRÄUME und BEGEGNUNGEN AM ENDE DER WELT und auch für seine Historiendramen INVINCIBLE und KÖNIGIN DER WÜSTE überließ Herzog das Kameraregiment Peter Zeitlinger, der auch die herausragende Arbeit über Umwelt und Lebenssinn SALT AND FIRE in der Salzebene des Salar de Uyuni orchestrierte.

Der deutliche Dreiklang bei der Auswahl seiner Bildgestalter überrascht wenig gerade bei Herzog, der natürlich in Einzelfällen auch auf andere Kameraleute wie etwa **Ed Lachman** (Abb. 81) und **Rainer Klausmann** (Abb. 79) zurückgriff, weil er gerade der Kameraarbeit und den Bildern, die dabei herauskommen sehr viel Bedeutung beimisst. Niemals sollten es die üblichen, normalerweise zu erwartenden Bilder sein. Sie sollten stattdessen stets groß und ekstatisch wirken oder klein, aber authentisch. Herzog forderte immer wieder große Nähe

Edward Lachman (*1946) – War nur an drei Filmen von Werner Herzog beteilig: an der Sprachetüde How Would A Woodchuck Chuck, als zweiter Kameramann mit Thomas Mauch an STROSZEK und neben Jörg Schmidt-Reitwein an dem umstrittenen Vulkanexperiment LA SOUFRIÈRE – WARTEN AUF EINE UNAUSWEICHLICHE KATASTROPHE. Lachman wandte sich dann unter den deutschen Filmemachern Wim Wenders zu und drehte auch Volker Schlöndorffs EIN AUFSTAND ALTER MÄNNER. Er drehte für Paul Schrader LIGHT SLEEPER und für ROBERT ALTMAN'S LAST RADIO SHOW, war ein äußerst gefragter Kameramann des Independent Cinema und wurde schließlich bekannt als ständiger Bildgestalter des Stilisten des neuen Melodramas, Todd Haynes.

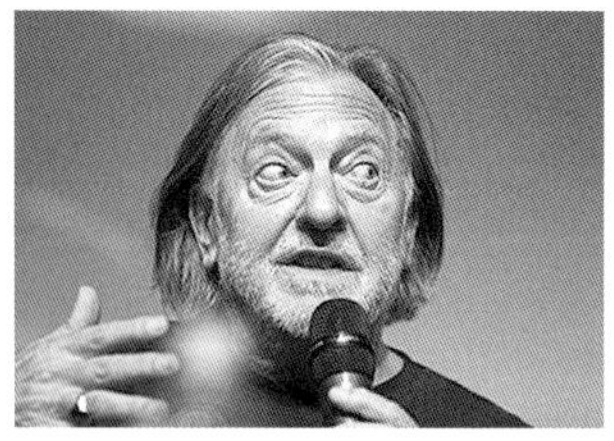

79 Rainer Klausmann

Rainer Klausmann (*1949) – Der Schweizer war Bildgestalter von Herzogs Bergfilmen GASHERBRUM – DER LEUCHTENDE BERG und CERRO TORRE: SCHREI AUS STEIN, drehte dann häufiger mit Oliver Hirschbiegel, mit Doris Dörrie und immer wieder mit Fatih Akin unter anderem seinen Berlinale-Gewinner GEGEN DIE WAND.

der Aufnahmen, oft durch im Rhythmus des Geschehens mitschwingende Handkamera und die authentische Teilhabe des Bildgestalters am Entstehen der Bilder, was manche Szenen von Dreharbeiten bei seinem Kinski-Film MEIN LIEBSTER FEIND und Ausschnitte von Les Blancs Making-of-Dokumentarfilm BURDEN OF DREAMS eindrucksvoll bestätigen. Stets war Herzog vom Instrument Kamera besessen. «Der Tod starrt dich an, wenn du in eine Kamera schaust.» Mit diesem Satz beginnt er seine Online-Masterclass: «Werner Herzog Teaches Filmmaking», die sich in drei von 26 Lektionen ausdrücklich mit der Kameraarbeit beschäftigt. Erst 2011 bei einem Kurzfilm im Nachgang zu DIE HÖHLE DER VERGESSENEN TRÄUME führte Herzog selbst in einer Kirche im niederländischen Harleem die Kamera ODE TO THE DAWN OF MAN. Doch nur bei seinem sehr schnell realisierten, sehr persönlichen Film FAMILY ROMANCE, LLC traute sich Herzog allerdings, in einem abendfüllenden Spielfilm durchweg die Kamera zu führen und im Abspann auch als Verantwortlicher dafür genannt zu werden.

Thomas Mauch – Die Körperlichkeit in der Kamerakunst

Als «das Auge des jungen deutschen Films» wird Thomas Mauch in einer Würdigung von Andreas Busche aus dem Tagesspiegel anlässlich seines 80. Geburtstages bezeichnet (Abb. 80). Schon an Alexander Kluges ABSCHIED VON GESTERN hatte der 1937 geborene, eigentlich auf Bildungsfilme spezialisierte, Mauch 1966 als zweiter Kameramann neben Edgar Reitz mitgearbeitet, bevor er noch im gleichen Jahr die Bildgestaltung von dessen ersten abendfüllenden Spielfilm MAHLZEITEN übernahm. Neben der Tätigkeit für Werner Herzog war er auch später immer wieder hinter der Kamera für Kluges vertrackte politische Filme zum Beispiel 1979 bei DIE PATRIOTIN und 1985 DER ANGRIFF DER GEGENWART AUF DIE ÜBRIGE ZEIT zu finden. Er drehte auch mit seiner damaligen Lebensgefährtin Helma Sanders-Brahms 1974 den wichtigsten feministischen Film über die deutschen Studentenbewegung UNTER DEM PFLASTER IST DER STRAND sowie ihren denkwürdigen Kleist-Film HEINRICH. Mit Herzogs gutem Freund Werner Schroeter gewann er 1980 mit PALERMO ODER WOLFSBURG den Goldenen Bären der Berlinale und war als Bildgestalter für Edgar Reitz HEIMAT 3 – CHRONIK

EINER ZEITENWENDE für die sechs Hundsrück-Episoden im Günderodehaus verantwortlich. Mit Kluge und Reitz arbeitete Mauch auch am stilbildenden Institut für Filmgestaltung der Hochschule für Gestaltung in Ulm eng zusammen. Das breite Spektrum von Mauchs Filmarbeiten für sehr unterschiedliche Autoren und Regisseure mit am Ende zahlreichen Klassikern des Neuen Deutschen Films, insgesamt drei Bundesfilmpreisen und dem Marburger Kamerapreis für sein Lebenswerk, machte ihn zu einem sehr kompletten und stilsicheren Partner hinter der Kamera, dessen Potenzial auch Werner Herzog schon nach seinem ersten und dem ersten gemeinsamen Film LEBENSZEICHEN zu schätzen wusste. Zu den Besonderheiten der Arbeit mit ihm schrieb Mauch, er habe beispielsweise bei AGUIRRE, DER ZORN GOTTES beide Augen offen halten müssen:

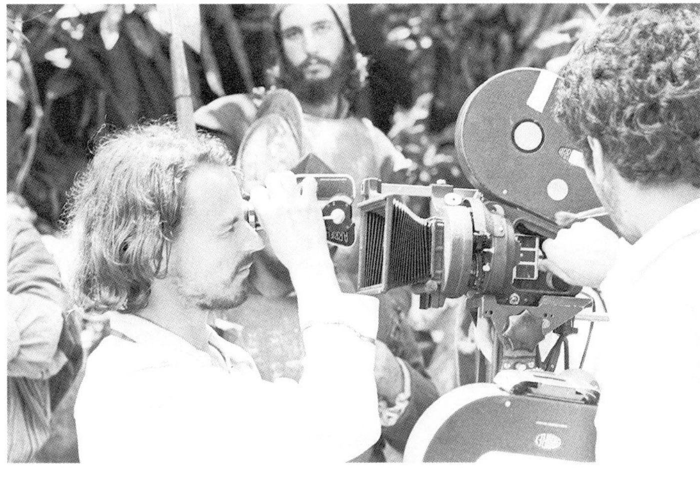

80 Thomas Mauch vor Konquistadoren

«Mit dem einen Auge guckte ich durch die Kamera, mit dem anderen beobachtete ich die Wirklichkeit, weil ich mich darauf einstellen musste, dass jederzeit etwas Unvorhersehbares passieren konnte.» In MEIN LIEBSTER FEIND sieht man Mauch wie er sich mit der Kamera in eine Ecke der 40 Meter langen Molly Aida kauert, während das reale Schiff durch die Stromschnellen gegen das Ufer geschleudert wird. Nur Herzog und Mauch durften sich – mindestens mit der Gefahr einer Verletzung – überhaupt frei bewegen, während diese Szene gedreht wurde. Damit sollte eine besondere Authentizität der Filmaufnahmen erreicht werden. Gerade bezogen auf die Filme AGUIRRE, DER ZORN GOTTES und FITZCARRALDO, deren Ästhetik rasanter Dschungelmelodramen maßgeblich zu Herzogs Image als leidenschaftlicher Filmemacher, der eben auch leidenschaftliche Filmbilder liefert, führte, ist ganz eindeutig auch Mauchs persönlichem Einsatz zu verdanken, der vor keiner möglichen Gefahr zurückschreckte, um die Bilder zu liefern, die die Geschichten der beiden Egomanen im Dschungelambiente erforderte. Insbesondere die Eröffnungssequenz von AGUIRRE, DER ZORN GOTTES mit der Übersichtsaufnahme einer Dschungellandschaft, durch die sich Menschen wie auf einer Ameisenstraße bewegen, ordnet den Handlungsort der Geschichte schon perfekt als grandiose Menschheitsbühne ein. Und die Dschungelaufnahmen von FITZCARRALDO zum Gesang Enrico Carusos vom Grammophon entführen gleich in eine ferne opernhafte Märchenwelt aus der nur das Windengewirr im Morast der Bergüberquerung wieder hinausführt. In diesen Szenen glaubt man die Erfahrung des früheren Kameramanns von Industriefilmen, der er einmal zusammen mit Edgar Reitz gewesen war, wiederzuerkennen. Doch nicht nur im Dschungel fühlte sich Mauch wohl. Bei Herzog wildem allegorischem Film vom Aufstand der Unterdrückten AUCH ZWERGE HABEN KLEIN ANGEFANGEN kommt es darauf an, dass die Auflösung der Filmeinstellungen in ihren «ausdrucksstarken» Details überzeugend wirkt. Wahn und Besessenheit sollten schließlich als Gestaltungskräfte zum Vorschein kommen. Noch einmal, da war Mauch längst vorwiegend mit anderen Regisseuren und Regisseurinnen unterwegs, prägte er einen Film von Werner Herzog mit seinem besonderen Stil. 1977 gelang es Mauch für die raue depressive Aussteigergeschichte von STROSZEK ein ganz besonderes Farbkonzept zu entwickeln, das zugleich sehr knallig ist, gleichzeitig auch immer wieder im Grau der Lebenstristesse versinkt. Die ungewöhnliche Farbigkeit entspricht ebenso wie die Grautöne exakt dem tiefen inneren Widerspruch der Titelfigur.

Jörg Schmidt-Reitwein – Ein Gefühl für Dunkelheit und Schatten

Wann immer Jörg Schmidt-Reitwein (Abb. 81) im internationalen Kontext unterwegs war – und das war schon sehr früh in der Zusammenarbeit mit Werner Herzog der Fall bei seinem Wüstenfilm FATA MORGANA 1971 – kam eine persönliche Episode aus seinem Leben wieder an die Oberfläche der Berichterstattung. 1961 war er kurz nach dem Bau der Berliner Mauer als Unterstützer eines Fluchtversuchs aus Ostberlin gefasst worden und zu fünf Jahren Haft in einer Einzelzelle in Bautzen verurteilt. Er hatte nur versucht seiner Freundin zu helfen, wurde aber von der DDR-Justiz als CIA-Agent, Menschenhändler und Kopfgeldjäger beschimpft. Gegen die Zahlung von 86 000 DM in Form eines Waggons voll Butter wurde er drei Jahre später ausgetauscht. Vielleicht, so vermutet Herzog in einem Interview mit Paul Cronin, habe diese Kerkererfahrung seinen Blick auf die Welt entscheidend geprägt. Schmidt-Reitweins Dunkel- und Schattenbilder bestimmten jedenfalls 1979 die gespenstisch-surreale Atmosphäre samt expliziter visueller Zitate von F. W. Murnaus Original Herzogs Vampirfilm NOSFERATU – PHANTOM DER NACHT. In seinem statuarischen und theaterhaften Stil bestimmt auch bei WOYZECK die Kameraarbeit Schmidt-Reitweins sehr stark den visuellen Eindruck, den der Film hinterlässt. Noch bestimmender aber ist die Zusammenarbeit Herzogs mit ihm bei HERZ AUS GLAS gewesen, jenem prophetisch-visionären Film über eine Glasbläsercommunity auf der Suche nach dem verschwundenen «Rubinglas», in dem entfesselte Landschaftsaufnahmen von einer Bergspitze her gesehen (aufgenommen teilweise im Yellowstone-Nationalpark in den USA) eine ganz besondere Rolle spielen. Der Film mit seinen verschiedenen Zeitebenen und den unterschiedlichen Geschwindigkeiten der Handlung kam Schmidt-Reitweins Auffassung von der Kamerakunst ganz besonders entgegen, wofür er 1976 ein Filmband in Gold beim Deutschen Filmpreis bekam. Bei JEDER FÜR SICH UND GOTT GEGEN ALLE, in dem sich die Hauptfigur Kaspar Hauser durchweg in einer fremden, unzugänglichen Welt abseits der Pfade, die seine Mitmenschen beschreiten, befindet, lieferte die Kamera Schmidt-Reitweins durch fahle Farbakzente und Nebelschwaden immer wieder mitfühlende intime Einblicke in die Gefühlswelt des in die Zivilisation geratenen Naturmenschen. In die letzte Vision einer selbstgesponnenen Legende Kaspar Hausers montiert der Film dann sogar Aufnahmen, die Herzog und Schmidt-Reitwein 1971 ursprünglich für FATA MORGANA gedreht hatten. Bei diesem Film waren sie zusammen mit einem alten VW-Bus und einem Land Rover unterwegs gewesen und dachten bei der Entwicklung jeder Einstellung nur von Tag zu Tag. Sie lebten und arbeiteten zusammen. In der Unmittelbarkeit der teilweise improvisierten Filmaufnahmen vermittelt das der Film noch heute. Die Lust am physischen Abenteuer des Filmemachens verband Herzog und Schmidt-Reitwein miteinander, wie sich das auch in LA SOUFRIÈRE – WARTEN AUF EINE UNAUSWEICHLICHE KATAS-

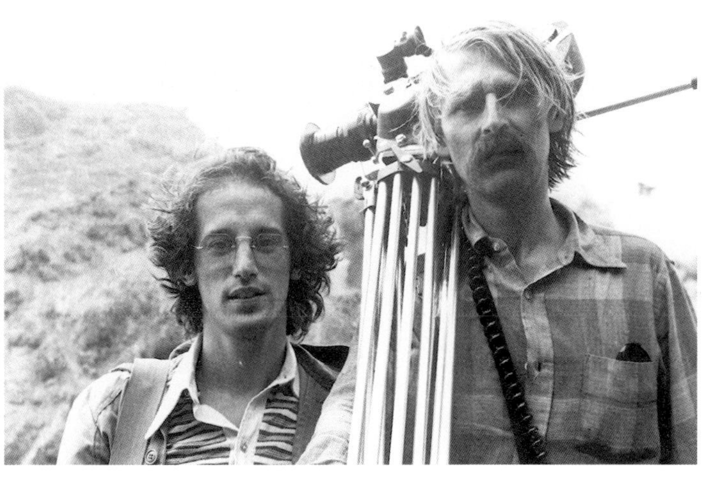

81 Edward Lachman und Jörg Schmidt-Reitwein

TROPHE zeigt, als sie zusammen mit letzten Unbelehrbaren auf den baldigen Ausbruch eines Vulkans auf der völlig evakuierten Hauptinsel von Guadeloupe ausharrten. Schön-schaurige Bilder von Schmidt-Reitwein entstanden so unter echter Lebensgefahr. Zeitweise zogen der Filmregisseur und sein Kameramann in München in eine gemeinsame Wohnung und überlegten sogar, so Herzog im Gespräch mit Paul Cronin, nach mittelalterlichen Vorbild eine Art Gilde der künstlerischen Filmgewerke zu formen samt Projekten und Lehrwerkstatt. Doch dieses Phantasie wurde nie realisiert. Und so blieb es bei sechs großen Spielfilmen und zwölf Dokumentarfilmen, darunter 1971 die Geschichte der taubblinden Fini Straubinger LAND DES SCHWEIGENS UND DER DUNKELHEIT. Mit WO DIE GRÜNEN AMEISEN TRÄUMEN war es 1984 noch einmal zu einer Zusammenarbeit der beiden gekommen, bei einem Film, der fast wie in den alten Tagen ihrer Zusammenarbeit in der Wüste, diesmal unter den Aborigines in Australien spielt, und in dem manchmal Bilder wie aus FATA MORGANA entnommen wiederzukehren scheinen. In die traurigen Plansequenzen aus der Einöde des Outbacks Australiens mischt sich wie schon in allen Filmen, zu denen Schmidt-Reitwein die Bilder lieferte, eine gewisse Ehrfurcht vor deren Schönheit, die der Deutschen Filmakademie noch einmal einen Filmpreis in Gold für die Kameraarbeit wert war. Bei aller besonderen Verbundenheit war Schmidt-Reitwein auch in den 1970er-Jahren schon parallel für andere Regisseure tätig geworden, vor allem für den Münchner Filmemacher Herbert Achternbusch, für den er seit DAS ANDECHSER GEFÜHL 1976 sämtliche seiner sehr eigenwilligen Filme bis zu DAS GESPENST 1982 und WANDERKREBS 1984 gedreht hatte. Auch Achternbusch, der übrigens gemeinsam mit Werner Herzog das Drehbuch zu HERZ AUS GLAS geschrieben hatte, sah sich mehr noch als Herzog als Gesamtkunstwerk, der aus seiner Malerei, seinen Büchern, Filmen und Theaterstücken schöpfte und immer neue überraschende, auch sehr dezidiert politische Einsichten erschuf. Sehr umstritten war auch Werner Schroeter und dessen unter Blasphemie-Verdacht stehende Vorlage für LIEBESKONZIL, dessen theatralische Aufführung Jörg Schmidt-Reitwein 1982 in hochgerühmten langen stilisierten statischen Einstellungen zelebrierte. Auch für ungewöhnliche Experimente wie Hans Christoph Blumenbergs Hommage an Hans Albers IN MEINEM HERZEN SCHATZ, der 1989 Stimmungen aus dem Leben des Ufa-Stars heraufbeschwor und für die experimentelle Sammlung von Gedichten in Filmform POEM – ICH SETZTE DEN FUSS IN DIE LUFT UND

SIE TRUG visualisierte er neben anderen Bildgestaltern Lyrik von Kurt Tucholsky, Erich Kästner, Rainer Maria Rilke, Else Lasker-Schüler und Friedrich Schillers *Ode an die Freude*. Der 1939 geborene Bildgestalter, der auch als Regisseur eigener Filme und Produzent tätig war, gilt als einer der großen prägenden Kameraleute des Neuen Deutschen Films.

Peter Zeitlinger – Extreme Welten mit schwebender Kamera

Peter Zeitlinger, meint Werner Herzog, sei der einzige seiner Kameraleute gewesen, der sich einmal darüber beschwert hätte, eine bestimmte Szene habe keinen Rhythmus. Er führte das darauf zurück, dass der 1960 in Prag geborene Österreicher in seiner Jugend Eishockeyspieler gewesen sei. Deswegen sei er 2007 bei BEGEGNUNGEN AM ENDE DER WELT, Herzogs Film aus dem ewigen Eis um die McMurdo-Station in der Antarktis, bei dem er allein mit Zeitlinger unterwegs war, so überzeugt gewesen, dass es bei der Kameraarbeit gar nicht auf das Gerät ankomme, sondern auf die innere Bewegung, die aus der Person herauskomme, und die sei bei Zeitlinger stets fließend in der Art einer «Steadicam» gewesen. Vielleicht rührt gerade von diese Beobachtung die besondere Intensität des Films, dessen seltsame Schönheit gerade in den Kamerabewegungen der amerikanische Filmkritiker Roger Ebert so sehr heraushebt. Wenn es nur noch die Nuancen im Weiß der Landschaft und die fremdartige Färbung der Unterwasserwelt gibt, muss die Kamera gerade das einfangen, um die eigenartige Lebenswirklichkeit der Figuren aus dieser Welt zu charakterisieren. Schon der erste gemeinsame Film von Herzog und Zeitlinger führte in eine fremde Welt. In FLUCHT AUS LAOS konfrontierte Herzog 1997 Dieter Dengler, der im Vietnamkrieg im Dschungel abgestürzt war, mit den Stationen seiner wundersamen

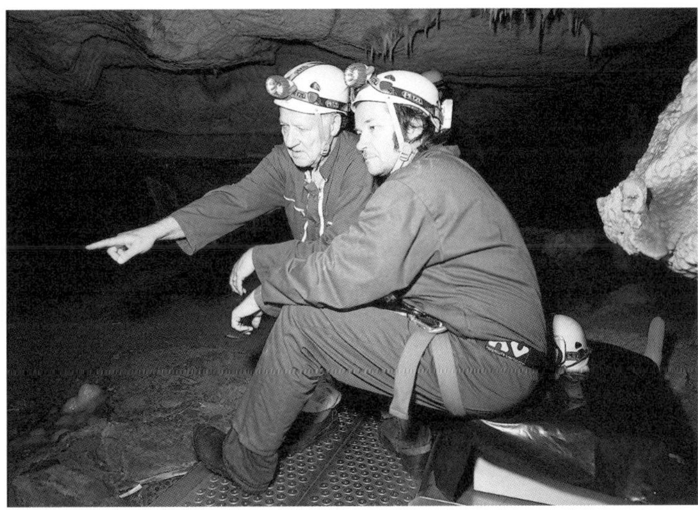

82 Da rührt sich was. Erkundung der HÖHLE DER VERGESSENEN TRÄUME. Werner Herzog und Peter Zeitlinger

Errettung und belebte dabei auch diese grüne Hölle mit all ihren Farbnuancen, die Zeitlinger dann 2006 in der fiktionalisierten Spielfilmvariante der Geschichte RESCUE DAWN mit Christian Bale noch einmal aufsuchen konnte. Herzog rühmte an diesem Film ausgerechnet die Tatsache, dass der Dschungel einmal nicht mystisch aufgeladen wirke, was sich Zeitlingers extrem sachlicher Kameraarbeit verdanke.

Zwischen diesen beiden Filmen folgt Zeitlingers Kamera in JULIANES STURZ IN DEN DSCHUNGEL Juliane Koepcke, die ihre zunehmend verzweifelten Versuche noch einmal nacherlebt, mit denen sie dem peruanischen Dschungel nach einem Flugzeugabsturz wieder entkam. Auch bei diesem Film widersteht Herzog, unterstützt durch die dokumentierende Kamera Zeitlingers 2000, der Versuchung, die ungewöhnliche grüne Pflanzenwelt stilistisch zu überhöhen wie er es mit Thomas Mauch in AGUIRRE, DER ZORN GOTTES und FITZCARRALDO so eindrücklich getan hatte. Weder das Gestrüpp des Dschungels noch die bescheidenen Stromschnellen des Flüsschens, dem Juliane Koepcke folgte, lassen Böses ahnen, denn sie sind aufgenommen in der Form eines nüchternen Sachberichts mit reduzierter Farbgebung und dokumentarischem Zeigegestus.

Die zurückhaltende Schlichtheit der Kameraarbeit Zeitlingers ist geradezu stilprägend bei Herzogs Interviews mit den Mördern in der Wartezelle auf ihre Hinrichtung ON DEATH ROW (IM TODESTRAKT), bei denen weitgehend auf das Prinzip der «Talking Heads» – der «sprechende Köpfe» – zurückgegriffen wird. Den künstlerischen Höhepunkt erreichte die Zusammenarbeit mit Peter Zeitlinger bei DIE HÖHLE DER VERGESSENEN TRÄUME (Abb. 82), Werner Herzogs denkwürdiger Versuch, die Urzeithöhle von Chauvet filmisch zugänglich zu machen, mit einem hochemotionalen und klugen Essay von ihm selbst gesprochen und mit Filmaufnahmen in modernster 3D-Technik. Die klobige Kamerakonstruktion mit zwei Objektiven und komplexer Elektronik und die Restriktionen unter denen das kleine Team zu arbeiten hatte, intensivierten noch die Tendenz Zeitlingers zur schwebenden Grundästhetik, was den 3D-Effekt noch einmal bestärkt, weswegen alle, die diesen Film gesehen haben, eher vom Erlebnis eines unmittelbaren Höhlenbesuchs zu sprechen pflegen, als von einem Filmerlebnis. Und das bleibt auch, wenn man «nur» die zweidimensionale Fassung dieser «vergessenen Träume» zu sehen bekommt. Oft sind die heute marktüblichen dreidimensionalen Filme nur nachträglich errechnet und nicht wie DIE HÖHLE DER VERGESSENEN TRÄUME tatsächlich ursprünglich für eine doppelte Kamera konzipiert und auch mit zwei Kameras gedreht. Das vorgestellte räumliche Erleben des Films hinterlässt dann bei jenem «Fake-3D» einen schalen Nachgeschmack. Um so unvergesslicher ist dieser Film in echtem 3D-Verfahren, bei dem man sich unwillkürlich wegduckt, wenn Zeitlingers Kamera den Wänden etwas zu nah kommt.

Herausstechend bei den großen Filmen ist auch SALT AND FIRE, der 2016 wie ein Entführungsdrama anfängt und dann zu einer Erzählung von der Allmacht der Natur wird, deren karge Schönheit, die vor der existenzielle Gedanken hervorrufenden Salzwüste Peter Zeitlinger im gleißenden Sonnenlicht und dunklen Schattenwelten auch mit wieder einmal schwebender Kamera immer wieder neu und originell belebt wird. Zu Anfang seiner Karriere mochte sich der junge Peter Zeitlinger noch nicht so recht entscheiden, was er machen wollte. Er studierte das Drehbuchschreiben bei den Gurus der Zunft Robert McKee und Syd Field. Gleichzeitig lernte er von den Kameragöttern Vittorio Storaro, der mit Bernardo Bertolucci an DER LETZTE TANGO IN PARIS gearbeitet und APOKALYPSE NOW gedreht hatte, von Ingmar Bergmans Bildgestalter Sven Nykvist und von Vilmos Zsigmond, der für Steven Spielberg arbeitete und an dem legendären Film HEAVEN'S GATE von Michael Cimino mitgearbeitet hatte. So hochkarätig vorbereitet schrieb er 1990 das Drehbuch zu dem Film mit biografischen Zügen TUNNELKIND von Erhard Riedelsperger, der auf der Berlinale Furore machte. Auch bei diesem Film führte er schon die Kamera wie auch für den österreichischen Filmemacher Götz Spielmann und schließlich für Ulrich Seidl bei dem Dokumentarfilm MIT VERLUST IST ZU RECHNEN, bei dem Werner Herzog die ganz besondere Handkameraarbeit Peter Zeitlingers entdeckte und ihn 1995 für sein Filmporträt des italienischen Komponisten Carlo Gesualdo GESUALDO – TOD FÜR FÜNF STIMMEN verpflichtete. Für Seidl war Zeitlinger auch als Schnittmeister tätig gewesen. Seit 1997 ist der komplette Filmhandwerker Zeitlinger trotz aller anderen Projekte der unbestrittene Hauptkameramann von Werner Herzog. Sogar bei seinen Großfilmen INVINCIBLE, BAD LIEUTENANT – COP OHNE GEWISSEN, EIN FÜRSORGLICHER SOHN und KÖNIGIN DER WÜSTE verpflichtete Herzog Peter Zeitlinger als Chef der Kameraabteilung, da er mit seiner großer Erfahrung im Unterhaltungsbereich von Fernsehproduktionen und seinem Studium bei den Großen der Zunft in der Hinterhand auch mühelos die großen Projekte mit Stars wie Tim Roth, Nicholas Cage, Michael Shannon und Nicole Kidman samt einem gigantischen Sandsturm überzeugend zu meistern vermag.

Die Wahrheit des Ekstatischen – Die Dokumentarfilme von Werner Herzog

Die allerersten Filme der Filmgeschichte berichteten 1895 von der Ankunft eines Zuges auf dem Bahnhof in La Ciotat oder von Arbeitern, die eine Fabrik verlassen. Diese Filme der Brüder Lumière und überhaupt die meisten Filmschnipsel aus jener Frühgeschichte des Kinos im 19. Jahrhundert waren praktisch immer Dokumentarfilme – bewegte Abbilder der Wirklichkeit. Oft stand in deren Zentrum noch die reine Freude an der Bewegung überhaupt. Es waren «Moving pictures» – bewegte Bilder. So dokumentiert über Jahrzehnte hinweg der Film mit seinen Beobachtungsstücken das Weltgeschehen. Über Dokumentarfilme als Filmgenre geschrieben wurde zum ersten Mal 1926 anlässlich einer Besprechung John Griersons (später selbst Dokumentarfilmregisseur) des Filmes MOANA von Robert Flaherty in der New York Sun und schon ging die Diskussion darüber los, wie weit der Filmemacher «eingreifen» oder gar «inszenieren» darf und ob dokumentarische Filme irgendwie besonders «authentisch» seien. Filmpionier **Sergei Eisenstein** äußerte jedoch damals, ihm sei es egal mit welchen Mitteln der Film arbeite, es gehe schließlich um die Wahrheit und nicht um die Wirklichkeit. Sein Kollege **Dsiga Wertow** inszenierte die Kamera als «Kinoauge» und zeigt in seinem berühmten DER MANN

Sergei Michailowitsch Eisenstein (1898–1948) – Der wichtigste Filmpionier und Regisseur des sowjetrussischen Films der 1920er-Jahre, der auch als Erfinder einer innovativen frühen Montagetheorie gilt und eine der ersten Filmtheorien schrieb. Mit PANZERKREUZER POTEMKIN 1925 und OKTOBER 1928 schuf er frühe stilbildende Meisterwerke des Stummfilms und konnte später mit ALEXANDER NEWSKI und dem Einsatz von Sergei Prokofjews Komposition als originärer Filmmusik 1938 und dem grandiosen historischen Tonfarbfilm IVAN DER SCHRECKLICHE 1945–1958 noch einmal neue Maßstäbe setzen.

Mit einem «Manifest zum kontrapunktischen Tonfilm» nahm er in der Umbruchzeit zwischen Stummfilm und heraufziehendem Tonfilm dezidiert Stellung gegen eine seiner Meinung nach verpasste Chance zur Kinorevolution. Die von ihm angestrebte filmische Umsetzung von Karl Marx *Kapital* konnte er nicht mehr realisieren. Seine Bedeutung als einer der wichtigsten Filmphilosophen überhaupt ist unumstritten.

Dsiga Wertow (1895–1954) – Drehte seit der Oktoberrevolution 1917 propagandistische Kinowochenschauen für die Rote Armee, wobei er die besondere Wahrheit der «Kinoprawda» und des «Kino-Auges» betonte. Seine wichtigsten Filme sind DER MANN MIT DER KAMERA und DREI LIEDER ÜBER LENIN mit denen er zu einem der bedeutendsten Dokumentaristen des sowjetischen Revolutionsfilms wurde.

Spielfilme lehnte er als «bürgerliche Sicht der Dinge» ab und beschwor die «Kinoki», die Betätiger des Kino-Auges zugleich als ästhetische und als politische Bewegung um die «Wahrheit» des Films. Verfasser zahlreicher Manifeste und Publikationen über die Wirkung der Filmmontage. Sozusagen Urvater der Theorie von der besonderen Authentizität des Dokumentarfilms. Jean-Luc Godard gründete in den 1970er-Jahren die «Group Dziga Vertov» und wollte als Autor nicht mehr genannt werden.

MIT DER KAMERA wozu dieses und die Montagekunst imstande sein kann. In Walter Ruttmanns experimentellem Dokumentarfilm BERLIN – SYMPHONIE EINER GROSSSTADT, an dem mit Billy Wilder und Carl Meyer als Drehbuchautoren, Karl Freund als Bildgestalter und andere mehr, viele weitere wichtige Protagonisten des Weimarer Kinos beteiligt waren, verdichteten sich 1927 Fetzen von filmischen Beobachtungen und mikroskopischen Geschichten zu einem filmhistorisch bedeutsamen grandiosen Porträt des Lebens in der deutschen Metropole. Und so begannen sich die starren Grenzen zwischen dokumentarischem und fiktivem Erzählgestus mehr und mehr aufzulösen. Klaus Wildenhahn beschwor dann im Nachkriegsdeutschland als dessen profiliertester deutsche Vertreter noch einmal das Cinéma verité herauf, das er in den 1960er-Jahren als führender Dokumentarist des deutschen Autorenfilm prägte. Inzwischen hatte sich das Filmgenre stark ausdifferenziert, zumal durch die Erfindung des Tonfilms Anfang der 1930er-Jahre auch Gesprächsformen, begleitender Kommentar und Musik (die es aber schon live bei Stummfilmvorführungen gegeben hatte) als Stilmittel hinzugekommen waren.

Die formale filmästhetische Strenge der Wildenhahn-Filme über die Schließung der Hüttenwerke Rheinhausen, Pina

Klaus Wildenhahn (1930–2018) – Begann als Realisator von Reportagefilmen für das ARD-Magazin PANORAMA und wurde dann einflussreicher Dokumentarfilmregisseur der Fernsehspielabteilung des NDR. Er huldigte dem Prinzip der unmittelbaren Beobachtung und sah sich in der Tradition des «Direct Cinema» des britischen Regisseurs Richard Leacock. Verfasste wichtige filmtheoretische Arbeiten zum Beispiel *Über synthetischen und dokumentarischen Film* und sah die besondere «Wahrheit» des Dokumentarfilms in seiner «Nähe zum Gefilmten». Seine Filme über Streiks und Arbeitsprozesse sind durchweg politisch engagiert.

Chris Marker (1921–2012) – Schriftsteller, Fotograf und Student bei Jean-Paul Sartre wurde nach einem Kuba-Aufenthalt Filmemacher mit einem besonderen, poetisch-essayistischen Stil. Er überzeugte mit Filmen wie AM RANDE DES ROLLFELDES 1962 und SANS SOLEIL – UNSICHTBARE SONNE 1983 in denen er fiktive Elemente mit klassischen dokumentarischen Fundstücken kombinierte, wobei er das Filmmedium stets neugierig und selbstreferenziell mitdachte. Er gilt als einer der Urväter des dokumentarischen Autorenfilms, was auch am Essay-Stil seiner Filme liegt.

Bausch oder den Heiligabend auf St. Pauli behauptete stets eine Überlegenheit der Authentizität dieser äußerst ernst genommenen Dokumentarfilme gegenüber anderen Formen der Wirklichkeitsabbildung. Für das Gegenbild des vielseitig offenen poetischen Essayfilms stand sehr stark der Franzose Chris Marker mit so stilbildenden Filmen wie SANS SOLEIL – UNSICHTBARE SONNE (1983), der aus Gedanken, Bildern, Szenen und Filmschnipseln aus der Wirklichkeit eine komplexe poetische filmische Erzählung schuf, und damit alles noch einmal durcheinanderwirbelte. Er selbst nannte sich am liebsten «Bricoleur» – «Zusammenbastler» der verschiedensten Filmelemente.

Auf diese kleine Vorgeschichte des Dokumentarfilms traf Werner Herzog, als er im April 1999 zwischen einer Operninszenierung in Sizilien und einer Retrospektive seiner Werke im Walker Art Center in Minnesota nachts in einem Hotelzimmer ein kleines Manifest niederschrieb. Er nannte seine Bemerkungen zu Faktum und Wahrheit im Dokumentarfilm «Die Minnesota Erklärung», die mit einer kleinen polemischen Auseinandersetzung mit dem Cinéma verité beginnt: «Kraft dieser Erklärung wird dem sogenannten Cinéma verité die verité, die Wahrheit, abgesprochen. Erreicht wird bloß eine oberflächli-

The Minnesota Declaration – 1999 verfasste Werner Herzog ein kleines Manifest zum Dokumentarfilm, das auf seiner Website www.wernerherzog.com unter «Complete Works» ganz nachzulesen ist, ebenso in der kommentierten Film- und Biografie weiter unten.

Cinéma verité – Eine Schule des europäischen Dokumentarfilms der 1960er-Jahre, das die direkte Interaktion zwischen Filmemacher und Gefilmten in den Mittelpunkt stellt und sich in der Tradition der besonderen Authentizitätsbehauptung des dokumentarischen Films durch Dsiga Wertow mit seiner Kino-Prawda und des Kino-Auges aus den 1920er-Jahren sah.

Jean Rouchs Film CHRONIK EINES SOMMERS von 1961 gilt ebenso wie die Filme von Edgar Morin, D. A. Pennebaker und Frederick Wiseman als richtungsweisend für diesen Filmstil, der mit der Erfindung extrem kleiner und mobiler Tonaufnahmeanlagen und den Möglichkeiten auch mit geringer Lichtstärke zu drehen und neuerdings digitalen Techniken neuen Aufschwung bekam. Stets war allerdings die Kernthese von Cinéma verité und Direct Cinema, Zugang zu ungefilterter, nichtmanipulierter Wirklichkeit zu gewähren, auch als ästhetisches Ideal äußerst umstritten.

che Wahrheit: die Wahrheit der Buchhalter. Das Cinéma verité verwechselt Faktum und Wahrheit und beackert nur ein Feld von Steinen. Und doch besitzt das Faktische mitunter eine so eigentümliche und bizarre Macht, dass die ihm innewohnende Wahrheit kaum glaublich scheint. Im Film liegt die Wahrheit tiefer und es gibt so etwas wie poetische, ekstatische Wahrheit. Sie ist geheimnisvoll und schwer greifbar, man kommt ihr nur durch Dichtung, Erfindung, Stilisierung bei. Cinéma verité gleicht Touristen, die ihre Photos in Ruinen des Faktischen machen.» In der Einsamkeit seines Hotelzimmers und im Angedenken an ein ästhetisches Erweckungserlebnis im römischen Kloster Santissima Trinità dei Monti, so Herzog, sei ihm der Gedanke gekommen, einmal Grundsätzliches zum Dokumentarischen von sich zu geben.

Bei einem Blick durch den Korridor auf ein Gemälde des Francesco di Paola, das Herzog später in seinem Film SALT AND FIRE noch einmal zitiert, sei ihm aufgefallen, dass es aus der Ferne ein Porträt des Heiligen, aus der Nähe sich aber in ein Landschaftsporträt der Straße von Messina transformiere. Der beobachtete radikale ästhetische Wandel durch die Änderung der Aufsicht habe ihn angeregt, über Wahrheit und Faktum im dokumentarischen Erzählen nachzudenken, bekennt Herzog im Gespräch mit Paul Cronin. Auf die Suche nach der erwähnten «tieferen ekstatischen Wahrheit» hat sich Herzog immer wieder begeben in fast 40 mehr oder weniger aufwändigen oder umfänglichen Filmen von einem Bericht über die FLIEGENDEN ÄRZTE VON OSTAFRIKA (1969), LAND DES SCHWEIGENS UND DER DUNKELHEIT und DIE GROSSE EKSTASE DES BILDSCHNITZERS STEINER (1974) bis hin zu LEKTIONEN IN FINSTERNIS, DER WEISSE DIAMANT, DIE HÖHLE DER VERGESSENEN TRÄUME und zu seinen Interviews mit Todeskandidaten in ON DEATH ROW (IM TODESTRAKT) und zuletzt FIREBALL: BESUCH AUS FERNEN WELTEN. An anderer Stelle räumt Herzog auch einen schlichten Grund für seinen Hang zum Dokumentarfilm ein, einfach einen einfacheren Zugang zum dokumentarischen Erzählen: «Ich mag die Unkompliziertheit beim Drehen eines Dokumentarfilms gegenüber einem Spielfilm. Aber es gibt natürlich viele Spielfilmthemen darin.» Seinen Einstieg in das Genre fand Werner Herzog mit LAND DES SCHWEIGENS UND DER DUNKELHEIT 1971, in dessen Zentrum die Geschichte der Taubblinden Fini Straubinger steht. Der Film beginnt mit einem schwarzen Bildfeld, zu dem man ein paar Erinnerungen der Frau hört, die sie an ihr Leben vor der Erblindung durch einen Sturz mit 15 Jahren hat, und

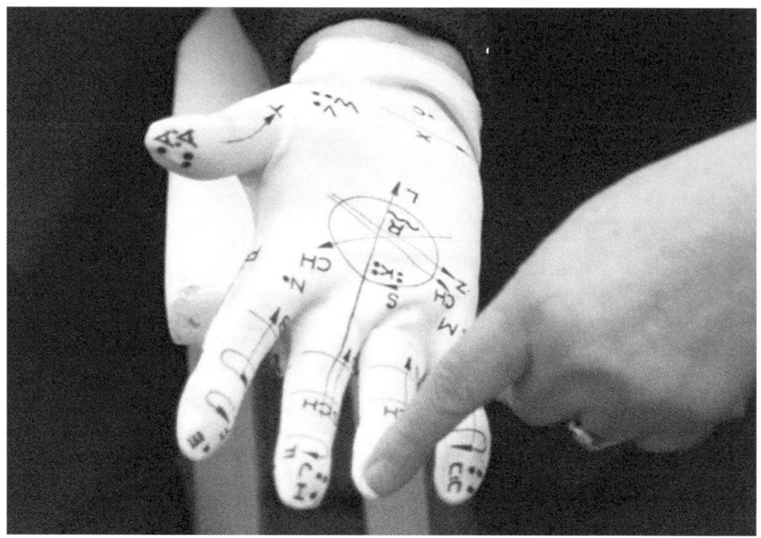

83 Zeichen auf der Hand: Lormen in LAND DES SCHWEIGENS UND DER DUNKELHEIT

die sie mühsam und stockend vorträgt. Sie spricht von Wolken über einem Feldweg und Skispringern in der Luft: «Ich wollte, Sie könnten das auch einmal sehen», sagt sie mitfühlend. Die Taubblinden kommunizieren mittels «Lormen», Berührungen von Fingern in Handflächen, die jeweils Buchstaben bedeuten und damit eine eigene Sprache sind (Abb. 83). Herzog gelingt es einfühlsam, sein eigenes Erstaunen und auch die Kommunikation der Taubblinden miteinander spürbar zu machen, was auch als Schlüssel zu deren Einsamkeit und Isolation gelten kann. «Wenn Sie meine Hand loslassen, ist es als seien wir tausend Meilen voneinander entfernt», sagt Fini Straubinger an einer Stelle zu Herzog. Schon damals ist sein Ansatz zur Erfassung der Wirklichkeit im Dokumentarischen subjektiv und poetisiert, was diesen vielfach ausgezeichneten Film auch heute noch extrem zugänglich macht.

«Einen Dokumentarfilm zu drehen, das hat viel mit ‹Casting› zu tun. Das ist wie beim Spielfilm. Man muss die richtige Besetzung finden. Und damit beginnt die Faszination», sagt Herzog und beschreibt damit seinen filmischen Zugang zur Welt über sehr persönlich erlebte Geschichten. Das heute viel geschmähte Prinzip der «Talking Heads» – der «Köpfe, die etwas erzählen» – treibt Herzog am weitesten bei seinem extremsten Thema, seinen Interviews mit verurteilten Mördern, die er in acht Episoden ON DEATH ROW (IM TODESTRAKT) teilweise durch die Gitter hindurch zu ihren schrecklichen Taten befragt. Die Kamera rührt sich während der Interviews nicht. Werner Herzog findet eben auch, dass aber schon die Auswahl der Gesprächspartner ein Eingriff in die Wirklichkeit ist. Einen der Fälle, den von Michael Perry, erweiterte Herzog zum abendfüllenden Dokumentarfilm INTO THE ABYSS – TOD IN TEXAS, bei dem das letzte Interview acht Tage vor dessen Hinrichtung 2010 geführt wurde. Im Unterschied zu den übrigen, etwa einstündigen Filmen der Reihe ON DEATH ROW (IM TODESTRAKT) führt Herzog auch Gespräche mit Opfer-Angehörigen und beteiligten Polizisten, was die Intensität gegenüber den «puristischen» Filmen der Reihe hin zu einem breiteren Themenspektrum noch erweitert.

Die acht übrigen Mörderporträts leben sehr stark von Herzogs scheinbar naiv-neugieriger Gesprächsführung, mit der er sich einen besonderen Vertrauensvorsprung erwirbt, den er an uns, seine Zuschauer, weitergibt und uns so in die Lage versetzt, auch in dieser Extremsituation jener angestrebten «ekstatischen Wahrheit» nahezukommen. Diese Filme sind deswegen auch schon Thema anderer Kapitel dieses Buches, in denen es um die Unterwelt der Seele geht. An dieser Stelle sei nur noch einmal betont, dass diese 2012 nur in einer Sondervorführung auf der Berlinale gezeigten und in Fernsehpräsentationen zu sehen waren, zu den ungehobenen Schätzen in Herzogs Werk zählen, deren unangenehme Wahrheiten über den Kern der menschlichen Seele man kaum entkommen kann, wenn man sie gesehen hat. Was gerade deswegen so gut funktioniert, weil der Filmemacher sich eben nicht auf einen scheinbar «objektiven» oder «neutralen» Standpunkt zurückzieht, vielmehr mit seiner gesamten Persönlichkeit im Vordergrund oder sogar selbst im Bild bleibt und sich selbst stets «berührbar» zeigt, wodurch ein gewichtiger Teil der angestrebten «ekstatischen Wahrheit» manifest wird.

Für Herzog ist das Kino Trance und Traum. So ist natürlich alles erlaubt. Auch sämtliche Mischformen des Dokumentarischen. Das hatte Herzog schon in einem Film demonstriert, in dem er eigentlich nur Gegenstand eines «Filmes im Film» ist, also im Grunde nur Schauspieler. Der Film eines fiktiven Regisseurs, dessen Dreharbeiten gezeigt werden, soll heißen HERZOG IM WUNDERLAND. Der Titel erinnert nicht umsonst an «Alice im Wunderland», denn in dem Film INCIDENT AT LOCH NESS strebt Regisseur Zak Penn 2004 eine «Mockumentary» über Herzog bei einem aktuellen Film an, doch die Aufregung über das «wirkliche Ungeheuer» von Loch Ness überschattet alles. Und Herzog macht sich bereitwillig lustig über sich selbst. Das kann man auch als Fingerübung für einen eigene «Fake-Doku» sehen, die Herzog 2005 drehte, eine hanebüchene Science-Fiction-Geschichte zu Unterwasserbildern von Eisgebirgen, die einfach umgedreht zu gewaltigen Himmelsskulpturen werden in THE WILD BLUE YONDER. Brad Dourif tritt auf als ein auf der Erde gestrandeter Außerirdischer von einem fernen Planeten im Andromedanebel. Man habe, so die These des Films, schon lange versucht, die Erde zu kolonisieren, aber jetzt sei sie doch gar nicht mehr so recht bewohnbar. Ein wagemutiger Film, der ohne jedes wahnwitzig aufwändige Produktionsdesign oder Spezialeffekte eine Welt vorgaukelt, die gar nicht existiert. Die Grundidee, auf die Erde zu schauen mit den Augen eines Außerirdischen, hatte Herzog schon 1971 bei den ersten Entwürfen zu FATA MORGANA, aber dann wieder fallengelassen, trotzdem aber einen Film mit psychedelischen Wüstenbildern und einer fabulierenden Märchenstory gedreht.

Nichts weniger als ein Titan soll der Filmemacher manchmal sein und zum Beispiel in der HÖHLE DER VERGESSENEN TRÄUME den «Louvre der Vorzeit» entdecken oder nichts weniger als die Entstehung des Seele des modernen Menschen nachverfolgen. Zwischen Film und Leben wollte Herzog nie eine Distanz entstehen lassen. Als er 2011 eingeladen wurde, als erster und einziger Filmemacher mit der Kamera in der eben erst entdeckten Höhle von Chauvet in Südfrankreich mit ihren spektakulären Wandmalereien zu drehen, entschied er sich für das 3D-Verfahren. Das Erlebnis sollte authentisch und vollständig sein. Der Film sollte dahinter verschwinden. «Es war nicht ein Schock. Aber auf diese schlagartige Erkenntnis vorzubereiten: Ich stehe etwas ganz Großem gegenüber. Ein unfassbares Staunen. Ich sagte mir auch wenn ich dieses Staunen auf ein Publikum übertragen kann, dann habe ich den Film gemacht, der hier notwendig war. Ich glaube auch, dass das gelungen ist. In den USA läuft der Film ja sehr erfolgreich und das Publikum, dass das Kino verlässt, redet nie von einem Film. Die waren nie in einem Film. Die reden alle von der Höhle. ‹Wir waren jetzt da in dieser Höhle.› Das ist unglaublich und ein Riesenkompliment, dass niemand das als Film wahrnimmt.» DIE HÖHLE DER VERGESSENEN TRÄUME ist 2011 tatsächlich einer der ersten künstlerisch wertvollen 3D-Filme geworden und ein ganz besonderer Höhepunkt in Herzogs Dokumentarfilmschaffen. «Diese Höhle war völlig unberührt. Sie war über tausende von Jahren komplett versiegelt. Sie enthielt Malereien – die ältesten die jemals gefunden wurden. Es ist als wäre hier die Seele des modernen Menschen erwacht.» Das ist nur ein kleiner Auszug aus Herzogs feuilletonistischen Erzählertext zum Film, der nichts weniger als

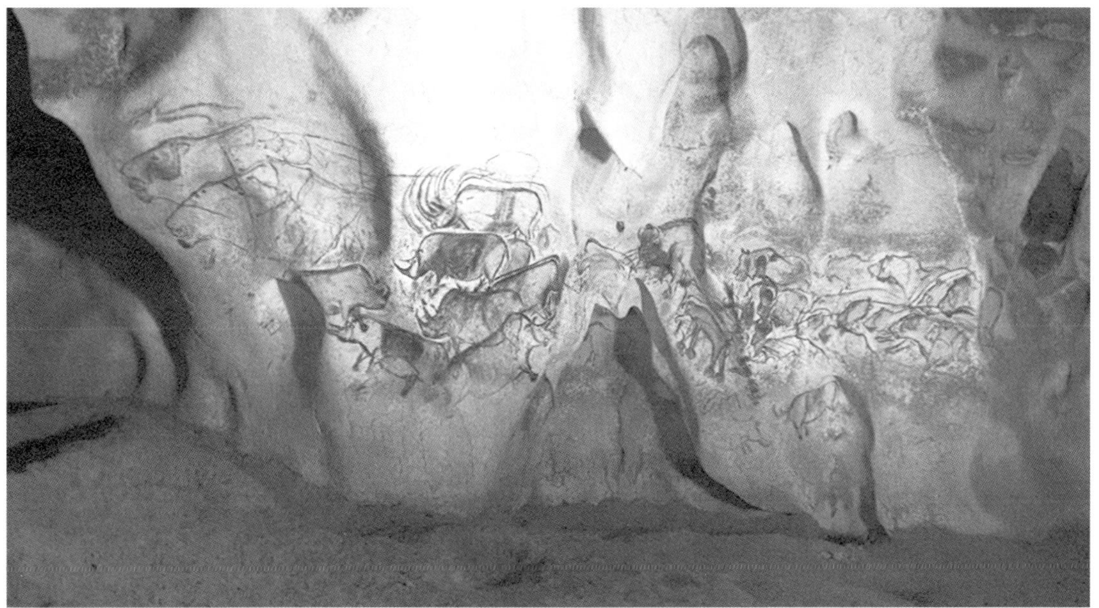

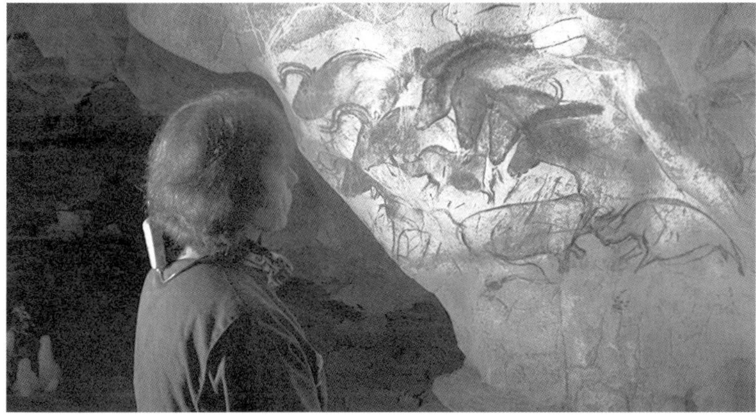

84–85 In der Höhle von Chauvet: Trance und Traum

dessen gesamte Weltsicht und dazu noch im einnehmenden Plauderton erzählt (Abb. 84–85).

Herzog spielt dabei oft mit gewagten Hypothesen. Manche seiner Filme wirken selbst wie kultische Veranstaltungen. Man kann auch gerade bei DIE HÖHLE DER VERGESSENEN TRÄUME sagen – wie filmische Gebete an die Schöpfung. Demgegenüber steht Herzogs kindliche Freude als Geschichtenerzähler. Nie lässt er es sich nehmen sowohl die englische Originalfassung wie auch die deutsche Synchronfassung selbst zu sprechen. In einem unnachahmlichen Feuilletonistenton führt er uns durch die Tiefen des Daseins. Doch dann federt er den Tief- und Hintersinn seiner Bemerkungen wieder ab mit kleinen konkreten Details oder mit Banalitäten. Etwa mit Albino-Krokodilen, die

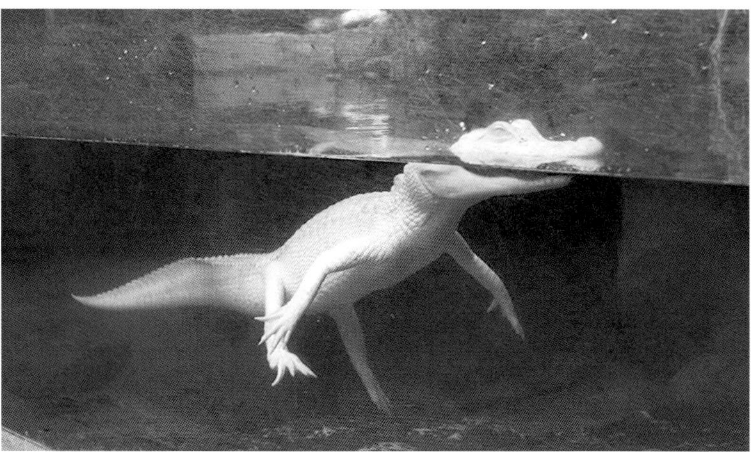

86 Kleines Urgetüm (DIE HÖHLE DER VERGESSENEN TRÄUME)

am Ende von DIE HÖHLE DER VERGESSENEN TRÄUME als entspannender Scherz dienen und tatsächlich keinerlei Bezug zur Urzeithöhle haben (Abb. 86).

Herzogs filmische Führung durch diesen, wie er sagt, «Louvre der Vorzeit» spiegelt in dieser Betrachtung seine persönliche Ehrfurcht vor dem was er mit kleinem Filmteam in der Höhle von Chauvet empfindet. Diese besondere Empfindsamkeit macht den Film zu einer dieser einzigartigen Erfahrungen, die Herzog in seinen Dokumentarfilmen anstrebt. Schon 1977 mit seinem Kurzfilm LA SOUFRIÈRE – WARTEN AUF EINE UNAUSWEICHLICHE KATASTROPHE hatte er etwas Ähnliches versucht. Er wollte damals einem Vulkan auf den Kleinen Antillen in den Minuten seines Ausbruchs so nah wie möglich sein und gefährdete dabei sich selbst. Die 75 000 Einwohner waren schon evakuiert. Trotzdem machte sich Herzog mit kleinem Team auf die Suche nach einem Bewohner, der sich weigerte, die Insel zu verlassen und schoss dabei mit seinem Kamerateam eindrucksvolle Bilder sogar in den Krater hinein. Das Selbstexperiment des Filmemachers und der Film verschmolzen zu einer einzigen Erfahrung, die damals durchaus umstritten war. Auf der Suche nach extremen Erfahrungen hatte Werner Herzog seine deutschen Kritiker wohl überfordert. Film als Abenteuer. Das war der Kritik nicht seriös genug. Dabei ist die Ekstase, die Suche nach extremen Persönlichkeiten und Situationen immer schon Werner Herzogs Markenzeichen gewesen, zum Beispiel in der Zusammenarbeit mit dem Extrembergsteiger Reinhold Messner, mit dem er 1984 die Besteigung zweier Achttausender im inneren Karakorum drehte: GASHERBRUM – DER LEUCHTENDE BERG. Die extreme Anstrengung und Körperlichkeit der Bergbesteigung als Gestaltungsakt hat Herzog, der gelegentlich auch das Athletische an der Filmarbeit betont hat, besonders gereizt, weswegen er 1991 auch den Bergsteigerfilm CERRO TORRE: SCHREI AUS STEIN drehte, eine Klettertragödie in Patagonien an der besonders die Bergaufnahmen eindrucksvoll und einzigartig sind.

Den Dschungel hatte er schon in AGUIRRE, DER ZORN GOTTES, FITZCARRALDO und JULIANES STURZ IN DEN DSCHUNGEL als Erlebnishorizont gefeiert. Die Wüste steht im Zentrum von FATA MORGANA ebenso wie die Eiswüste der Antarktis 2007 in BEGEGNUNGEN AM ENDE DER WELT und das australische Outback in WO DIE GRÜNEN AMEISEN TRÄUMEN. Das Faszinosum lebensfeindlicher und im Grunde auch elementarer Welten hat Herzog auf vielfältige Weise herausgefordert zum Beispiel in seinen Spielfilmen, wie in SALT AND FIRE, wo eine gewaltige Salzwüste im Fokus steht (Abb. 87), wie immer wieder Vulkane und Meteoriten. Geradezu demütig gibt sich Herzog 2005 gegenüber dem Leben des Grizzly Man Timothy Treadwell, dessen Versuche, mit der Welt der Braunbären eins zu werden, er mit freundlicher Sympathie bis zum tragischen Ende verfolgt. Für Dokumentarfilmpuristen wirkt auch dieser Film zu subjektiv und poetisch überhöht, weil es Herzog wichtiger ist, der «ekstatischen Wahrheit» seines Protagonisten so nah wie möglich zu kommen, als einen irgendwie gearteten «objektiven» Abstand zu wahren. «Wir sollten froh sein, dass das Univer-

87 Eine Prise Unendlichkeit: SALT AND FIRE

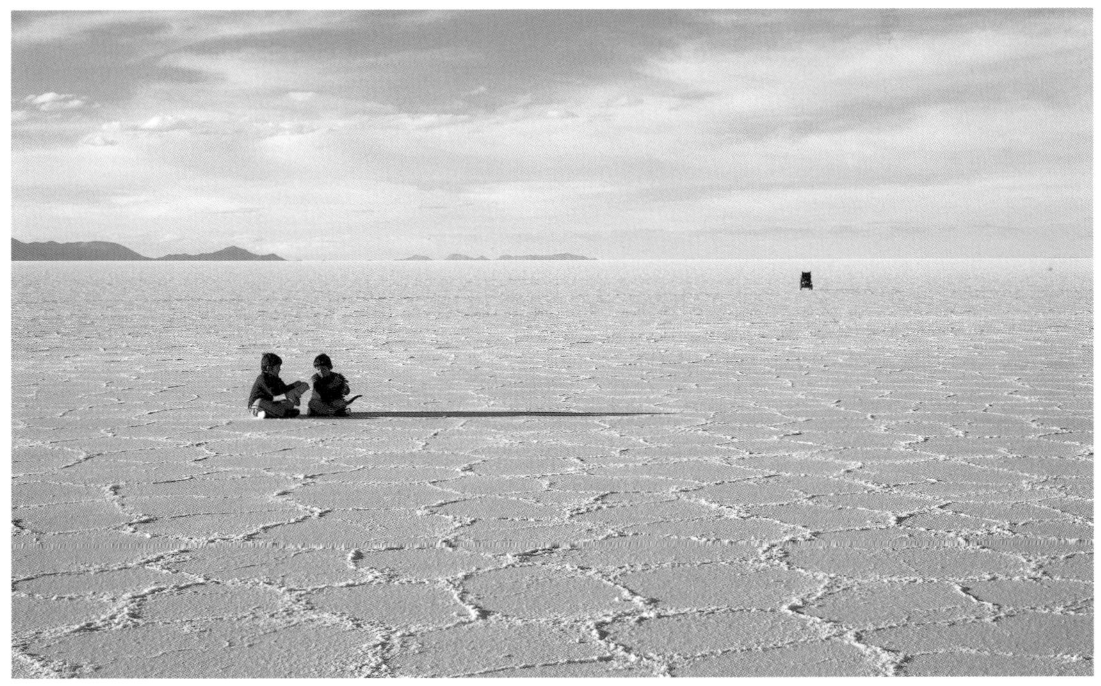

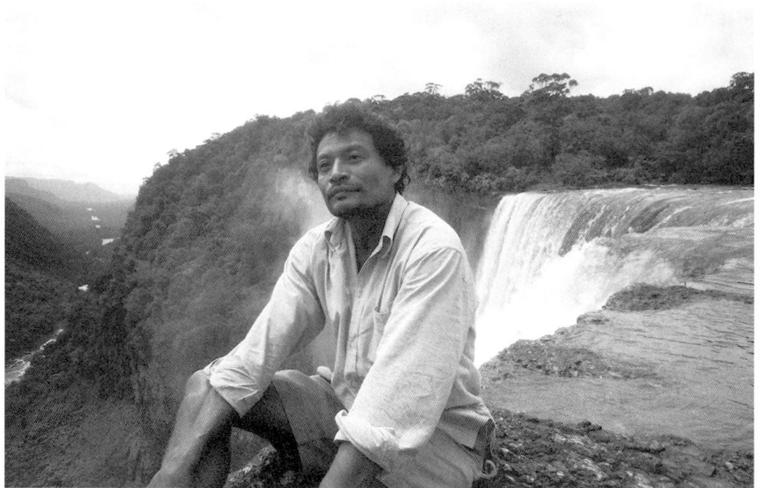

88 The White Diamond: Vor Urgewalten. Ekstatische Wahrheit hinter dem Wasserfall

sum kein Lächeln kennt», bemerkt Herzog schließlich in seiner schon zitierten «Minnesota Erklärung» und bekennt sich damit zu moralischer Neutralität wie schon bei seinen Interviews mit den Mördern in On Death Row (Im Todestrakt).

Ein ganz besonderes Experiment verfolgt Herzog mit seinem Film The White Diamond (Abb. 88), der dem Ingenieur Graham Dorrington dabei folgt, in British-Guayana ein Luftschiff zu entwickeln, das den Fallwinden trotzen und in den schmalen Spalt eines Wasserfalls eindringen könnte, durch den die Mauersegler in eine geheimnisvolle Höhle hinter den spektakulären Kaieteur-Fällen immer wieder verschwinden. Doch es ist schwer genug das Mini-Luftschiff überhaupt zum Fliegen zu bringen und hinter den verzweifelten Versuchen verbirgt sich ein früheres ganz persönliches Trauma, das sich erst enthüllen muss. War da nicht die Geschichte eines Schiffes, das über einen Berg zu fliegen vermag? Jedenfalls erzählt The White Diamond wieder einmal eine Geschichte von der «Eroberung des Nutzlosen», das sein Geheimnis vielleicht zurecht bewahren möchte. Von Plänen Herzogs, eines Tages auf einer Raumstation zu filmen, weiß man.

Aber man wundert sich ein wenig, dass er sich die Tiefsee noch nicht vorgenommen hat, was er immerhin ebenfalls in der «Minnesota Erklärung» fast schon ankündigt: «Das Leben der Tiefsee muss höllisch sein. Eine grenzenlose, gnadenlose Hölle ständiger höchster Gefahr. So höllisch, dass einige Arten – darunter der Mensch – im Laufe der Evolution daraus hervorgekrochen sind und sich aufs Trockene einiger kleiner Kontinente gerettet haben, wo die Lektionen in Finsternis weitergehen.» Der Lektion der Selbsterforschung immerhin hat sich Herzog,

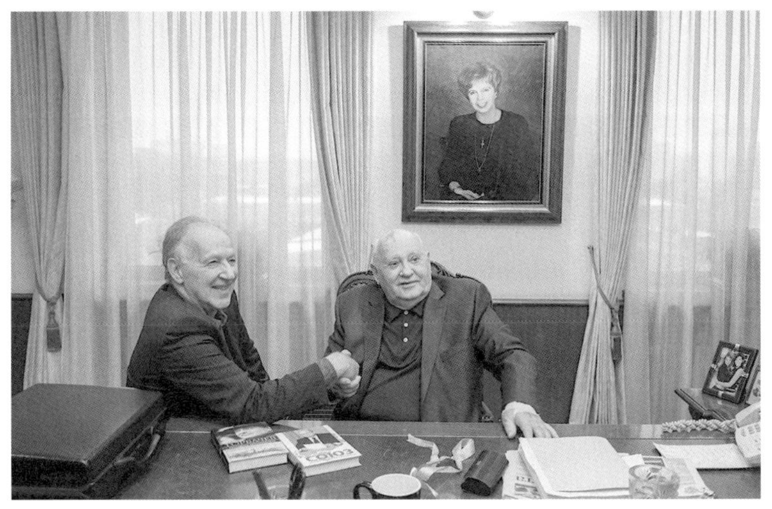

89 Mit Michael Gorbatschow. Ein Bewunderer

abgesehen davon, dass dies immer schon Teil aller seiner Filme ist, nicht entzogen. Konsequenterweise spiegelt er sich selbst in MEIN LIEBSTER FEIND 1999 in seinem oft als Alter Ego empfundenen, zeitweise Lieblingsschauspieler Klaus Kinski, mit dem er fünf Filme gedreht hat, darunter mit AGUIRRE, DER ZORN GOTTES, FITZCARRALDO und NOSFERATU einige seiner wichtigsten. Doch nicht nur Kinskis Wutausbrühe sollten von diesem Film auch über das Filmemachen und dessen schöpferischen Prozesse in Erinnerung bleiben, sondern auch Herzogs schonungslose Selbstanalyse mit all seinen Eitelkeiten, inneren Konflikten sowie sein kühles Machtkalkül und seine toxischen Männerfreundschaften. Auch in diesem Film leistet sich Herzog poetische Überhöhungen und einen gewichtigen Tribut an die Menschlichkeit als Kern jedes Filmschaffens. Auch damit setzt er sich, wie in seinem gesamten öffentlich weitgehend unbekannt gebliebenen Werk als Dokumentarfilmer, auf die Spur seiner eigenen «ekstatischen Wahrheit» als Richtschnur.

An seine Grenzen stößt Herzog dabei mit GORBATSCHOW – EINE BEGEGNUNG, in dem er dem von ihm sehr bewunderten früheren Staatschef der Sowjetunion gegenübersitzt (Abb. 89). Mit diesem kann man nicht sprechen, ohne auf Glasnost und Perestroika zu kommen und auf die politischen Umwälzungen samt deutscher Wiedervereinigung, für die er verantwortlich gewesen ist. So sehr also dieser Film immer wieder in die politisch-zeitgeschichtliche Dokumentation mit entsprechendem Archivmaterial und Interviews mit Zeitzeugen abdriftet, so gelingt es Herzog doch immer wieder seine teilweise sehr persönlich gemeinten Fragen unterzubringen, etwa die nach Gorbatschows verstorbener Ehefrau Raissa, die diesen sichtlich berühren. Schon das Opening des Films mit einem Geschenk vom Chocolatier aus London – für den Diabetiker Gorbatschow selbstverständlich ganz ohne Zucker – ist ungewöhnlich, ebenso wie das Ende mit einem Abschiedsgedicht des russischen Dichters Michail Lermontow, das Gorbatschow eindrucksvoll spontan vorträgt: «Einsam tret ich auf den Weg, den leeren, der durch Nebel leise schimmernd bricht. Seh die Leere still mit Gott verkehren und wie jeder Stern mit Sternen spricht.» Dann stutzt er kurz und sagt noch auf Russisch «Da», also «Ja», als wolle er den Text noch einmal bestätigen und dann wird das Bild schwarz – gefolgt von einer Texttafel, die das ganze Gedicht weiß auf schwarz in Deutsch in der Übersetzung von Rainer-Maria Rilke zeigt. Die düster-romantische Ader, die das Gedicht ausdrückt, hätte man zuvor gar nicht mit dem Großpolitiker in Verbindung gebracht und die Art, wie er es vorträgt, verrät durchaus eine gewisse Vertrautheit mit der Literatur seines Landes. Herzog hat das offenbar aus ihm herausgekitzelt. Vorher sitzt er ihm in schlichter Bildaufteilung einfach gegenüber als ehrlich interessierter Interviewpartner.

Auch dieser – bisher einer seiner letzten Dokumentarfilme – ist bei all seinen Besonderheiten ein Beleg für Herzogs These, dass es einen prinzipiellen Unterschied zwischen dem Dokumentarischem und dem Spielfilm nicht gibt. Sicher, das Entstehen von dokumentarischen und von fiktiven Filmszenen unterscheidet sich sehr stark. Und auch die Vorarbeiten und der finale Schnitt des Materials sind kaum vergleichbar. Davon mag mehr oder weniger im endgültigen Film durchscheinen. Mehr Authentizität kann man dem Dokumentarischen trotzdem keineswegs zubilligen. Herzogs These ist vielmehr, dass «die Wahrheit» eines Films sowieso eher in der Persönlichkeit des Filmemacher begründet liegt, als in der Drehmethode. Man kann es in seinen «Dokumentarfilmen», die von ihrer fiktiven «Story» profitieren ebenso entdecken wie in seinen «fiktiven Filmen», die oft von einem besonderen «dokumentarischen Gestus» oder Stil der Filmaufnahmen leben.

Film und Musik – Verwandte Seelenzustände

Dass Film und Musik einmal als miteinander eng verwandte Kunstformen gesehen werden würden, konnte niemand ahnen, als die ersten bewegten Bilder noch im Zeltkino auf dem Jahrmarkt projiziert wurden. Sicher, Kino hat nie als «Stummfilm» im engeren Sinn absoluter Stille existiert. Dann wird ja nur noch gehustet. Immer gab es Musik bei Filmvorführungen von der improvisierten Klavierbegleitung in der Provinz bis hin zu symphonischer Orchestermusik im großstädtischen Erstaufführungskino. Und auch Geräuschemacher und Spezialisten mit Klingelbäumen waren als Vorläufer modernem Sound-Designs bekannt. Den «Kinoerzähler» als lebendige begleitende Live-Performance sollte es mit dem Ende des sogenannten Stummfilms allerdings nicht wieder geben, auch nicht den Sänger, der plötzlich die Bühne vor der Leinwand betritt und dem Film neues akustisches Leben einhaucht.

Wer so etwas einmal in einer historiografisch rekonstruierten Filmaufführung etwa bei einem Filmfestival erlebt hat, der kann ermessen, welche Atmosphäre verlorengegangen ist, als Ende der 1920er-Jahre der Tonfilm das Regiment übernahm mit menschlichen Stimmen, Geräuschen und Filmmusik, die zu manchen Filmen so eng dazugehört, dass wir uns eher an den Walzer von Nino Rota erinnern als 1972 der Pate bei Francis Ford Coppola zu viel Zucker in den Kaffee rührt oder wenn ein Mundharmonika-Solo 1968 SPIEL MIR DAS LIED VOM TOD von Sergio Leone ankündigt. Sind schon die Bilder eines Films suggestiv, so brennt sich doch die Schicksalsfanfare «Taras Theme» von Max Steiner 1939 aus VOM WINDE VERWEHT ebenso tief ein wie die beißenden und stechenden Geigen Bernard Hermanns aus Hitchcocks PSYCHO oder vereinnahmt so sehr wie 1938 Erich Wolfgang Korngolds Leitmotiv zu ROBIN HOOD, KÖNIG DER VAGABUNDEN von Michael Curtiz, das später im STAR WARS von John Williams als Titelthema einen zeitlosen musikalischen Wiedergänger findet. Die Erinnerungen an die Filme unseres Leben ist neben ausdrucksstarken Einzelbildern und überwältigenden Szenen durchzogen von deren musikalischen

Motiven, die sich in unser Hirn eingebrannt haben. Auch die Filme von Werner Herzog gehören dazu mit Operngesang mitten im Urwald, gespielt von einem Plattenspieler mit Grammophon auf einem Flussschiff in FITZCARRALDO bis zur DIE HÖHLE DER VERGESSENEN TRÄUME mit singenden Engelsstimmen aus dem Jenseits. Von Mozarts «Kyrie» zu Wüstenbildern aus FATA MORGANA bis zum elektromusikalischen Pesthauch der durch Wismar weht in NOSFERATU – PHANTOM DER NACHT. Herzog machte aber auch früh schon eine vergleichbare Entdeckung wie Stanley Kubrick sie beschreibt, als er 1968 bei der Realisierung von 2001: ODYSSEE IM WELTRAUM die schon fertiggestellte Partitur von Alex North wegließ, weil er scheinbar beziehungslose Passagen diverser Musiken wie Ausschnitte aus Johann Strauss «Donauwalzer» und Richard Strauss «Also sprach Zarathustra» zueinander montierte und deren Überlegenheit als Einzelstücke zu jedem anderen Soundkonzept feststellte.

Man kann an diesen Film nicht denken ohne diese Musikstücke im Kopf zu hören. In einigen wenigen seiner Filme ist Herzog dem zunächst gefolgt, wie in LAND DES SCHWEIGENS UND DER DUNKELHEIT, indem er Musik von Johann Sebastian Bach und Antonio Vivaldi unterlegte. Das Wüstenepos FATA MORGANA wird dominiert vom «Kyrie» aus Mozarts Krönungsmesse bevor Lieder von Leonard Cohen eine ganz andere Tonlage in den Film einbringen. Das sehr persönlichen Roadmovie STROSZEK paraphrasiert der Country-Gitarrist Chet Atkins, den Dokumentarfilm GRIZZLY MAN unterlegte der Folkmusiker Richard Thompson. Die großen Hollywood nahen Filme wie INVINCIBLE, RESCUE DAWN und KÖNIGIN DER WÜSTE orchestrierte Klaus Badelt, der mit seinen vorantreibenden Kompositionen zum Beispiel für den Film PIRATES OF THE CARIBBEAN bekannt geworden war.

Abgesehen von diesen Beispielen für die gängige Verwendung von Filmmusik ging Werner Herzog in der Regel und schon bei seinem ersten Film LEBENSZEICHEN einen ganz anderen sehr viel persönlicheren Weg. Und er hatte dabei einen Begleiter.

Florian Fricke und Popol Vuh

Er lernte den jungen deutschen Experimentalmusiker **Florian Fricke** (Abb. 90) kennen, der als Erster in Deutschland einen MOOG III sein Eigen nannte, jenen monströsen elektronischen Synthesizer, dem nachgesagt wurde, alles und sogar fast menschliche Klänge zustande bringen zu können. Aber natürlich hatte Fricke schon mit sieben Jahren angefangen klassisches Klavier zu spielen. Für Herzogs ersten Film LEBENSZEICHEN, der auf einer griechischen Insel spielt, ist zwar noch im Abspann der Rembetiko-Spezialist Stavros Xarchakos (dessen bekanntester Film auch REMBETIKO heißt und eine Hommage an die gleichnamige griechische Undergroundmusik ist, die bei uns fälschlicherweise als «typisch griechisch» wahrgenommen wird) als Musikverantwortlicher angegeben, doch in einer Szene sehen wir schon Florian Fricke am Klavier, der für fast ein Dutzend der folgenden Filme als Komponist der Filmmusiken das musikalische Alter Ego Werner Herzogs werden sollte, darunter bei so wichtigen Filmen wie AGUIRRE, DER ZORN GOTTES, HERZ AUS GLAS und FITZCARRALDO.

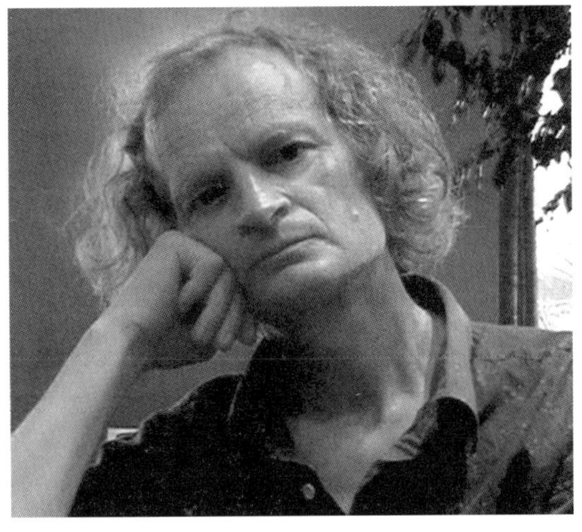

90 Florian Fricke: Musik zum Fürchten

Als sich Herzog und Fricke kennenlernten, war er noch als Kritiker für die *Süddeutsche Zeitung* und den *Spiegel* tätig, erforschte aber gleichzeitig gerade die besonderen Möglichkeiten der neuen elektronischen Musik. Wenig später 1969 gründete er mit Holger Trülzsch und Frank Fiedler die Gruppe «Popol Vuh», benannt nach dem Schöpfungsmythos der Quiche Mayas, der Werner Herzog schon so sehr fasziniert hatte, das er ihn von Lotte Eisner in FATA MORGANA vortragen ließ. Mit dem Namen war der musikalische Tonfall für die Formation gesetzt, die mystische und magische Motive in ihrer Musik realisierte. Florian

Florian Fricke (1944–2001) – Schon als Kind spielte er Klavier und konnte sich als Jugendlicher nicht so recht zwischen Musik und Film entscheiden. Er brillierte als 13-Jähriger bei einem Musikwettbewerb mit Musik von Haydn, Mozart und Bach, drehte aber auch als 18-Jähriger schon selbstständig Kurzfilme, bevor er ab 1971 Werner Herzogs Filmkomponist wurde und die Musiken zu AGUIRRE, DER ZORN GOTTES, HERZ AUS GLAS, FITZCARRALDO UND NOSFERATU – PHANTOM DER NACHT schrieb. Mit seiner Band Popol Vuh, benannt nach dem Schöpfungsmythos der Quiche Mayas aus Guatemala, so wie er im *Buch des Rates* von Maya-Priestern in lateinischer Schrift aufgezeichnet wurde.

Mit christlichen und mystischen Motiven angereicherte elektronische Musik mit dem Moog III-Synthesizer wurde Fricke einer der Protagonisten des «Krautrocks» der 1970er-Jahre und integrierte auch spirituellen tibetischen Gesang und Elemente der Weltmusik aus Marokko, Israel und dem Libanon in sein musikalisches Konzept mit am Ende 20 Alben. Er starb mit nur 57 Jahren 2001 an einem Schlaganfall und gilt als einer der großen Anreger der zeitgenössischen elektronischen Musik. Werner Herzog im Beiheft zur Veröffentlichung der Soundtracks: «Sein Gespür für die ‹innere Erzählung› einer Kinogeschichte war untrüglich». Discografie-Auswahl neben den Soundtracks: *Affenstunde* 1970; *In den Gärten Pharaos*, 1972; *Hosianna Mantra*, 1972; *Das Hohelied Salomos*, 1975, *Florian Fricke plays Mozart*, 1992; *Messa di Orfeo*, 1999.

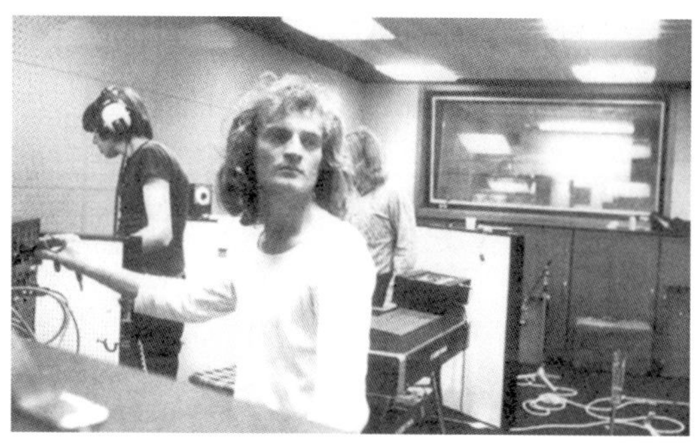

91 Popol Vuh im Studio, 1972

Fricke spielte auch mit anderen damals angesagten Gruppen wie Tangerine Dream und Amon Düül II zusammen und widmete sich neuen Formen der Musik- und Klangtherapie, die Yogaelemente und tibetischen Gesang adaptierten. Im Slang der 1970er-Jahre ordnete man Popol Vuh dem sogenannten «Krautrock» zu, dem starke experimentelle Tendenzen und ein Hang zur Improvisation nachgesagt wurden. Ab AGUIRRE, DER ZORN GOTTES 1972 firmierten Frickes Kompositionen für Herzog unter dem Label «Popol Vuh» (Abb. 91). In einem Gesprächsbeitrag für den Deutschlandfunk 2011 erläuterte Herzog den besonderen Beitrag der Musik der Gruppe und Frickes zu seinen Filmen: «Popol Vuh ist ein Glücksfall für mich, weil immer etwas Verborgenes in den Bildern selbst, das ganz tief in der Dunkelheit unserer Seele liegt und schlummert, durch die Musik Florian Frickes sichtbar gemacht wurde, das heißt, die Bilder haben auf einmal eine ganz neue und einzigartige und merkwürdige Qualität bekommen. Die Musik hat etwas Rätselhaftes. Sie kann nämlich die Qualitäten und Eigenschaften und Rhythmen in Bildern deutlich machen, die sonst nie herüberkommen würden: Wenn ich zum Beispiel in AGUIRRE den Urwald gefilmt habe, dann ist der Urwald ja zunächst einmal eine Landschaft. Durch die Musik von Popol Vuh wird diese Landschaft aber auf einmal etwas anderes. Sie wird sozusagen eine Qualität der Seele, eine menschliche Eigenschaft.»

Die Zusammenarbeit von Herzog und Fricke muss man sich, wie sie in einem Interview-Auszug mit seinem Produzenten Gerhard Augustin im Begleitheftchen zu der CD zu AGUIRRE, DER ZORN GOTTES beschrieben wurde, so vorstellen: «Manchmal kam er zu mir nach Hause und bat mich: ‹Bitte öffne Deine Kiste›, das war die, in der ich meine Bänder von den Produktionen aufbewahre. Wenn wir dann der Musik zuhörten, hob er manchmal den Finger und sagte: ‹Dieser Teil wäre sehr geeignet für einen Film.› Manchmal haben wir das sehr schnell innerhalb eines Tages und einer Nacht gemacht. Am Ende gingen wir dann ins Studio. Und so haben wir die Musik ausgewählt. Die seltsame Musik zum Beispiel in HERZ AUS GLAS ist Popol Vuh, aber manchmal brauchte er auch die Musik von Richard Wagner. Bei NOSFERATU, als Werner den Film schon fast beendet hatte, kam er zu mir und fragte: ‹Florian hast Du Musik zum Fürchten?› Ich dachte, nein, nein, nein. Aber ich erinnerte mich an einige elektronische Stücke von früher in meiner riesigen Materialkiste und fand schließlich in dieser Kiste ‹Angstmusik›.» Popol Vuh lebte und arbeitete in einer Art Kommune auf einem Pfarrhof in Peterskirchen im Landkreis Traunstein. Man bekam prominenten Besuch von dem Edel-Kommunarden Rainer Langhans und von Hollywood-Legenden wie Jack Nicholson und Warren Beatty und es roch wahrscheinlich wirklich nach Räucherstäbchen und alternativer Esoterik. Florian Fricke und Popol Vuh verschafften einem guten Teil von Herzogs Werk jenen ganz besonderen jenseitigen Klang, der noch heute bei der Betrachtung der Werke heraussticht, einen Hauch von Ewigkeit in NOSFERATU – PHANTOM DER NACHT und Dschungelstimmung, in der man Gerüche wahrzunehmen glaubt, in AGUIRRE, DER ZORN GOTTES und FITZCARRALDO. Dass Florian Frickes Kompositionen nicht nur den Film dienend begleiten und ihm einen soliden akustischen Untergrund schenken, sondern regelrechte autonome Klanglandschaften erzeugen, bekommt eine besondere Bedeutung bei HERZ AUS GLAS, Werner Herzogs Kinomärchen über die Mystik der Glasbläserkunst. Sphärisch abgehoben, zugleich fernöstlich gebunden und doch auf seltsame Art aus der «Vergangenheit der Zukunft» stammende Klänge und Heilsgesänge unterstützen in diesem Film die unterschiedlichen Geschwindigkeiten der dargestellten Realitäten und die kristallklaren Bilder, die sie immer wieder hervorbringen und machen daraus ein Filmgedicht von beeindruckender Poesie. Neben den Soundtracks zu Herzogs Filmen bis 1999 zum Dokumentarfilm MEIN LIEBSTER FEIND, der dessen filmisches Werk bis dahin neben allem anderen auch musikalisch noch einmal zusammenfasst, brachte Florian Fricke mehr als zwanzig Schallplatten heraus und auch schon einige Musikvideos, darunter «Messa di Orfeo», bei dem der mit ihm befreundete Filmemacher und Musiker Frank Fiedler Regie führte und die als sein ästhetisches Vermächtnis gilt. Auch ein denkwürdiges Konzert mit Mozartmusik verweist auf möglicherweise verschüttete Wurzeln seiner Musik, die sich jeder festen Genrezueignung entzieht, vor allem aber den Stil der «heilenden Musik» des New Age mit Elementen der Rockmusik und der Klassik versöhnt.

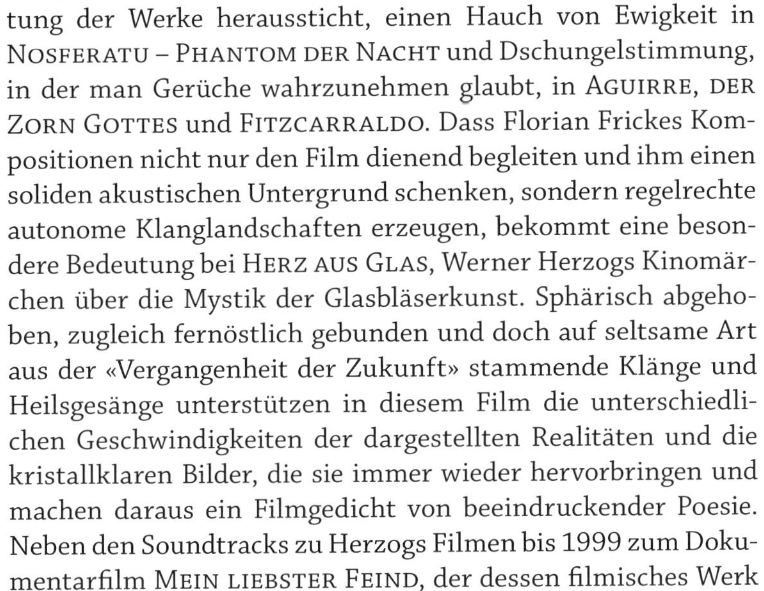

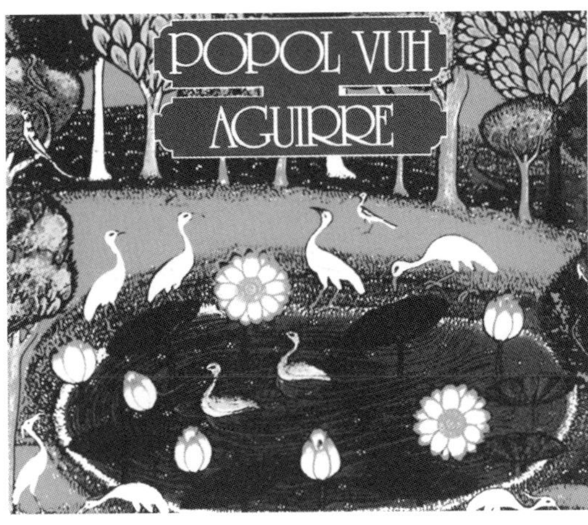

92 Cover des Soundtracks von AGUIRRE, DER ZORN GOTTES

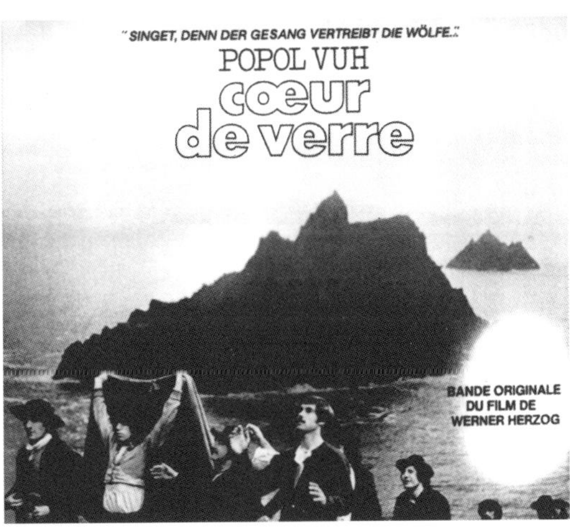

93 Cover des Soundtracks von HERZ AUS GLAS

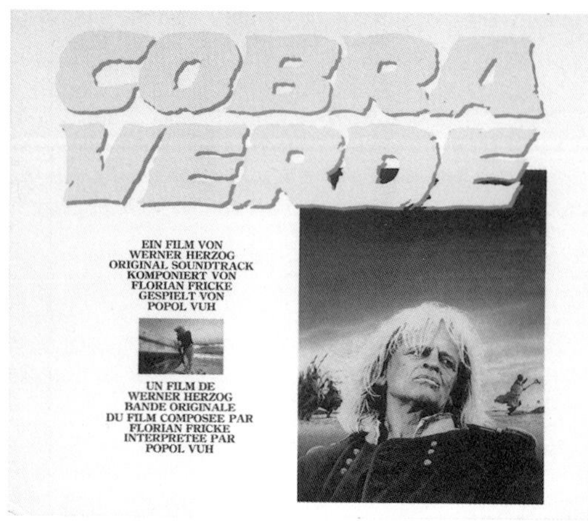

94 Cover des Soundtracks von COBRA VERDE

Immer wieder feiert Frickes Musik auch nach dessen frühem Tod 2001 Wiederauferstehung in neuen Zeitgeisttrends. Und doch ist er vor allem Herzogs Leibkomponist in einer entscheidenden Schaffensphase geblieben, dessen Musik man sofort mit Filmen von AGUIRRE, DER ZORN GOTTES bis COBRA VERDE assoziiert. In der Seelenverwandtschaft der beiden Männer spiegelt sich auch die Seelenverwandtschaft von Film und Musik als Künste, die unmittelbar auf das Gefühl zu wirken vermögen. Im Scherz, so erzählt Herzog, habe er ihm immer wieder gesagt, er dürfe nicht alt werden, weil er doch so sehr wie ein Jüngling wirke, wie ihn die griechischen Statuen feiern: «Für mich war Klaus Kinski mein liebster Feind, aber Florian Fricke hielt ihm gegenüber die Balance, er kannte den sicheren Weg über den Abgrund: er war, die kreative Arbeit betreffend, mein liebster Freund. Und doch war er – wider den äußeren Anschein, ein hoch kompliziertes Wesen, fein gesponnen und verletzlich, wie Spinnweben. Sein Gespür für die ‹innere› Erzählung einer Kinogeschichte war untrüglich. Er machte sichtbar, was geheimnisvoll und auf immer unbekannt in den Bildern verborgen geblieben wäre», feiert Herzog in der Broschüre *In Memoriam Florian Fricke* die kongeniale Zusammenarbeit mit dem Musiker.

Ernst Reijsegers Stimmen – Die Verwandlung der Welt in Musik

Eine vergleichbare innige durchgängige Zusammenarbeit gelang Herzog erst wieder ab 2004 mit dem niederländischen Cellisten und Avantgarde-Jazz-Komponisten **Ernst Reijseger**, der ab THE WHITE DIAMOND und THE WILD BLUE YONDER bis 2020 für seinen aktuellen neusten Dokumentarfilm FIREBALL: BESUCH AUS FERNEN WELTEN für sieben Filme die Musik lieferte. 2019 verlieh Herzog ihm «für seine herausragenden und innovativen Leistungen für Filmmusik» den vom ihm selbst gestifteten Werner Herzog Filmpreis: «Er vereint Vision und Mut, Kino auf eine neue Weise zu verstehen. Ernst Reijseger hat Musik komponiert, die weit mehr als ein Hintergrundgefühl für einen Film ist. Es ist kein Zufall, dass in einigen Filmen, wie etwa in THE WHITE

Diamond, die Musik komponiert und im Studio aufgenommen wurde, bevor die Dreharbeiten ihren Anfang nahmen. Der Rhythmus und die Vorgangsweise der Kamera hatte der bereits geformten musikalischen Struktur zu folgen. Er besitzt auch die seltene Fähigkeit, mit Musik Räume zu schaffen, die größer sind als die auf der Leinwand sichtbaren. Reijseger hat kühne Schritte gewagt, indem er sein Cello mit fast prähistorischen Stimmen von sardischen Schafhirten verbindet oder mit einer Stimme aus dem Senegal, Mola Sylla, der in seiner dörflichen afrikanischen Moschee als Muezzin begann. Diese Verbindung hat oft eine einzigartige Wirkung auf das Publikum, als ob jetzt die Gläubigen gerufen seien, teilzunehmen an etwas tief Bewegendem, etwas Spirituellem, das in sehr seltenen Fällen Kino zu einem erhabenen Erlebnis machen kann», heißt es auf der Website der Werner-Herzog-Stiftung, den Stifter selbst zitierend, dazu.

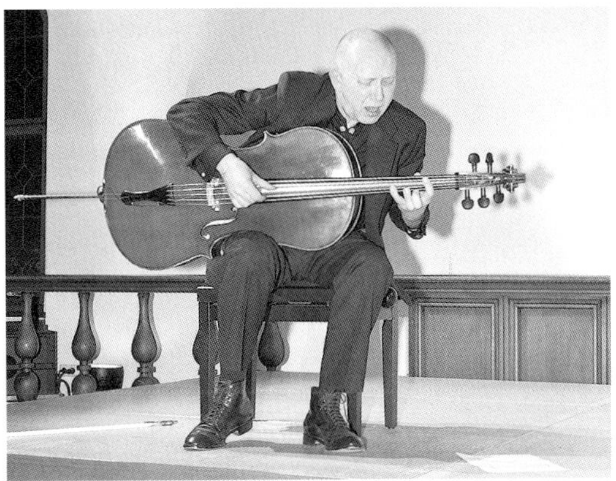

95 Ernst Reijseger am Cello

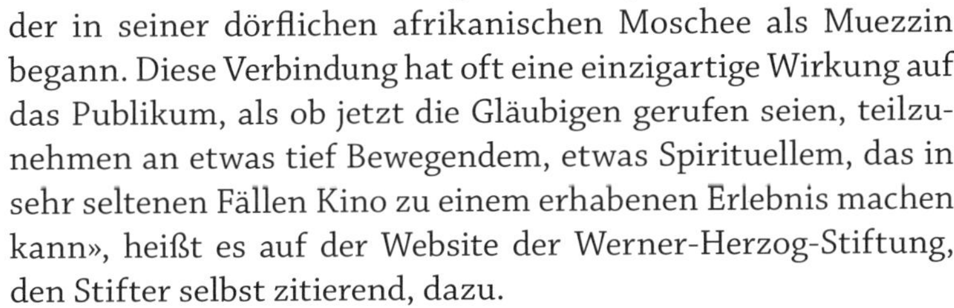

In der Tat kann man zum Beispiel in Die Höhle der vergessenen Träume (2010) und in Salt and Fire (2016) einen neuen Sound in Herzogs Filmschaffen vernehmen – mit Stimmen aus der Urzeithöhle von Chauvet, nach denen man in einem künstlich herbeigeführten Moment der Stille das Herz schlagen hört und mit dem Einsatz des Cellos in eine fremdartige neue Zeitebene außerhalb der «Zeit» versetzt wird. Oder im Angesicht der Endzeitvision in der Ebene des Salar de Uyuni vor einem auszubrechen drohenden Supervulkan der Verzweiflung, wenn uns zusammen mit Hauptdarstellerin Veronica Ferres Ewigkeitsgesänge um die Ohren wehen, die diese endlose Salzwüste zu einer Festung der Verzweiflung anwachsen lassen. Auch für Ein fürsorglicher Sohn, Family Romance, LLC und Fireball: Besuch aus fernen Welten entwarf Reijseger das Musikkonzept. Bei The White Diamond bekennt Herzog, habe er dem Kameraleuten die vorweg von Reijseger komponierte Musik beim Drehen auf den Kopfhöher gespielt und nur so das Schwebende, Schwerelose erreicht, das er für die Geschichte des Flugingenieurs auf der Suche nach dem Geheimnis des Flugs der Mauersegler hinter einen Wasserfall in Britisch-Guayana haben wollte. Diesem «inneren Rhythmus» einer Szene sollte schließlich die Filmmusik nachspüren, die Herzog ernster nimmt als manche seiner Kollegen. Reijsegers Klänge füllen die Höhle von Chauvet so sehr mit musikalischer Substanz, dass sie die Lebendigkeit der Höhlenmalereien heraus-

Ernst Reijseger (* 1954) – Der niederländische Cellist und Avantgarde-Jazz-Musiker spielte im Amsterdam String Trio und trat unter anderem mit Albert Mangelsdorff auf. Seit The White Diamond 2004 komponierte er die Musiken zu sämtlichen Filmen von Werner Herzog, darunter besonders bemerkenswert Die Höhle der vergessenen Träume 2010 sowie Salt and Fire 2016. Er gilt als vielseitig und innovativ, arbeitet oft mit ungewöhnlichen Klängen und benutzte besondere Stimmen. 2019 erhielt er den «Werner-Herzog-Filmpreis». «Er macht das Fremdartige vertraut und das Vertraute eigenartig mysteriös». So heißt es in einer Rezension seiner neuen Einspielung im Trio We Were There von 2020. Discografie-Auswahl neben den Soundtracks: *Colla Parte*, 1997; *Colla Voche*, 1998; *Janna*, 2003; *Tell me everything*, 2008; *Feature*, 2014; *We were there*, 2020.

heben und versetzen uns in eine nicht näher bestimme Zeit. Gerade das vorherrschende Gefühl des Archaischen und Weihevollen, das Werner Herzog bei diesem Film erzeugen möchte, verdankt sich in einem besonderen Maße der Musik Reijsegers mit sphärischen Gesangsstimmen zum dominanten Cello.

Von *Lohengrin* bis *Tannhäuser*: Oper, immer wieder Oper

Immer mal wurden prominente Filmregisseure gebeten, ausnahmsweise eine Opernregie zu übernehmen: Michael Haneke, David Cronenberg und sogar Woody Allen gehörten dazu. Peter Greenaway inszenierte 1994 in Amsterdam die hochgelobte, von ihm selbst geschriebene Pferdeoper *Rosa*. Volker Schlöndorff hat es auf mehr als ein halbes Dutzend Operninszenierungen, unter anderem *Wir erreichen den Fluss*, nach der Musik seines Freundes Hans Werner Henze gebracht. Der Kanadier Robert Lepage inszenierte 2010–2012 Richard Wagners kompletten *Ring der Nibelungen* an der Metropolitan Opera in New York. Unbestritten ist auch, dass der Italiener Franco Zeffirelli mehr von sich reden gemacht hat durch die konsequente Bespielung der Arena von Verona mit seinen Operninszenierungen, unter anderem mit Anna Netrebko, als durch seine Filme, etwa der Lebensgeschichte Maria Callas mit Fanny Ardant in der Titelrolle (CALLAS FOREVER, 2002). Die Opernleidenschaft von Werner Herzogs Freund Werner Schroeter hatte sich so sehr bis zu ihm herumgesprochen, dass er die Opernszenen in FITZCARRALDO 1982 zu Beginn aus Giuseppe Verdis «Ernani» und zum jubelnden Finale aus *I Puritani* von Vincenzo Bellini ihm überließ.

Irgendwann zu dieser Zeit muss auch der Funke übergesprungen sein zu Werner Herzog selbst, der eigentlich nicht als Opernliebhaber bekannt war, wobei er immerhin aber die Geschichte des Opernenthusiasten Brian Sweeney Fitzgerald in FITZCARRALDO so einfühlsam und radikal erzählt hatte. 1986 war es schließlich soweit: Herzog inszenierte am Teatro Comunale in Bologna mit mäßigem Erfolg die wenig bekannte und unvollendete Oper *Doktor Faustus* von Ferruccio Busoni. Seither bringt es Herzog auf fast 30 Operninszenierungen, darunter neunmal den *Tannhäuser* von Richard Wagner, der Geschichte des Sängerkriegs auf der Wartburg, bei dem es im Kern um den Widerstreit zwischen heiliger und profaner Liebe geht. Die Erlösung erfolgt – das kann man sich bei Wagner schon denken – durch ewige Liebe im Jenseits. Interessant ist, dass Herzog, zu dessen filmischen Werk tatsächlich keine einzige echte Liebesgeschichte gehört, ausgerechnet eine solche und dann auch noch in dieser entrückten Überhöhung für die Opernbühne wählt, so als würde er sich an diesem für ihn so ungewohnten Ort endlich zutrauen, ein solches Thema anzugehen. Entsprechend fremdartig wirkt Herzogs Ausflug in das Kino-Klischeethema «Liebe». Gelobt wird an Wagners Oper *Tannhäuser* mit der eindringlichen Ouvertüre vor allem auch eine bestimmte Stelle, an der der poetische Wechsel aus dem wüsten leidenschaftlichen Bacchanal der Venusgrotte in die reine Morgenstille des Thüringer Waldtals stattfindet, während ihn seine Liebste schon aus dem Jenseits beäugt.

Ausgerechnet bei dieser Szene kam es bei der Uraufführung in der Pariser Oper 1860 zum heftigen Skandal, weil die Claqueure des «Jockey-Clubs» genau da eine genreübliche mildernde Ballettszene erwartet hatten. Vielleicht ist die romantische Oper in drei Akten *Tannhäuser* auch zu Herzogs Lieblingsoper geworden, weil der Held in dieser am Ende einen «seligen Frieden» findet, der dem rastlosen Künstler Herzog ja eher verschlossen scheint. Mehrfach inszeniert hat Herzog auch noch Mozarts extrem populäre Oper *Die Zauberflöte*, *Fidelio* von Ludwig van Beethoven und *Der fliegende Holländer* von Richard Wagner, zuletzt geschehen bei den Domstufen Festspielen in Erfurt 2002. Orte der Aufführungen waren unter anderem durchaus mythische Orte wie die Scala in Mailand und die Opéra Bastille in Paris und natürlich die Bayreuther Festspiele. Zu denen wurde Herzog schon mehrfach eingeladen, bis er 1987 dort den *Lohengrin* übernahm.

Diese Oper Wagners über das Verhängnis zwischen göttlichem Plan und irdischen Abgründen passt im Unterschied zu *Tannhäuser* durchaus in Herzogs filmisches Werkverzeichnis mit einer nicht enden wollenden Abfolge seiner «ekstatischen Wahrheiten». Besonders erfolgreich war sie auch noch und das ausgerechnet am mythischen Wagner-Weiheort Bayreuth. Sie wurde bis 1994 gespielt, auch wenn Herzog die Bühne immer wieder, von der Kritik heftig gescholten, mit zu viel waberndem Nebel und Aufmerksamkeit heischenden, flimmernden Laserkaskaden zum Gesang von Placido Domingo überzogen hatte. Im gleichen Jahr drehte Herzog vor Ort den Dokumentarfilm DIE VERWANDLUNG DER WELT IN MUSIK (Abb. 96). Dabei verfolgt er das umtriebige Geschehen in der Vorbereitung der Wagner-Festspiele auf dem legendären Grünen Hügel. Herzog führt

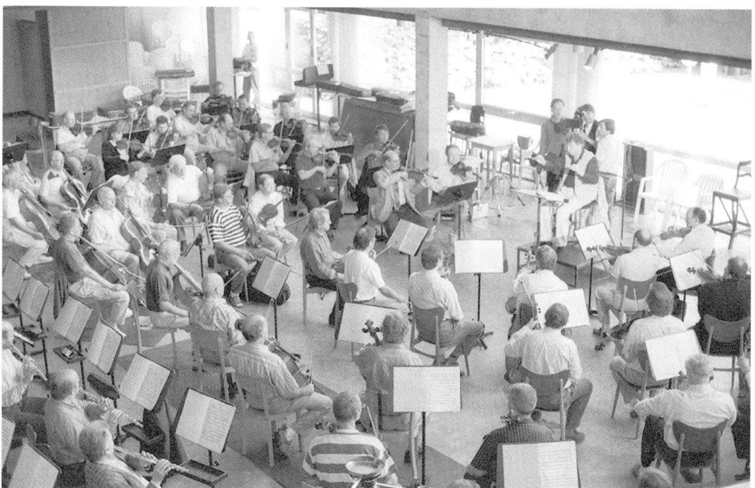

96 Vorbereitungen: DIE VERWANDLUNG DER WELT IN MUSIK in Bayreuth

dazu Gespräche mit Wagners Enkel Wolfgang, dem Tenor Placido Domingo, dem Regisseur Heiner Müller und den Dirigenten Daniel Barenboim, James Levine und Peter Schneider, der bei Herzogs eigener Inszenierung am Pult gestanden hatte. Der Filmtitel ist dabei das Programm mit dem Werner Herzog seinen Ausflug in die Welt der Oper voller Begeisterung abzurunden scheint. Immer wieder ist er – wie schon erwähnt – danach mit Inszenierungen auf die Opernbühne zurückgekehrt, zuletzt 2013 mit *I Due Foscari* von Giuseppe Verdi am Teatro dell'Opera di Roma. Und auch sein filmisches Gesamtwerk ist von Opernzitaten durchtränkt wie FITZCARRALDO, wenn zum Beispiel der Flussdampfer Molly Aida mitten im Dschungel um die Ecke biegt und Klaus Kinski stolz auf Deck neben dem Grammophon posiert, von dem Enrico Carusos Arie klingt.

Fitzcarraldo horcht im weißen Anzug in den Dschungel hinein und wartet aufmerksam auf dessen Reaktion wie ein echter Operntenor auf sein Publikum, wobei die Reise dieser verzauberten Geschichte vom Schiff, das über den Berg fliegt mit Operngesang beginnt, wie sie auch damit triumphierend enden wird. Die Musik bringt den Dschungel zum Klingen und so hatte Herzog das Wesen der Oper 1982 schon entdeckt, bevor er ihr selbst wenige Jahre später auch verfallen ist. In vielen zeitgenössischen Kritiken wurde der Film FITZCARRALDO selbst, wie vorher schon AGUIRRE, DER ZORN GOTTES, als eine Art Oper bezeichnet. Musik und Film sind verwandte Kunstformen wirken sie doch beide unmittelbar auf die Sinne ein und verwandeln im poetischen Zusammenwirken das Kino erst recht in eine reine Zauberwelt der Filmkunst, in der die Filmmusik Stimmung und Takt vorgibt.

«Homo spiritualis»: Spiritualität und Wunder

Als ich Werner Herzog im Interview die Frage nach der Spiritualität in seinen Filmen stellte, stutzte er zunächst, so als sei ihm dies noch nie in den Sinn gekommen, und tatsächlich geht er in der Regel in seinen Filmen direkt los aufs jeweilige konkrete Sujet, ohne sich wie andere Filmkünstler zunächst einmal um den gedanklichen Überbau der Geschichte zu kümmern. Doch dann lächelte er verschmitzt und bezeichnete im Zusammenhang mit DIE HÖHLE DER VERGESSENEN TRÄUME den Menschen plötzlich nicht als «Homo sapiens», sondern eher als «Homo spiritualis» und rückte das Spirituelle so sehr entschieden in den Mittelpunkt der menschlichen Existenz (Abb. 97). «Spiritualis» heißt aber auch: zur Luft gehörig, zum Atem. Das heißt, der Mensch kann ohne eine gewisse «Spiritualität» gar nicht existieren. Die konsequente Versinnlichung dieses Begriffes, der gemeinhin immer im Zusammenhang mit Frömmigkeit und Religiosität benutzt wird, passt sehr gut zu Werner Herzogs Werk, in dem immer wieder Spurenelemente des «Spirituellen» aufzufinden sind, manchmal geradezu den besonderen

Im Interview – «Gefühle sind immer authentisch – Ein Gespräch mit Werner Herzog»; s. S.18 ff.

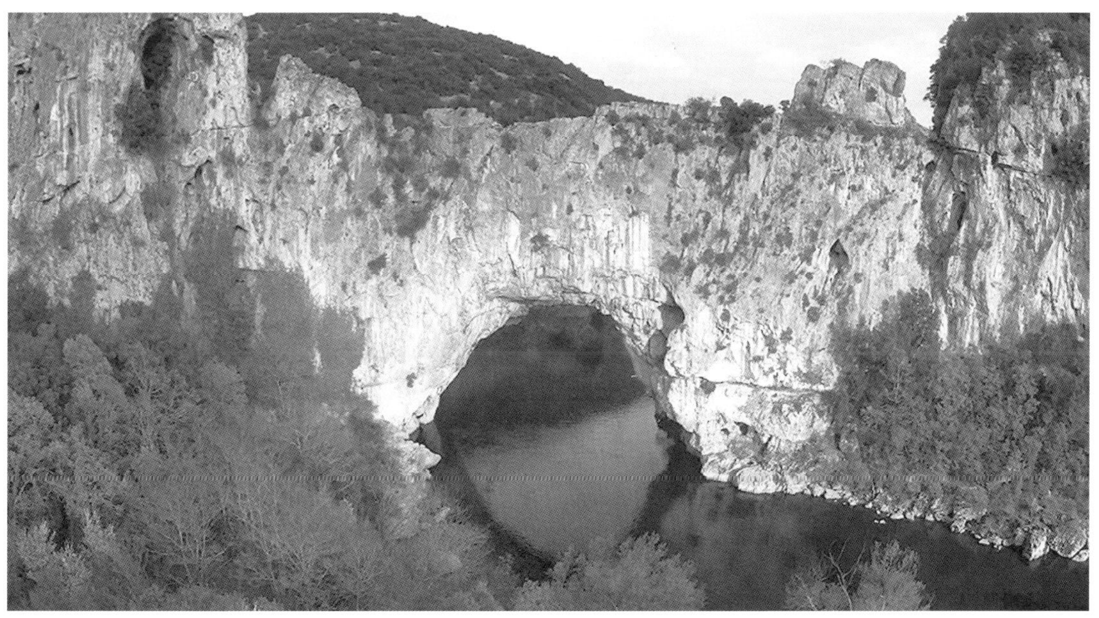

97 Das Tor zur Spiritualität in DIE HÖHLE DER VERGESSENEN TRÄUME

Reiz bestimmter Filme ausmachen. In diesem Zusammenhang kann man DIE HÖHLE DER VERGESSENEN TRÄUME durchaus als eines der Schlüsselwerk in seinem Filmschaffen sehen. Dabei ist es zunächst ein Rückblick auf den Menschen vor über 30 000 Jahren, so wie er sich in der Höhle von Chauvet an der Ardèche bei Vallon-Pont-d'Arc in den Tierzeichnungen an den Höhlenwänden, die man im flackenden Licht der Kunstlampen irrlichternd zu erkennen glaubt, verewigt hat (Abb. 98). Eine feste Stahltür, gesichert mit vier Schlössern, verschließt heute den Zugang zum Höhlensystem. Eines davon ist biometrisch. Es lässt sich nur persönlich von den vier Konservatoren öffnen. 1994 war die Entdeckung der vor rund 10 000 Jahren verschütteten und damit quasi «versiegelten» Höhle, auf die nur ein rätselhafter Luftzug hinwies, eine Sensation.

Nach den schlechten Erfahrungen mit vergleichbaren Höhlen aus der Vorzeit in Lascaux und Altamira, bei denen feuchte Atemluft die Kunstwerke angriff oder gar zerstörte, entschloss man sich schnell, einen normalen Publikumsverkehr gar nicht erst zuzulassen. So ist Werner Herzogs Besuch mit seinem Aufnahmeteam bei dem dieser Film entstanden ist eine einmalige Momentaufnahme, deren Intensität durch die 3D-Aufnahmetechnik, bei der die Räumlichkeit vieler Höhlenartefakte heraussticht, noch weiter gesteigert wird. Etwa wenn Herzog auf einen Bärenschädel in der Mitte der Anlage hinweist, der wie auf einem Altar präsentiert wird. Räucherspuren um diese Kultstätte weisen darauf hin, dass sie tatsächlich auch urzeitlichen vorreligiösen Riten gedient haben könnte. «An einer Stelle in der Höhle, der größten Höhle gibt's mittendrin einen Quader aus Fels und da ist ein Schädel von einem Höhlenbären ganz genau drauf platziert. Genau auch ausgerichtet auf den Eingang der Höhle, der von da aus nicht sichtbar ist. Und darum herum etwas Asche und Kohlereste, als hätte man Weihrauch dort verbrannt. Das sieht so gestellt aus und so mit Vorbedacht gemacht aus, dass man natürlich an eine religiöse Zeremonie denken kann. Gleichzeitig dürfen wir nicht vergessen, dass das möglicherweise ein spielendes Kind war.»

Herzog lässt sich durch sein ursprüngliches Erlebnis des Staunens leiten, wenn er – wie er sagt – in den Abgrund der Zeit blickt und dabei sieht, wie sich die Tiere der Höhlenmalereien um ein tatsächliches Wasserloch versammeln, das von einem kleinen echten Rinnsal gebildet wird, und sich – wie im Kino, sagt er – zu bewegen scheinen, auch weil manche von ihnen acht statt vier Beine haben, als sei hier eine Frühform des Animationsfilms angestrebt worden. Die lebensechte

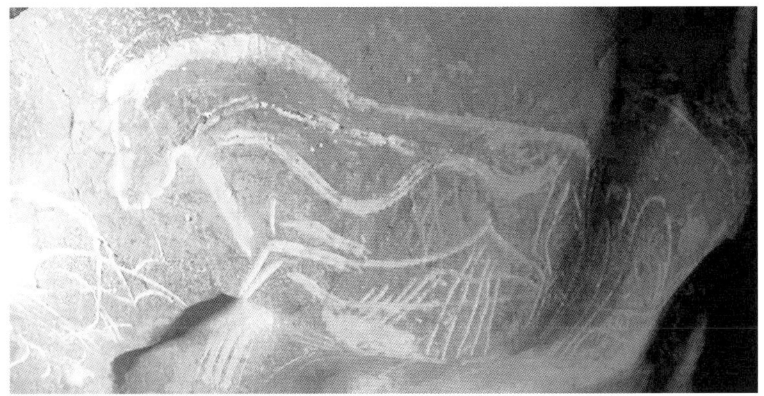

98 Schwebendes Pferd. 30 000 Jahre alt (Die Höhle der vergessenen Träume)

Gestaltung der Tierzeichnungen lässt sie in Herzogs Wahrnehmung wiehern und miteinander kämpfen. Und in den urzeitlichen Handabdrücken an einer Stelle entdeckt er einen gekrümmten kleinen Finger als erstes Zeichen der Individualität eines Künstlers aus jener fernen Vorzeit. So verleihen Herzogs Kommentaressays zusammen mit den Filmaufnahmen aus der Höhle dem Cro-Magnon-Menschen einmalige seelische Regungen. Immer wieder lässt sich Herzog auch durch bestimmte Beobachtungen zu imaginierten Geschichten anregen, etwa wenn er die Pfoten eines Wolfes und die Fußabdrücke eines Kindes sieht und sich fragt, ob das Raubtier das Kind verfolgt habe oder ob die beiden wie in der Geschichte von Mogli, dem Wolfsjungen, ein paar Schritte friedlich gemeinsam gegangen sein könnten.

Und schon erfüllt sich die Höhle mit archaischen Geschichten vom Menschsein und was es damals und heute bedeutet haben könnte und gleich ist die Sorge da, wir könnten «die paläolithischen Menschen bei ihrer Arbeit stören, denn sie könnten auch gleich leibhaftig um die Ecke biegen». Dazu passt Herzogs Unterhaltung mit einem der Mitarbeiter des Projektes, der erzählt, wie er nach seinem ersten Besuch in der Höhle nachts nicht mehr habe schlafen können, weil ihn der Löwe von dort bis in den Traum verfolgt habe. «Hatten sie Angst?», fragt Herzog nach und bekommt die Antwort: «Es war eher das Gefühl, etwas Bedeutsames und Tiefgreifendes zu erleben.» Herzog fragt Julien Monney, wegen diesem intensiven Erlebnis, das er den Zuschauern im Film vermittelt, gleich nach dessen persönlicher Vergangenheit und erfährt, dass er beim Zirkus gewesen sei, jedoch nicht wie Herzog erwartet als Löwenbändiger, sondern als Jongleur und Artist.

Bald darauf bittet der Führer der kleinen Expedition in der Chauvet-Höhle alle Anwesenden um einen Moment absoluter Stille, vielleicht könne man dann den Herzschlag der Zeit spüren und denjenigen aller Menschen, die jemals dort gelebt haben oder wenigstens seinem eigenen elementar mit dem der Menschen der Urzeit verwandten. Und wirklich stellt sich mit der Stille bald ein Herzklopfen ein, bis es vom Einsatz von Reijsegers Cello wieder in die Gegenwart getrieben wird. Jedenfalls schafft es Werner Herzog bei seinem Film DIE HÖHLE DER VERGESSENEN TRÄUME der Höhle die eben gerade nicht «vergessenen» Träume zu entreißen und sie mit Visionen einer nur scheinbar untergegangenen Welt zu erfüllen und mit dem Mythos von der Entstehung der Kunst aus der Liebe zum Leben, da es nur festgehalten werden kann in dessen künstlerischer Darstellung. Deswegen lebt die Höhle, deren Gerüche Herzog sogar noch von einem veritablen Parfümeur nachspüren lässt. Er ist stets auf der Suche nach der Transzendenz und ganz durchdrungen von einer spirituellen Grunderfahrungen, die man wohl nur an Orten des Sakralen wie der Höhle von Chauvet unmittelbar und ekstatisch erleben kann.

Gerade diese Elementarerfahrung hat Herzog offenbar daran gereizt, genau diesen Film zu drehen. In der Magie der Jagd, die von den Höhlenwänden widerhallt, ist auch das Echo der menschlichen Vergänglichkeit zu spüren, auch wenn es dort keine Menschendarstellung gibt, und ebenso ist die Sehnsucht nach finalen Entgrenzung im Spirituellen zu spüren. Wie wollen wir leben und wie sterben? Das ist gleichermaßen das Thema der Höhlenzeichnungen vor 30 000 Jahren wie in Werner Herzogs Film darüber. In der Höhle von Chauvet gibt es übrigens keinerlei Skizzen oder Vorstudien. Alles ist absichtsvolle «Reinzeichnung». Genauso geplant wie es seit Jahrtausenden zu sehen ist. So ist die Chauvet-Höhle eher eine Kathedrale als ein Kunstmuseum der Vorzeit eher der Petersdom mit Sixtinischer Kapelle als der «Louvre der Vorzeit». Dem trägt Herzog auch dadurch Rechnung, dass Ernst Reijsegers Musik zum Film ausgesprochen sakral wirkt, ist sie doch in der großen evangelisch-reformierten Kirche Sint Bavokerk im niederländischen Haarlem aufgenommen, wovon Herzogs Kurzfilm über die Entstehung des Soundtracks aus dem Jahr 2011 ODE TO THE DAWN OF MAN zeugt. Georg Friedrich Händel und der zehnjährige Mozart haben diesen Klangraum schon im 18. Jahrhundert von der Orgel Christian Müllers her bespielt, bevor Reijseger sein Cello hier erklingen ließ.

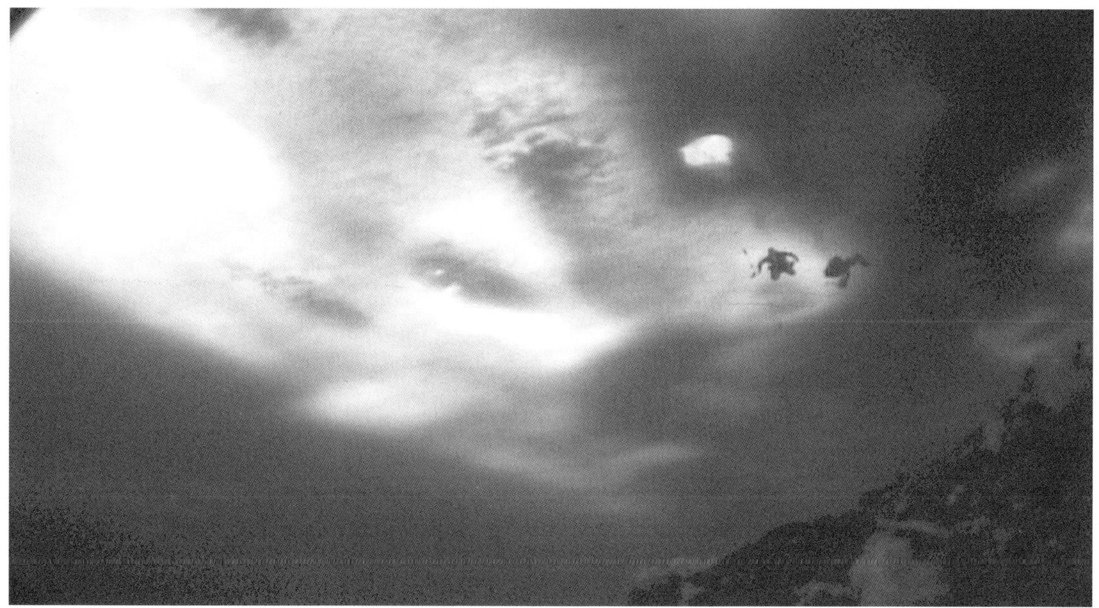

99 Gesänge von Robben in tiefschwarzer Nacht. An der McMurdo-Forschungsstation (BEGEGNUNGEN AM ENDE DER WELT)

Wunder gibt es immer wieder

Menschen in der Antarktis, ihren speziellen Lebensstil, ihre Träume und ihre Einsichten über die Fremdheit und die Schönheit spiritueller Erfahrungen im ewigen Eis zeigt Werner Herzog 2007 in seinem Dokumentarfilm BEGEGNUNGEN AM ENDE DER WELT. Was macht es etwa mit den Menschen, die auf der McMurdo-Forschungsstation arbeiten, in dieser unglaublichen grenzenlosen Einsamkeit zu leben, die nur noch von der Klarheit und Schönheit des weiten Blicks über endlose Eisfelder übertroffen wird? Wie klingen die Gesänge der Robben unter dem Eis in tiefschwarzer Nacht? Und die Tauchgänge durch ein eben geschaffenes großes Loch im Eis, wie werden sie zu einer archaischen Erfahrung. «Wie Priester, die sich für eine Messe vorbereiten» erscheinen Herzog die Taucher und die lebensbedrohliche Unsicherheit ihrer Rückkehr zum Eisloch in einer Region, wo wegen der Nähe des Pols kein Kompass mehr aussagekräftig funktioniert, wirken wie der Widerschein eines Urmythos. Ohnehin hatte Herzog das schon in THE WILD BLUE YONDER (2005), auch damals mit Unterwasseraufnahmen von Henry Kaiser, zum ironisch verdrehten Thema gemacht (Abb. 99).

Die betörenden Eisgebirge ergaben buchstäblich auf den Kopf gestellt Bilder wie aus einem fernen Sternensystem, bei deren Anblick sich gleich die Sinnfrage stellt. In diesem einem seiner fiktivsten Dokumentarfilme berichtet Herzog von den gescheiterten Versuchen Außerirdischer, die Erde zu besiedeln ebenso wie von den Versuchen der NASA, in einer fernen Galaxie neuen Lebensraum für die Menschen zu finden, die ihren Planeten Erde längst zerstört haben. So ist auch dieser «ver-rückte» Film nur eine weitere Variante der BEGEGNUNGEN AM ENDE DER WELT, deren speziellen Träume und die Träumer dazu Herzog schon immer fasziniert haben, wohl auch weil man sich an jenen Orten, sei es im «Ewigen Eis» oder in den «Fantasmagorien des Dschungels» immer ein Stück näher am Spirituellen befindet. Das ist auch eine der Antriebskräfte von Aguirre, die schon in der ersten Panoramaeinstellung des Films zu spüren ist, ebenso wie viele Bilder von FITZCARRALDO, wo schon die erste Flussbiegung ahnen lässt, dass eine Welt der Wunder auf uns wartet, von denen das «fliegende Schiff» noch das Geringste sein wird. Auch RESCUE DAWN, die Geschichte des deutsch-amerikanischen Kampfpiloten Dieter Dengler, der im Dschungel über Laos abstürzt und gegen alle Widrigkeiten der Gefangenschaft der Pathet Lao entkommt und nicht zuletzt zu sich selbst zurückkehrt, gehört 2006 zum Kreis der Erzählung von den Elementarerfahrungen, auch wenn Werner Herzog hier alle Register des Kriegs-Actionfilms zieht und alle Klischees des Genres bedient. Schon 1997 hatte er die wahre Geschichte Denglers in dem Dokumentarfilm FLUCHT AUS LAOS thematisiert, wobei der Originaltitel LITTLE DIETER NEEDS TO FLY um einiges aussagekräftiger ist, weil Herzog die Jugendträume Denglers im Zweiten Weltkrieg mit einfließen lässt.

Das «Wunder des Überlebens» hatte Herzog auch dazu bewogen, sich der Geschichte Juliane Koepkes anzunehmen, von der er persönlich tangiert war. Bei einem Zwischenaufenthalt Weihnachten 1971 bei den Vorbereitungen der Dreharbeiten zu AGUIRRE, DER ZORN GOTTES hatte er in Peru in das gleiche Flugzeug wie die 17-jährige Juliane – gebucht auf Reihe 19, Sitz F – steigen wollen. Herzogs eigene Flugbuchung wurden überraschend im letzten Moment gecancelt. Später erfuhr er, dass ausgerechnet dieses Flugzeug, in dem auch er hätte sitzen können, im tiefsten Dschungel abgestürzt war und Juliane ein paar Flussbiegungen vom Drehort zu AGUIRRE, DER ZORN GOTTES entfernt sich als einzige Überlebende der Katastrophe verzweifelt und alleine 12 Tage lang durchgekämpft hatte, bis sie völlig erschöpft von Waldarbeitern gefunden worden war. Der Dokumentarfilm JULIANES STURZ IN DEN DSCHUNGEL verfolgt 1998 mit der Heldin dieser Tragödie – auch ihre Mutter gehörte zu den Opfern – die Stationen ihrer Geschichte zu den

Trümmern des Fluges und ein vielfach gewundenes Flüsschen entlang bis sie wieder auf Menschen treffen kann. In einem peruanischen Kaff auf dem Friedhof sind einige der 82 Opfer des Absturzes begraben. Und eine kleine Tafel ist zu sehen mit einer Karte und einer gestrichelten Linie, die Julianes Route andeutet. Daneben weist ein Gipsengel in den Himmel. Vorher waren Schaufensterpuppen mit zerstörten Gesichtern zu sehen gewesen, darin spiegeln sich die Albträume Julianes wider mit denen sie das Erlebte verarbeitet hat. Wieder der Dschungel und wieder schöpft die Heldin ihre Kraft fürs Überleben lediglich aus ihrem Zentrum heraus. Am Ende kann sie sich nur – fast verdurstet und kraftlos – gefangen in einer hypnotischen Trance retten, die sie ihre Strapazen durchhalten lässt. Herzog bringt Juliane Koepke eindrucksvoll dazu, ihre Erlebnisse wahrheitsgetreu und detailreich zu erzählen und doch schweift er immer wieder ab zu Träumen und Geschichten vom endlosen Grün des Dschungels, vor dem ein Einzelschicksal zwar authentisch, aber auch klein und unbedeutend erscheint. In diesem eher unbekannt gebliebenen Film steckt die ganze Gestaltungskraft des mitfühlenden Beobachters Werner Herzog, dessen Gedanken noch so abschweifend wirken mögen, sich aber immer wieder und immer mehr auf die elementare Menschlichkeit des Wunders jeglichen Lebens konzentriert.

Dieses Staunen über das Leben und das Überleben in seinen wunderlichsten und wunderbarsten Ausformungen stehen im Kern des künstlerischen Schaffens Herzogs, insbesondere wenn er, wie auch bei diesem Film, selber den erzählenden Kommentar spricht, ganz so, dass man den Eindruck gewinnt, an jeder Wegbiegung könnte das Glück hervorspringen und unter jeder Wurzel sich ein Schatz verbergen; nicht der Goldschatz des legendären El Dorado, das Aguirre sucht, sondern viel wertvoller die Sehnsucht nach göttlicher Gnade. Auch der aus dem Gefängnis entlassene Straßensänger STROSZEK im Film von 1977 sucht weitab vom echten Dschungel im Gewirr der Vorstädte bei all seinen unbeholfenen Versuchen in Berlin und später in Railroad Flats in Wisconsin nach einer schlichten Erlösung von seiner tragikomischen Sinnsuche, bei der ihm allerdings ein jeder – Freund oder Feind – noch einmal übel mitspielen darf. JEDER FÜR SICH UND GOTT GEGEN ALLE hat das «Wunder Menschsein» zum Thema, wie anders könnte man auch die Geschichte des rätselhaften Findelkinds Kaspar Hauser beschreiben, der nach vielen Jahren in einem lichtlosen Kellerverlies buchstäblich das «Licht der Welt» erst für sich entdecken muss und es nur manchmal in der Musik und

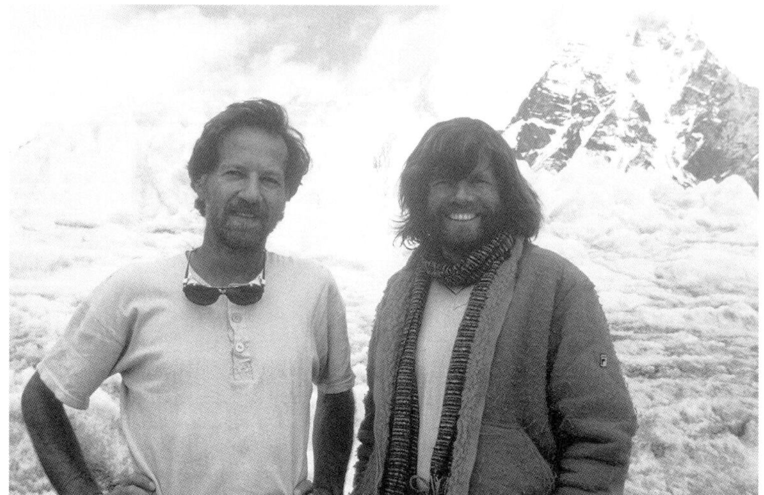

100 Mit Reinhold Messner vor den höchsten Bergen der Welt (GASHERBRUM – DER LEUCHTENDE BERG)

dann erst in einem «visionären Delirium» auf dem Sterbebett findet. Im rätselhaften Heimatfilm HERZ AUS GLAS verdichtet sich eine allgemeine Atmosphäre von ständig anwesenden Halluzinationen und Visionen zu einer Prophetie am Rande des Wahnsinns, ist aber im Kern nur eine betörende filmischen Versuchsanordnung. Josef Bierbichler sitzt am Berghang und sinniert als Prophet Hias über das Kommen der Apokalypse, während die Landschaft um ihn herum sich in Bewegung setzt. Im Dokumentarfilm THE WHITE DIAMOND versucht ein Aeronautik-Ingenieur auf den ersten Blick nur neue Flugzeugtypen zu entwickeln. Doch dahinter steckt doch der vielschichtige Versuch, die Schuld am Tod eines Freundes zu verarbeiten, weswegen der rätselhafte Augenblick, in dem die Mauersegler, im Unterschied zum Kleinstluftschiff, auch die härtesten Fallwinde überwinden, um eine geheimnisvolle, für Menschen unerreichbare Höhle in ihrer kreatürlichen Weisheit allein in Besitz zu nehmen und damit auch die Last des unerforschten Gewissens von Graham Dorrington mit sich zu nehmen, sich plötzlich in einem erlösungsähnlichen Zustand auflösen.

Und wenn Werner Herzog den Mördern in ON DEATH ROW (IM TODESTRAKT) die Scheußlichkeiten ihrer Taten entlockt, legt er doch auch in manchen kostbaren Momenten den verschütteten Kern des Menschseins in ihnen frei, was dem Betrachter tatsächlich Trost bietet. All diese bei Werner Herzog durchaus unerwarteten Diskurse über den Sinn des Lebens fächern sich auf zu einem Panorama des «Homo spiritualis» zu dem auch die Bergdramen wie GASHERBRUM – DER LEUCHTENDE BERG mit Herzogs Gesprächen mit Reinhold Messner (Abb. 100) und CERRO TORRE: SCHREI AUS STEIN mit einem

Duell zwischen einem klassischen Alpinisten und einem modernen Freeclimber um einen Schicksalsberg in Patagonien ihren Beitrag leisten (Abb. 101–103). Eine besondere Rolle spielt SALT AND FIRE und sein Diskurs über den Sinn des Lebens mit Veronica Ferres ganz auf sich alleine gestellt in der Salztonebene des Salar de Uyuni im Süden Boliviens in 4200 Metern Höhe. Nachdem der genreübliche Auftakt des Films ein Entführungsdrama mit ökologischem Hintergrund erwarten lässt, wandelt sich der Film angesichts des drohenden Ausbruchs eines Supervulkans in ein archaisches Sinngeschehen. Völlig auf sich selbst reduziert in einem unbestimmten Nirgendwo sieht sich die Wissenschaftlerin Laura Sommerfeld gezwungen, ihren Standort und ihr Lebenszentrum gegenüber einer allmächtig erscheinenden Natur neu zu bestimmen. Sie landet dabei in eine Position des ehrfürchtigen Staunens gegenüber der Schöpfung, wobei sie als Musterfigur des späten Herzogs verstanden werden kann.

So wird die endlose Salzwüste zu einem Artefakt in dem sich die Menschheit nur noch einritzen muss, wie die Urmenschen es in der Höhle von Chauvet gemacht haben. So kann man SALT AND FIRE ebenso wie DIE HÖHLE DER VERGESSENEN TRÄUME als einen programmatischen Film verstehen. Allerdings ist das alles schon vorgezeichnet in FATA MORGANA, Herzogs Essayfilm mit dem Maya-Text des Popol Vuh zu verstörend direkten Wüstenbildern der Sahara. Der Film aus dem Jahr 1971 nimmt vieles vorweg von der Ästhetik der künftigen Filme Herzogs und gliedert sich in die Kapitel «Die Schöpfung», «Das Paradies» und «Das Goldene Zeitalter». Er zeigt die Welt als sei sie auf ihre Art aufgehoben in einer archaischen Vergangenheit, aber auch in einer herbeigesehnten Zukunft. Es ist der Abgesang einer sterbende Welt. Oder eine Hymne auf ihre Wiedergeburt im ewigen Wandel der Zeiten wie ihn nur die ältesten Sagen der Menschheit verkünden können.

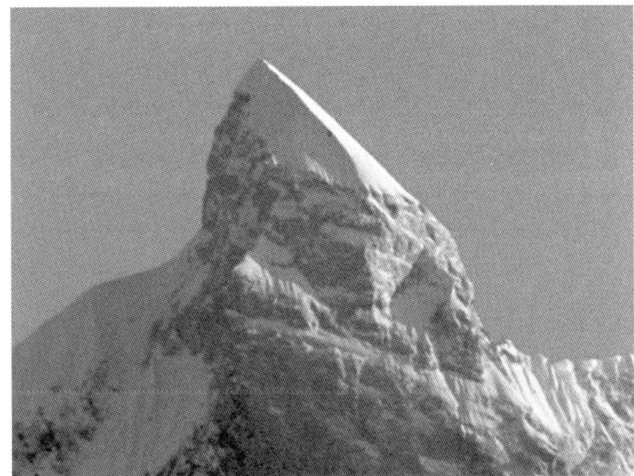

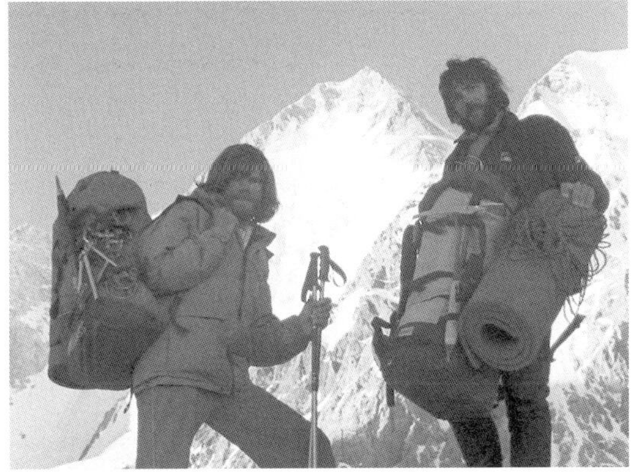

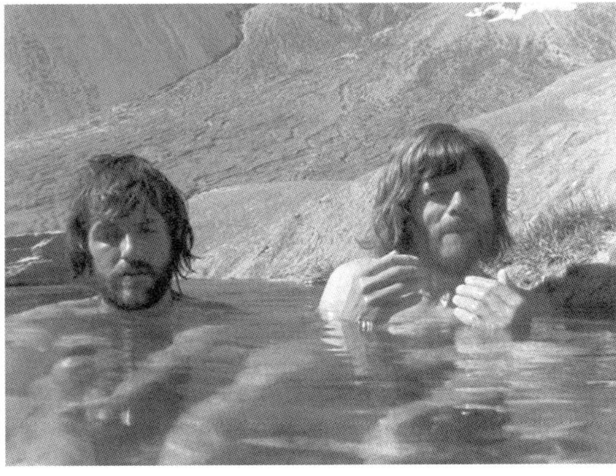

101–103 Das Leuchten der Berge (GASHERBRUM – DER LEUCHTENDE BERG)

Die sieben Leben des Werner Herzog

Das Sprichwort von den «sieben Leben» einer Katze kommt aus dem Mittelalter, als man die Katze als Begleiter teuflischer Hexen ansah und sogar von Kirchtürmen hinunterwarf, um ihre zauberische Fähigkeit, Stürze zu überleben, maximal auszutesten. Katzen können sich tatsächlich noch in der Luft drehen und landen immer wieder, auch aus großer Höhe noch auf ihren Pfoten. So ähnlich kann man auch das Leben von Werner Herzog beschreiben. Er ist ein Wiedergänger und kann sich nach jedem Rückschlag immer wieder neu erfinden. Noch in der Luft dreht er sich gewissermaßen und landet auf seinen Füßen. Deswegen ist er auch so gerne zu Fuß unterwegs. Das begann, könnte man sagen, schon in der Kindheit. So überlebte er als Kind die Bombenangriffe auf München, weil seine Familie nach Sachrang, kurz vor der österreichischen Grenze übergesiedelt war.

Nach dem Anfangserfolg mit LEBENSZEICHEN, der – durchaus weiteren Erfolg versprechend – 1968 einen Silbernen Bär als bester Erstlingsfilm bei der Berlinale gewonnen hatte, wurde es schnell wieder still um Herzog – durchaus üblich für Regieanfänger von denen man allenfalls einen zweiten Film sieht, aber dann nie wieder etwas hört. Doch der zweite Film AUCH ZWERGE HABEN KLEIN ANGEFANGEN löste 1970 mit seinen «unartigen Liliputanern», wie Wolf Donner seine Besprechung in *Die Zeit* betitelte, gleich einen veritablen Skandal als buchstäbliche Verniedlichung der damaligen Studentenrevolte aus und fand nicht einmal einen Verleih. Seinen künstlerisch so bedeutsamen nächsten Film FATA MORGANA musste Herzog 1971 sogar im Eigenverleih und zunächst sehr bescheiden selbst herausbringen.

AGUIRRE, DER ZORN GOTTES war anschließend – von mehreren Drehkatastrophen einschließlich Flugzeugabsturz gebeutelt und – glaubt man Herzog – lag das komplette Negativ des Film auf dem Flughafen von Lima in der Sonne und wurde nur durch die ausdauernde Suche von Werner Herzogs Bruder und Produzent Lucki Stipetić wiedergefunden. Auch die allgemeine Anerkennung erreichte der Film erst mit der Zeit. Nach der Premiere monierte der Rezensent der Frankfurter Allgemeinen Zeitung noch Kinskis «Masken und Medusenblick» und seinen «Hang zum Theaterdonner». Auch wenn Herzog mehr und mehr eine Fangemeinde um sich scharen konnte, die sogar eine Egopräsentation wie 1980 WERNER HERZOG ISST SEINEN SCHUH goutierte, während NOSFERATU – PHANTOM DER NACHT und WOYZECK jeweils ein gemischtes Echo hervorriefen, bevor FITZCARRALDO 1982 mit dem Regiepreis der Filmfestspiele von Cannes endgültig den internationalen Rang Herzogs zu bestätigen schien.

Doch er arbeitete weiter an seinen Höhen, die er erreichte und den Tiefen, in die er immer wieder stürzte. Als er 1999 in seinem Dokumentarfilm MEIN LIEBSTER FEIND die Zusammenarbeit mit Klaus Kinski in den Mittelpunkt stellte, vermutete mancher schon, dies sei der endgültige Abschied eines leidlich prominenten, immer aber ungemütlichen Spezialgewächses des deutschen Kinos. Doch in Wahrheit war Herzog nach Amerika umgesiedelt und meldete sich mit einer Reihe ganz besonderer Dokumentarfilme zurück: mit dem widersprüchlichen Traum von der Verschmelzung von Mensch und Natur in GRIZZLY MAN, BEGEGNUNGEN AM ENDE DER WELT mit sensationellen Unterwasseraufnahmen in der Antarktis sowie und vor allem mit dem philosophischen Filmessay in 3D über die Urzeit-Kathedrale von Chauvet in DIE HÖHLE DER VERGESSENEN TRÄUME. Vielfach mit Preisen bedacht und umjubelt wurde dieser neue Herzog vor allem in den USA, wo er wie auch in Frankreich und Italien überhaupt sehr viel mehr positive Aufmerksamkeit bekam, als in seiner Heimat Deutschland, wo die Filme des aufregendsten deutschen Filmregisseur oft nicht mal mehr ins Kino kamen, wie seine Interviewfilme mit Todeskandidaten ON DEATH ROW (IM TODESTRAKT, 2012). KÖNIGIN DER WÜSTE verlor sich trotz Starbesetzung mit Nicole Kidman buchstäblich im Sand und SALT AND FIRE blieb fast übersehen in der Salzebene stecken.

Mit seinem Europäischen Filmpreis für das Lebenswerk 2019 feierte Herzog eine triumphale Rückkehr auf die große Bühne. Und zeigte am Rande der Veranstaltung einen kleinen Film über die Verantwortung der Illusionskünste FAMILY ROMANCE, LLC, der – so aussagekräftig er sich dem Thema gefälschter Gefühle auch widmete – wieder keinen Filmstart in Deutschland bekam.

Ehrliches Staunen und undurchdringliche Rätsel

Man kann das Lebenswerk des Werner Herzog natürlich auch ganz anders sehen – als ein geschlossenes Werk von weit über 60 Filmen, die zu stets spannenden Reisen in immer neue Welten einladen, denen sich Herzog dokumentarisch oder fiktiv mit staunendem Blick nähert. Das «ehrliche Staunen» ist einer der Kernbegriffe, den man in jedem Film Herzogs auf die eine oder andere Weise wiederfinden kann: Im Dschungel von AGUIRRE, DER ZORN GOTTES und FITZCARRALDO, der in ganz anderer Weise in JULIANES STURZ IN DEN DSCHUNGEL und in THE WHITE DIAMOND wiederkehrt oder von der Bergspitze aus in HERZ AUS GLAS oder tief aus der Urzeithöhle in DIE HÖHLE DER VERGESSENEN TRÄUME. Staunen setzt Neugier und die Bereitschaft voraus, das Leben immer wieder neu kennenzulernen und unvoreingenommen zu begreifen. Das schließt auch schockierende Bilder und Ereignisse ein. Herzog sucht in seinen Arbeiten nie den schlichten Konsens. Genau damit hat er sich oft in die Nesseln gesetzt. Wobei Herzog vor allem, das unterstreicht er, wenn er mit seiner eigenen Stimme durch einen Film führt: So sehr er ehrlicherweise ein «offenes Buch» ist, bleibt er gleichzeitig «ein unlösbares Rätsel». Das Faszinosum seiner Filme liegt darin, dass ihnen das Geheimnis bleibt, sogar im Verlaufe eines Films stets neue unerwartete Dimensionen erreicht, auch wenn dessen Sujet noch so sehr dazu verführen sollte, am Ende alles aufzuklären. Ob Nosferatu in NOSFERATU – PHANTOM DER NACHT tatsächlich die Nacht beherrscht oder die grünen Ameisen träumen, Herzogs Filme mit ihren auftürmenden Wolkengebirgen und tröstenden Sonnenaufgängen arbeiten stets daran, im Kinosessel Erlebnisse zu erschaffen, die einzigartig sind. Wie wenn Extremkletterer Berge überwinden in CERRO TORRE: SCHREI AUS STEIN oder in GASHERBRUM – DER LEUCHTENDE BERG und dann auf dem Gipfel nur neue Horizonte in der Ferne leuchten sehen. So bewahrt sich Herzog in seinen Filmen in jedem Augenblick eine gewisse Offenheit für ein neues Staunen über das Leben und die Welt. Dabei macht er auch vor Sinnestäuschungen, wie sie das Kino nun einmal zuhauf anbietet, keinen Halt. Aus Luftspiegelungen in der Wüste und Eisgebirgen unter der Antarktis werden die Landschaften und Phantasmagorien fremder Planeten. Und die Welt verwandelt sich in Musik und Musik wiederum hat die

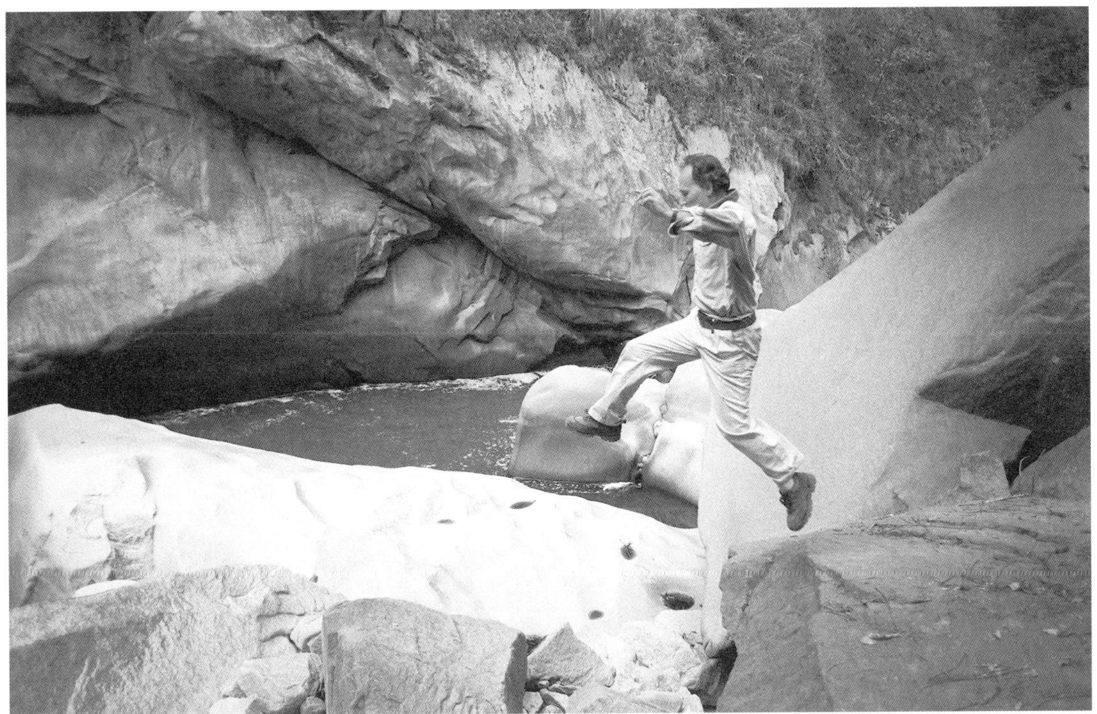

104 Unartiger Herzog. So spring' ich über Felsen

Kraft, den Dschungel umzugestalten in die Traumutopien einer Heimat, die wir nur im Kino jemals finden können.

Eine Welt ist nicht genug für Herzogs ruhe- und rastlose Suche nach der «ekstatischen Wahrheit» unseres Lebens. Es braucht eine Vielzahl sehr unterschiedlicher (Erzähl-)Welten, die manchmal von einem Augenblick zum anderen ihr Gesicht und ihre Bedeutung verändern. Dafür steht Werner Herzogs gesamtes filmisches Werk, dem man nur folgen kann, wenn man bereit ist, sämtliche gewundenen gedanklichen und sinnlichen Wege mitzugehen, die er anbietet: ob Urwald oder Wüste, Stadt oder Land, heute oder gestern, ewiges Eis oder rätselhafte Tiefsee, Traumwelt oder wirkliche Welt oder alles montiert zu einer einzigen filmischen Metarealität. Werner Herzog ist immer so sehr selbst rätselhaft geblieben, dass seine Zuschauer sich über keine noch so abwegige dramaturgische Konstellation wundern würden, mit der er als nächstes Projekt um die Ecke biegen könnte. Das System Herzog ist ein am Ende offenes System. Und das gilt auch für die Filme, die er von jetzt an machen wird.

Kommentierte, ausgewählte Filmografie/Biografie

1942

Geboren am 5. September 1942 in München, wächst Herzog, weil seine Familie den Bomben auf die Großstadt entkommen will, auf dem Lande im bayerischen Dörfchen Sachrang auf. Seine kroatisch-stämmige Mutter Elisabeth (geborene Stipetić) und sein deutscher Vater Dietrich Herzog lassen sich bald scheiden und schließlich wird aus Werner Herzog Stipetić der deutsche Filmregisseur Werner Herzog. Sein jüngerer Halbbruder ist Hartwolf Lucki Stipetić, der ab 1972 bei AGUIRRE, DER ZORN GOTTES bis heute meist sein Produzent ist.

1950er-Jahre

Werner Herzog sieht – nach eigener Aussage – erst als 11-Jähriger seinen ersten Film im Dorfkino. Vorher nur Schulvorführungen vom 16-mm-Projektor, Tierfilme und Filme von Inuit und Pygmäen. Später dann mit seinem älteren Bruder Tilbert auch Abenteuerfilme von Zorro und Tarzan.

1953

Kurze Zeit leben sie ab 1953 gemeinsam mit Klaus Kinski in einer Pension in der Elisabethstraße in München, wo die Jungs das Maximiliansgymnasium in Schwabing besuchen.

1956

Erste Reisen nach Griechenland auf den Spuren von Großvater Rudolf, der auf Kos als Archäologe tätig gewesen war. Aus den Recherchen bei dieser Reise geht später LEBENSZEICHEN hervor.

1962

Ab 1962 dreht er mehrere Kurzfilme, darunter HERAKLES.

In der folgenden absichtlich nicht lückenlosen Filmografie taucht das Gewerk «Drehbuch» nur auf, wenn dieses nicht von Werner Herzog oder nicht von ihm alleine geschrieben worden ist. Kurzfilme werden in der Regel weggelassen, es sei denn, sie spielen eine besondere Rolle in Herzogs Leben oder Werk. Die Kategorie Musik ist nur erwähnt, wenn es eine spezielle Komposition für diesen Film gibt und nicht nur bestehende Musikstücke unterlegt werden.

1964

Erster Gewinn eines Filmpreises, des Carl-Mayer-Drehbuchpreises für das Treatment von *Feuerzeichen* später realisiert als LEBENSZEICHEN. Ab 1966 Reisen durch die USA und Mexiko im Anschluss an ein nach kurzer Zeit aufgegebenes Fulbright-Stipendium in Pittsburgh.

1968

LEBENSZEICHEN
BRD. Schwarzweiß. 87 Min. **Regie:** Werner Herzog. **Kamera:** Thomas Mauch. **Musik:** Stavros Xarchakos. **Schnitt:** Beate Mainka-Jellinghaus, Maximiliane Mainka.
Darsteller: Peter Brogle, Wolfgang Reichmann, Jannis Frasakis, Achmed Hafiz, Werner Herzog, Henry van Lyck, Wolfgang von Ungern-Sternberg.
Auszeichnungen: Filmband in Silber (Deutscher Filmpreis); Berlinale: Silberner Bär Sonderpreis, Bester Nachwuchsfilm.
■ Erster langer Spielfilm von Werner Herzog über einen deutschen Soldaten, der sich im Zweiten Weltkrieg in einer Festung auf der griechischen Insel Kos in einen ausweglosen Wahn hineinsteigert. Er will sogar die Sonne herausfordern, so sehr fühlt er sich von allen und allem bedroht. Und scheitert natürlich daran. Basiert grob auf einer Erzählung von Achim von Arnim: *Der tolle Invalide auf dem Fort Ratonneau.* Schauplatz ist die Festung Neratzia, an der Herzogs Großvater Rudolf als Archäologe gearbeitet hatte. Lotte Eisner empfahl Fritz Lang, sich den Film anzuschauen mit den Worten: «Weißt du! Es gibt wieder große Filme in Deutschland.»

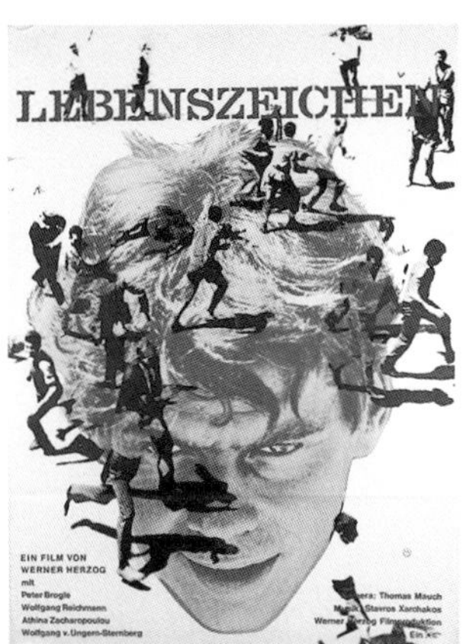

105

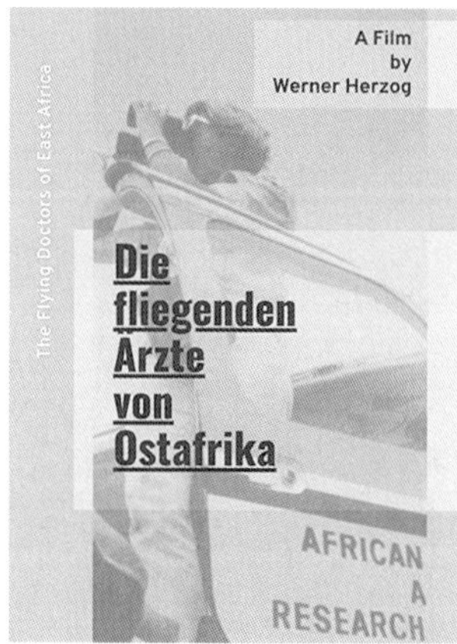

106

Die fliegenden Ärzte von Ostafrika

BRD. 45 Min. Dokumentarfilm. **Regie:** Werner Herzog. **Kamera:** Thomas Mauch. **Schnitt:** Beate Mainka-Jellinghaus.

■ Bericht Herzogs über den «Flying Doctors Service» in den abgelegenen Gebieten von Kenia, Tansania und Uganda; gilt parallel entstanden zu Fata Morgana, zu dessen Ästhetik er beitrug und zu Auch Zwerge haben klein angefangen, als wichtige Fingerübungen des noch unerfahrenen Regisseurs und erste Zusammenarbeit mit Kameramann Thomas Mauch.

1970

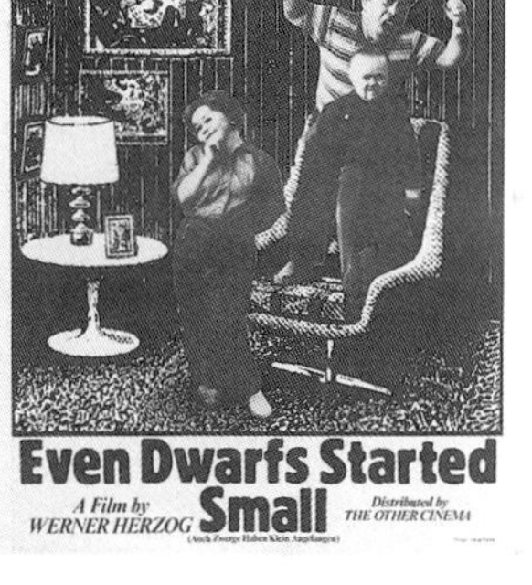

107

Auch Zwerge haben klein angefangen

BRD. Schwarzweiß. 96 Min. **Regie:** Werner Herzog. **Kamera:** Thomas Mauch, Jörg Schmidt-Reitwein; **Musik:** Florian Fricke (Popol Vuh), Felisa Arrocha Martin (Gesang). **Schnitt:** Beate Mainka-Jellinghaus.

Darsteller: Helmut Döring, Gerd Gickel, Paul Glauer, Erna Gschwendtner, Gisela Hertwig.

■ Ausschließlich kleinwüchsige Darsteller proben in diesem Film voller surrealistischer Übertreibungen als Bewohner eines Erziehungsheims den Aufstand gegen ihre Erziehungsautoritäten. Der Film stieß auf weitgehendes Unverständnis und fand nicht einmal einen deutschen Verleih. Aus heutiger Sicht kann man viele Züge von Herzogs Werk in dieser wilden, anarchistischen Parabel aber schon erkennen. Die bürgerliche Ordnung bricht zusammen und eine Herrschaft der Gewalt etabliert sich. Den Umgang mit seinen kleinwüchsigen Darstellern würde man heute als «politisch nicht korrekt» ablehnen. Auch das Bild eines gekreuzigten Äffchens galt als grenzwertig.

108

1971

Fata Morgana

BRD. 79 Min. Dokumentarfilm **Regie:** Werner Herzog. **Kamera:** Jörg Schmidt-Reitwein

■ Sahara und Sahel stehen im Mittelpunkt dieses Films, der sich an den Schöpfungsmythos der Maya anlehnt. Bemerkenswert ist unter anderem an diesem delirierenden Filmessay, dass die Passage aus dem Mythos der Quiché (Maya) Popol Vuh gesprochen wird von der Filmhistorikerin Lotte Eisner, die in Werner Herzog das Wiedererstarken der deutschen expressionistischen Filmkultur sah und ihn förderte, was Herzog als ihr großer Verehrer zurückgeben würde. Immer noch ein visuell reiches Experiment, das die Wüste als Darsteller einer sterbende Welt des fiktiven Planeten Uxmal benutzt.

Land des Schweigens und der Dunkelheit

BRD. 85 Min. Dokumentarfilm. **Regie:** Werner Herzog. **Kamera:** Jörg Schmidt-Reitwein. **Schnitt:** Beate Mainka-Jellinghaus.

■ Beobachtungen des Lebens und der Wahrnehmungswelt einer taubblinden Frau und anderer Betroffener. Sehr einfühlsam und genau beschreibt Herzog in seiner auf dem Internationalen Filmfestival von Mannheim 1971 preisgekrönten Dokumentation eine Welt, die für «normale» Menschen nicht erreichbar ist. Nur ein Film kann das Leben und die Wahrnehmungswelt der Heldin dieser Geschichte Fini Straubinger zugänglich machen. Zugleich wird eine elementare Fremdheit des Landes des Schweigens und der Dunkelheit offenbar. Herzogs einfühlsame Interviewtechnik und sein Gespür für die Unwägbarkeiten des Lebens werden schon sichtbar.

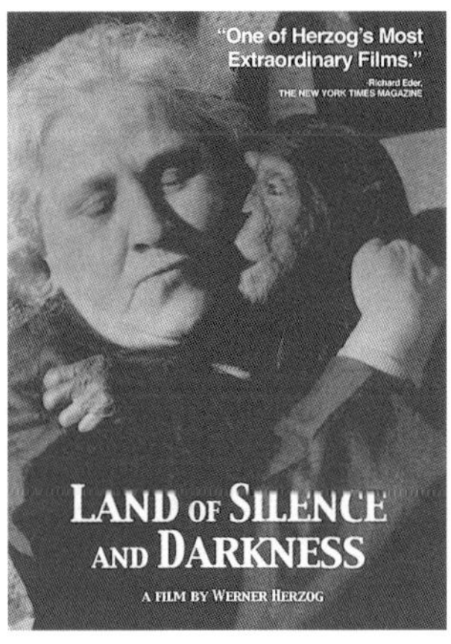

109

1972

Aguirre, der Zorn Gottes

BRD/MEX/PE. 93 Min. **Regie:** Werner Herzog. **Kamera:** Thomas Mauch. **Schnitt:** Beate Mainka-Jellinghaus. **Musik:** Florian Fricke (Popol Vuh).

Darsteller: Klaus Kinski, Daniel Adel, Helena Rojo, Peter Berling, Alejandro Chavez, Daniel Farfan, Ruy Guerra.

Auszeichnungen: Preis als bester ausländischer Film der französischen Filmkritik Prix Léon Moussinac.

■ Spanische Konquistadoren auf der Suche nach dem Goldland «El Dorado» im peruanischen Dschungel. Ins Zentrum stellt Herzog den größenwahnsinnigen, machtbesessenen und intriganten Abenteurer Lope de Aguirre, der von Klaus Kinski kongenial verkörpert wird, bis er am Ende auf seinem Floß im Amazonas nur noch zu Totenkopfäffchen sprechen kann, bevor er im Sumpf versinkt. Die farbenprächtige, bildgewaltige Saga von der fast ins Religiöse sich kehrenden Gier nach Gold, Allmacht und Ewigkeit ist wie ein heftiger Ausruf und gilt allgemein als großes Versprechen, in dem man schon das weitere Werk des damaligen Anfängers Werner Herzog erkennen konnte.

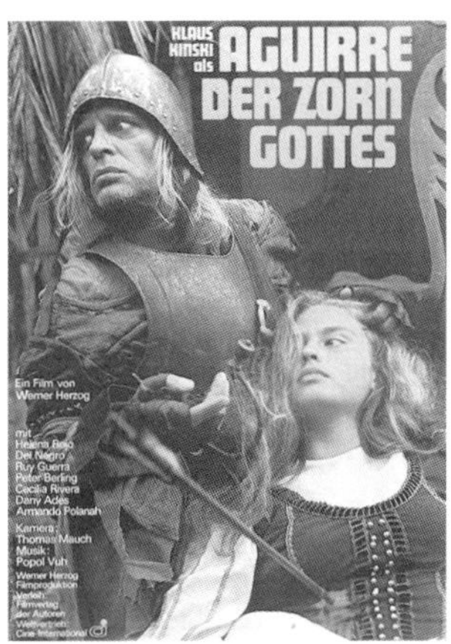

110

1974

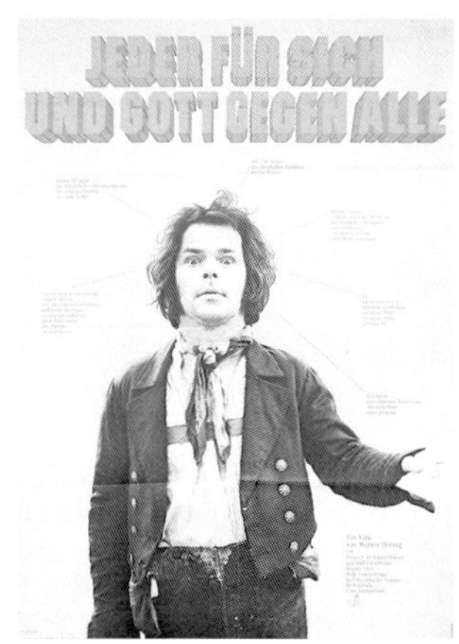

111

Jeder für sich und Gott gegen alle

BRD. 109 Min. Regie: Werner Herzog. Kamera: Jörg Schmidt-Reitwein. Schnitt: Beate Mainka-Jellinghaus. Musik: Florian Fricke (Popol Vuh).

Darsteller: Bruno Schleinstein, Walter Ladengast, Brigitte Mira, Willy Semmelrogge, Herbert Achternbusch, Wolfgang Bauer, Wilhelm Bayer, Clemens Scheitz, Franz Brumbach, Johannes Buzalski, Gloria Doer, Enno Patalas, Alfred Edel.

Auszeichnungen: 25. Deutscher Filmpreis Preis für Beste Ausstattung. Preis für Schnitt, Filmband in Silber. 28. Filmfestspiele Cannes: FIPRESCI-Preis. Preis der ökumenischen Jury. Sonderpreis der Jury

■ Die Geschichte des Kaspar Hauser erzählt als konventionelles Volksmärchen. Das naturbelassene Individuum war in einem Kellerloch eingesperrt, bis er – von einem Moritatensänger vorgestellt – mitten im fränkischen Nürnberg ausgesetzt wird. Er weiß nicht was ein Haus, ein Baum oder was überhaupt Sprache ist und hat keinerlei Vorstellung von menschlicher Kultur. Eine einfühlsame Passionsgeschichte auch über das gedankenloses Leid, das die Erziehung den Menschen erst zufügt. Nur Musik lässt Kaspar Hauser in seiner kurzen Lebenszeit so etwas wie Glück empfinden. Statuarisch inszeniert und mit einem vielgelobten ersten Auftritt des unbekannten Hauptdarstellers Bruno Schleinstein in der Hauptrolle. Für einen Fiebertraum Kaspar Hausers verwendete Herzog Material, das ursprünglich für Fata Morgana gedreht worden war.

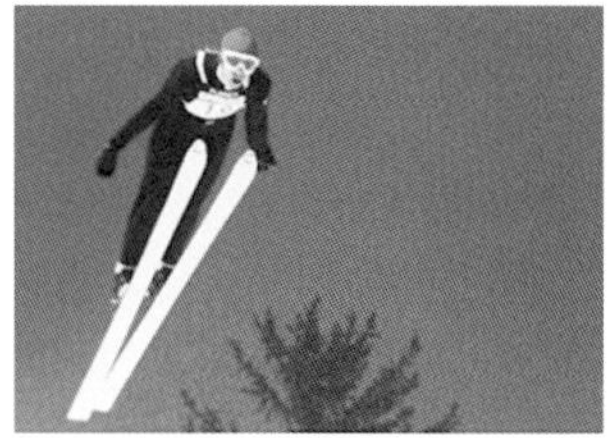

Die große Ekstase des Bildschnitzers Steiner

The Great Ecstasy of Woodcarver Steiner

A Film by Werner Herzog

112

Die grosse Ekstase des Bildschnitzers Steiner

BRD. 47 Min. Dokumentarfilm. Regie: Werner Herzog. Kamera: Jörg Schmidt-Reitwein. Schnitt: Beate Mainka-Jellinghaus. Musik: Florian Fricke (Popol Vuh)

■ Porträt des Schweizer Skifliegers Walter Steiner beim Wettbewerb in Planica (ehemals Jugoslawien) mit außergewöhnlichen Extremzeitlupen seiner Sprünge und einem sehr persönlichen Kommentar Herzogs, der ganz in der Nähe einer Flugschanze aufgewachsen ist. Besonders herausgehoben werden die Sprungerlebnisse durch die Musik von Popol Vuh.

Herzog unternimmt einen legendären Fußmarsch in 22 Tagen von München nach Paris zu Lotte Eisner, die schwerkrank darnieder liegt. Er ist der festen Überzeugung, ihr durch diese Tat im November/Dezember 1974 das Leben retten zu können. Lotte Eisner überlebt tatsächlich und stirbt erst neun Jahre später 1983. In einem Tagebuch dokumentiert Herzog dieses persönliche Experiment: «Vom Gehen im Eis». Immer wieder unternimmt er Fußmärsche zur inneren Einkehr wie 1982 einen (allerdings abgebrochenen) Fußmarsch um Deutschland herum als Mahnung zur Wiedervereinigung der deutschen Staaten. «Tourismus ist Sünde, zu Fuß gehen eine Tugend.» (Minnesota Declaration)

1976

Herz aus Glas

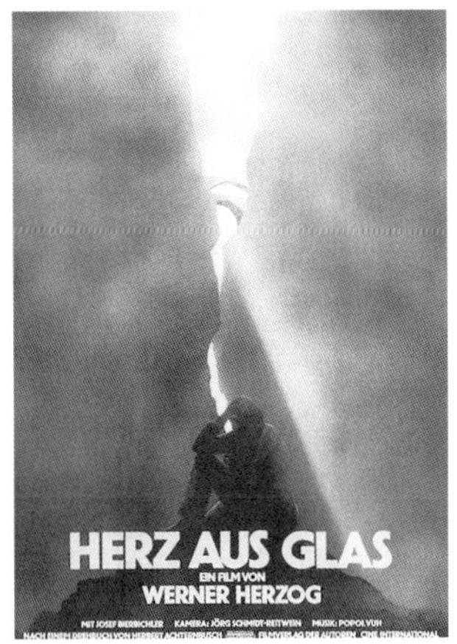

113

BRD. 97 Min. **Regie:** Werner Herzog. **Drehbuch:** mit Herbert Achternbusch. **Kamera:** Jörg Schmidt-Reitwein. **Musik:** Florian Fricke (Popol Vuh).
Darsteller: Josef Bierbichler, Stefan Güttler, Clemens Scheitz, Volker Prechtel, Sonja Skiba, Wolf Albrecht, Joschi Arpa, Thomas Binkley, Claude Chiarini, Herbert Achternbusch, Werner Herzog.
Auszeichnung: Deutscher Filmpreis in Gold für die Kamera von Jörg Schmidt-Reitwein.

■ In einem bayerischen Dorf stirbt der Glasbläsermeister Mehlbeck und mit ihm das Geheimnis der Herstellung von Rubinglas. Ein Seher aus den Bergen – der Hias – soll das Produktionsrätsel des besonders wertvollen Glases aus dem Jenseits zurückholen und damit die zunehmende Verwirrung und das Chaos unter den Dorfbewohnern beenden. Herzog wendete bei den Dreharbeiten nach eigener Aussage Hypnose an, um die inneren Zustände der Handelnden transparenter zu machen. Mit einem tollen Erstauftritt von Hauptdarsteller Josef (Sepp) Bierbichler als Prophet Hias unter anderem mit apokalyptischen Visionen über die Schrecken des 20. Jahrhunderts in Europa. Einer der besten Soundtracks von Florian Fricke für Werner Herzog und mit einer visionären Kameraarbeit.

How Much Wood Would a Wouldchuck Chuk …

114
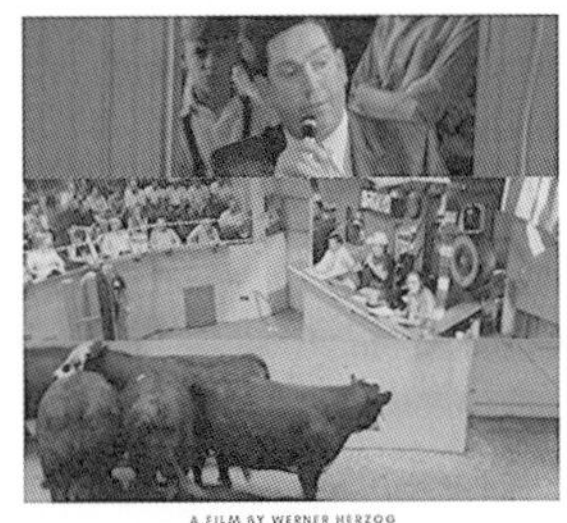

BRD. 45 Min. Dokumentarfilm. **Regie:** Werner Herzog. **Kamera:** Thomas Mauch, Edward Lachman. **Schnitt:** Beate Mainka-Jellinghaus.

■ «Beobachtungen zu einer neuen Sprache», so könnte man den Titel dieses Films eindeutschen. Im Detail zitiert der Titelspruch den Auftritt eines Auktionators der «World Livestock Auctioneer Championship» in New Holland, Pennsylvania bei der sich die «Poesie des Kapitalismus in aller Schönheit und zum Fürchten» auslebt, wie Herzog anmerkt, der sich in diesem anregenden Dokumentarfilm mit Auktionatoren als Stars und auch Bemerkungen zum «Pennsylvania Dutch» zum «Neudeutsch aus der amerikanischen Provinz» als elementar neugierig erweist. Der Auktionator taucht später auch wieder in STROSZEK auf.

1977

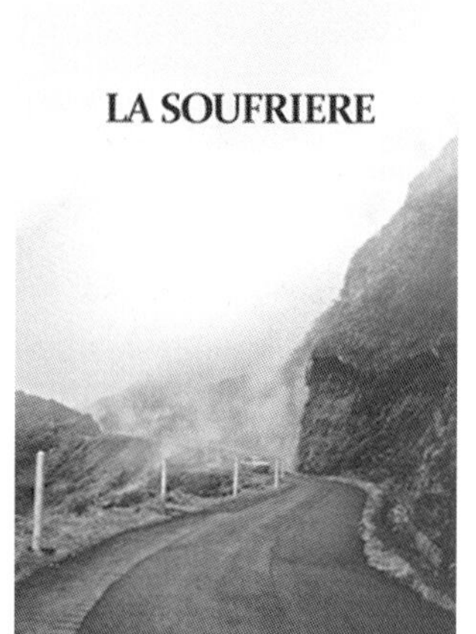

115

LA SOUFRIÈRE – WARTEN AUF EINE UNAUSWEICHLICHE KATASTROPHE

BRD. 31 Min. Dokumentarfilm. **Regie:** Werner Herzog. **Kamera:** Jörg Schmidt-Reitwein, Edward Lachman. **Schnitt:** Beate Mainka-Jellinghaus.
Auszeichnung: 1978 Filmband in Silber (Deutscher Filmpreis).
■ Fasziniert von der Meldung, dass die Insel Guadeloupe mit dem Hauptort Basse-Terre, die angesichts eines in Kürze erwarteten Vulkanausbruchs des Soufrière komplett evakuiert worden ist, versuchte Herzog dort so nah wie möglich an einer «unausweichlichen Katastrophe» zu sein und mit seinem kleinen Team direkt unter Lebensgefahr beim Vulkanausbruch vor Ort zu drehen. Er dokumentiert die «explosive» Stimmung und das Lebensgefühl der erwarteten Apokalypse, die dann gar nicht eintritt. Vom ersten Augenblick an zeigt er, wie die Situation ihn selbst erregt, was er emotional in die Kamera hinein erzählt. Eine filmische, «teilnehmende Beobachtung» der besonderen Art.

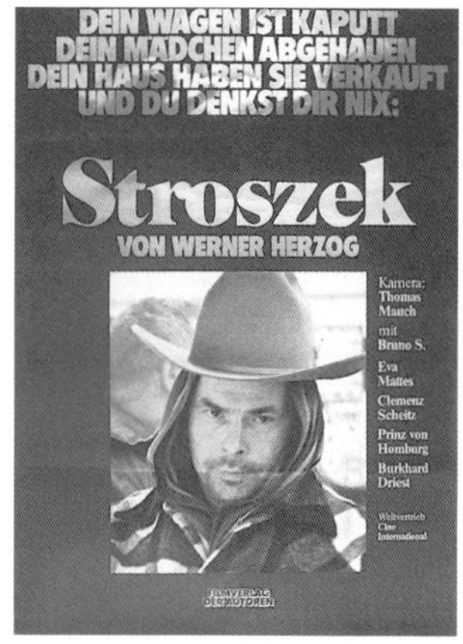

116

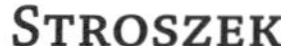

STROSZEK

BRD. 108 Min. **Regie:** Werner Herzog. **Kamera:** Thomas Mauch, Edward Lachman. **Schnitt:** Beate Mainka-Jellinghaus.
Darsteller: Bruno Schleinstein, Eva Mattes, Clemes Scheitz, Burkard Driest, Alfred Edel, Wilhelm von Homburg.
Auszeichnung: Preis der deutschen Filmkritik 1978.
■ Stroszek, so hieß schon die Hauptfigur von Werner Herzogs Regiedebut LEBENSZEICHEN. In diesem rauen Roadmovie erzählt er die Geschichte eines rast- und ruhelosen Bänkelsängers und Herumtreibers in Berliner Hinterhöfen, der sich entschließt zusammen mit der Prostituierten Eva, die er liebt, ein neues Leben in der amerikanischen Provinz Wisconsins anzustreben. Mit tragikomischer Konsequenz treibt Stroszeks Leben auf die größtmögliche Katastrophe in einem verlasse-

nen Indianerreservat zu. Selbst der finale Bankraub misslingt völlig. Ein reicher Film voller spontaner, origineller Ideen mit einem beeindruckenden Trio von Hauptdarstellern, der wie ein amerikanischer Independent-Film wirkt und mit großer Liebe zum kuriosen Detail ein gefühlvolles Melodrama über einen geliebten «Loser» ist. Besticht auch durch ein eindrückliches Farbkonzept in der Bildgestaltung.

1979

NOSFERATU – PHANTOM DER NACHT

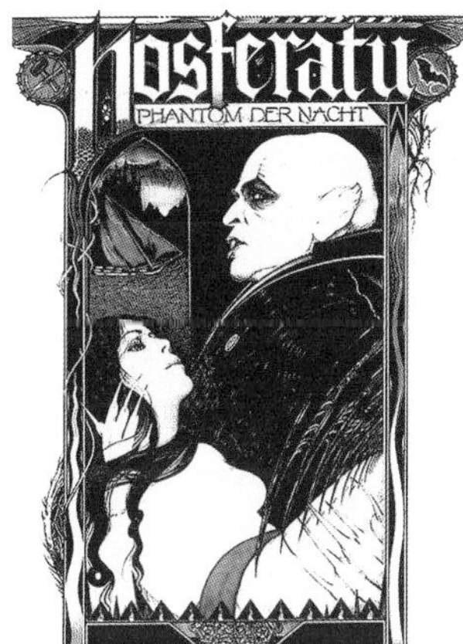

117

D/F. 103 Min. Regie: Werner Herzog. Kamera: Jörg Schmidt-Reichwein. Schnitt: Beate Mainka-Jellinghaus.
Darsteller: Klaus Kinski, Isabelle Adjani, Bruno Ganz, Roland Topor, Walter Ladengast.
Auszeichnung: Deutscher Filmpreis für Klaus Kinski.

■ Bis ins Detail hinein ein Remake des Stummfilmklassikers ähnlichen Titels von Friedrich Wilhelm Murnau aus dem Jahr 1921. Selbst in den Schattenspielen an der Wand folgt Herzog seinem großen Vorbild. Doch bei dieser Tonfilmvariante vom Vampirfürsten Dracula, der in Transsylvanien, – aufgestöbert durch den Immobilienmakler Jonathan Harker aus Wismar und durch ein Bildnis von dessen Braut Lucy angeregt–, in der Welt der Menschen sein blutiges Glück zu suchen, wirken die Dialoge oft äußerst stilisiert. Durch den Opfermut von Lucy, die Dracula den Hahnenschrei als Warnsignal des heraufziehenden Tages verpassen lässt, verbrennt er zu Asche. Eine extrem stilisierte Version des Stoffes ohne Klamauk und Action; Klaus Kinski suhlt sich in den Möglichkeiten der Vampirrolle. Bruno Ganz wird am Ende selbst zum Vampir, was die Aufopferung von Isabelle Adjani als Lucy vergeblich macht. In Frankreich gilt der Film als Meisterwerk, was er mindestens durch die Kameraarbeit auch ist, während in Deutschland die negative Kritik überwiegt, weil Herzogs Hommage an das Weimarer Kino ihm eher übel genommen wurde.

118

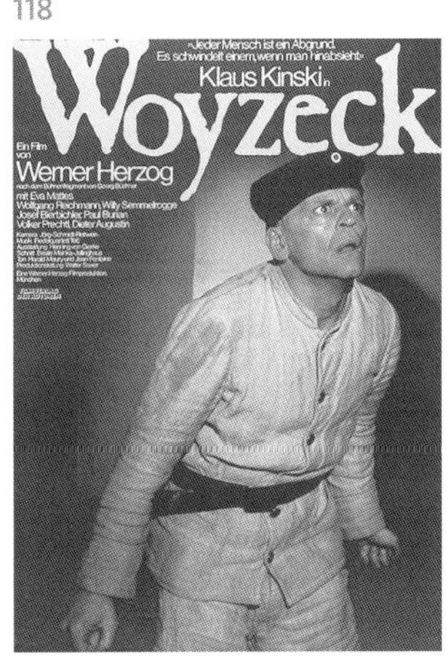

WOYZECK

1979. 81 Min. Regie: Werner Herzog. Kamera: Jörg Schmidt-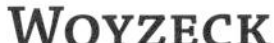Reitwein, Michael Gast, Josef Bierbichler. Schnitt: Beate Mainka-Jellinghaus.
Darsteller: Klaus Kinski, Eva Mattes, Josef Bierbichler, Wolfgang Reichmann, Willy Semmelrogge, Irm Hermann.
Auszeichnungen: Cannes: Beste Darstellerin, Eva Mattes.

■ Weitgehend werkgetreue Verfilmung von Georg Büchners Dramenfragment von 1879 vom schlichten Soldaten, der von seinem Vorgesetzten gequält und ausgenutzt und von seiner Liebsten betrogen zum Mörder wird. Sein Arzt überredet ihn zu einer abstrusen Erbsendiät, in deren Verlauf die psychischen Probleme der Hauptfigur sich immer mehr zuspitzen. Als dumpfer Charakter am Limit wusste Klaus Kinski nicht alle zu überzeugen.

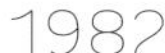

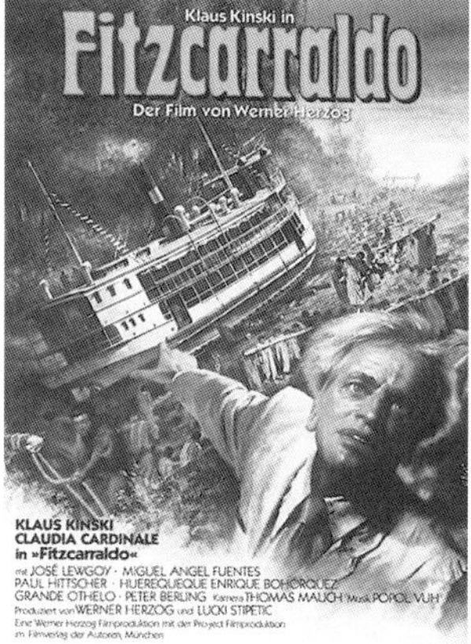

119

Fitzcarraldo

BRD/PE. 137 Min. **Regie:** Werner Herzog. **Kamera:** Thomas Mauch. **Schnitt:** Beate Mainka-Jellinghaus. **Musik:** Florian Fricke (Popol Vuh).

Darsteller: Klaus Kinski, Claudia Cardinale, Peter Berling, Miguel Angel Fuentes, Paul Hittscher.

Auszeichnungen: Beste Regie auf dem Filmfestival Cannes.

■ Brian Sweeney Fitzgerald, genannt Fitzcarraldo, hat die fixe Idee, ähnlich wie in Manaus, das er anfangs aufsucht, in seinem provinziellen Iquitos im Dschungel des Amazonas eine Oper zu errichten, die so bedeutend sein soll, dass er den Sängerstar Enrico Caruso dorthin holen können wird. Um das nötige Geld zu verdienen, geht er das scheinbar unmögliche Projekt an, abwegig gelegen, eine gigantische Plantage mit Kautschukbäumen zu errichten. Mit einem Flussdampfer macht er sich auf den Weg, um über einen Nebenarm des Amazonas dorthin zu finden und fasst dann an einer schmalen Stelle den Plan, sein Schiff über den Berg hinüberziehen zu lassen. Die Ureinwohner, die ihm dabei helfen, hat er mit Opernmusik vom Plattenspieler betört, bevor die 40 Meter lange Molly Aida tatsächlich über den Berg zu «fliegen» scheint und dann doch wieder auf der anderen Seite in die Stromschnellen gerät. Die Ureinwohner haben andere, magische Pläne gehabt. Trotzdem scheint Fitzcarraldo für einen Augenblick nur, die große Oper in den Urwald zu bringen. Das Filmprojekt wurde mit all seinen Schwierigkeiten ebenso groß wie die Geschichte, die es erzählt. Ursprüngliche Besetzungen wie Jack Nicholson, Jason Robards, Mick Jagger und Mario Adorf sagten nach anfänglicher Mitarbeit ab. Schließlich griff Herzog auf Klaus Kinski und Claudia Cardinale zurück, die den Film so legendär machten wie seine Entstehungsgeschichte.

1984

Wo die grünen Ameisen träumen

1984. 100 Min. Regie: Werner Herzog. Kamera: Jörg Schmidt-Reichwein. Schnitt: Beate Mainka-Jellinghaus.
Darsteller: Bruce Spence, Wandjuk Marika, Roy Marika, Ray Barrett, Norman Kaye, Colleen Clifford.
Auszeichnung: 1984 Filmband in Gold (Deutscher Filmpreis).
■ Die Welt der Menschen, so wie sie scheint, ist in Wahrheit doch nur ein Traum der grünen Ameisen, den sie sich an einem heiligen Ort ausdenken. Dabei wollen sie garantiert nicht gestört werden. Das aber tut eine Minengesellschaft, die tief in der Wüste Australiens rücksichtslos die Rohstoffe ausbeuten will. Da ist mitten in den Sprengungen und Bohrungen der Untergang der Menschheit ebenso nah wie das Ende der Welt. Herzog schlägt sich in diesem Film zwischen ökologischem Thriller und mythischer Parabel auf die Seite der Ureinwohner und kämpft mit Didgeridoo, Märchenerzählung und grandiosen Wüstenbildern gegen Planierraupen und kapitalistische Ausbeuterlogik.

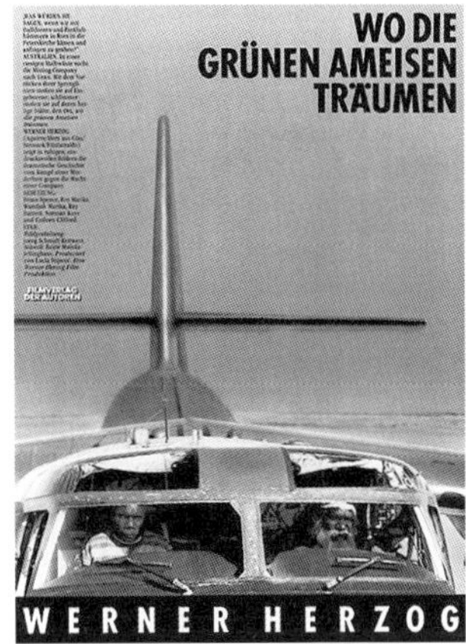

120

Herzog beginnt für sich die Opernregie zu entdecken. Von 1985 an werden es insgesamt mehr als 20 Opern, darunter mehrfach *Tannhäuser, Die Zauberflöte* und *Der fliegende Holländer, Fidelio* und *Parsifal* sowie *Lohengrin* in Bayreuth. Auch die Inszenierungen an bedeutenden Opernhäusern wie der Scala in Mailand und Opéra Bastille in Paris.

1985

Gasherbrum – der leuchtende Berg

1985. 45 Min. Dokumentarfilm. Regie: Werner Herzog. Kamera: Rainer Klausmann. Schnitt: Maximiliane Mainka. Musik: Popol Vuh; mit Reinhold Messner und Hans Kammerlander.
■ Die Besteigung der beiden Achttausender Gasherbrum I und II (auch K4 genannt) im Himalaya im Jahre 1984 durch Reinhold Messner und Hans Kammerlander, die erste Doppelbesteigung überhaupt, dargestellt in Gesprächen mit u. a. Reinhold Messner, wobei es auch um die besonderen «Wonnen» der Bergbesteigung ganz allgemein geht.

121

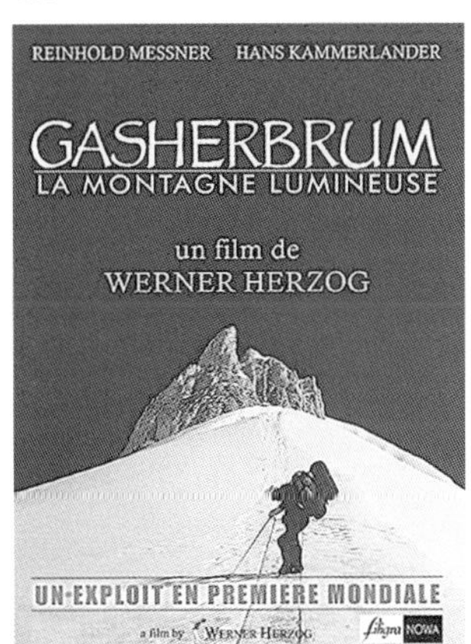

1987

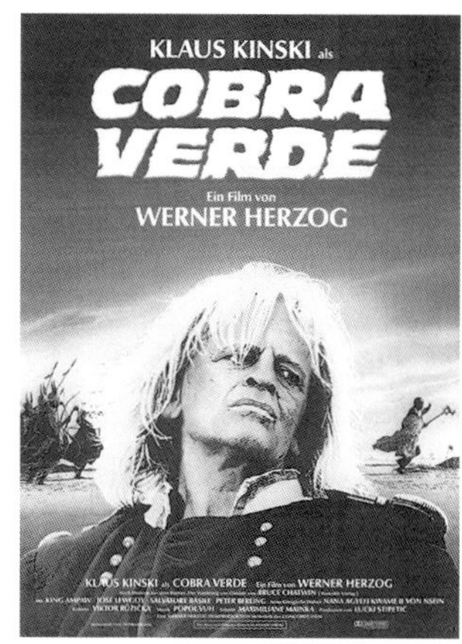

122

Cobra Verde

BRD. 110 Min. Regie: Werner Herzog. Drehbuch: mit Bruce Chatwin. Kamera: Viktor Ruzicka. Schnitt: Maximiliane Mainka. Musik: Florian Fricke (Popol Vuh).
Darsteller: Klaus Kinski, King Ampaw, José Lewgoy, Salvatore Basile, Peter Berling, His Royal Highness King Nana Agyefi Kwame II of Nsein.

■ Angelehnt an Motive und Figuren des Romans von Bruce Chatwins *Der Vizekönig von Ouidah,* erzählt der Film die Geschichte eines notorischen brasilianischen Banditen, der nach Afrika geschickt wird, um dort für Sklavennachschub zu sorgen, stattdessen sich aber aufschwingt zum selbstherrlichen Alleinherrscher mit Amazonenheer. Als Paraderolle für Kinski geplant, kam es zu großen Konflikten bei den Dreharbeiten, die zur Ablösung von Thomas Mauch als Kameramann führten. Mit wehendem Haar und auffälliger Uniformjacke formt Kinski den Film zu einem weiteren Ego-Trip.

1991

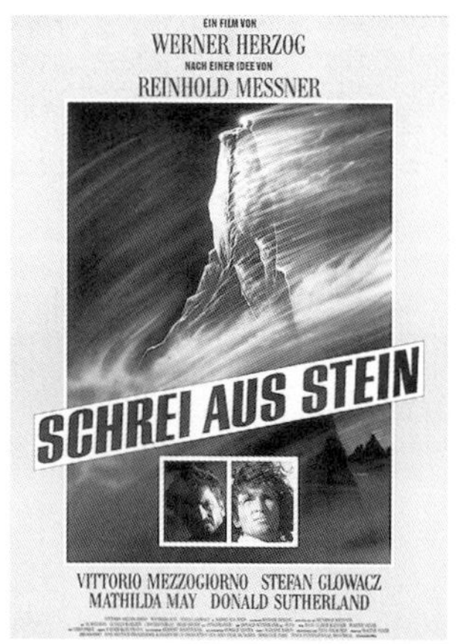

123

Cerro Torre: Schrei aus Stein

D/F/CAN. 103 Min. Regie: Werner Herzog. Drehbuch: Hans-Ulrich Klenner, Walter Saxer, Robert Geoffrion. Kamera: Rainer Klausmann. Schnitt: Suzanne Baron.
Darsteller: Vittorio Mezzogiorno, Stefan Glowacz, Mathilda May, Donald Sutherland, Brad Dourif, Al Waxman.
Auszeichnung: Preis für den Besten Hauptdarsteller an Vittorio Mezzogiorno beim Filmfestival von Venedig.

■ Ein Sportlerdrama um den Berg Cerro Torre in Patagonien. Der beste Freeclimber der Welt und ein klassischer alpiner Kletterer liefern sich an dem bisher unbezwingbaren Berg in Patagonien ein dramatisches Duell, das einer von ihnen nicht überlebt. Der mystisch überhöhte Wettbewerb der beiden geht an die Wurzel der Faszination vom Bergsteigen als archaischer Erfahrung der Entgrenzung und Sehnsucht nach immer neuen Horizonten. Am Gipfel erwartet den Bergsteiger allerdings eine ironische Pointe. Immer ist schon jemand vorher da gewesen.

1992

LEKTIONEN IN FINSTERNIS

D/F/GB. 52 Min. Dokumentarfilm. Regie: Werner Herzog. Kamera: Paul Berriff, Simon Werry, Rainer Klausmann. Schnitt: Rainer Standke.
Auszeichnung: Adolf Grimme Preis in Silber 1993.

■ Das Grauen des Ersten Golfkrieges in Kuwait gespiegelt in den brennenden Ölfeldern, die die irakische Armee nach dem Prinzip der verbrannten Erde auf ihrem Rückzug zerstört hatte. Eine eigensinnige Meditation im Stile Herzogs, die auf manche Zuschauer ob der vermeintlichen «Ästhetisierung» des Krieges mit der Montage des Kampfes gegen das Feuer auch verstörend wirken konnte.

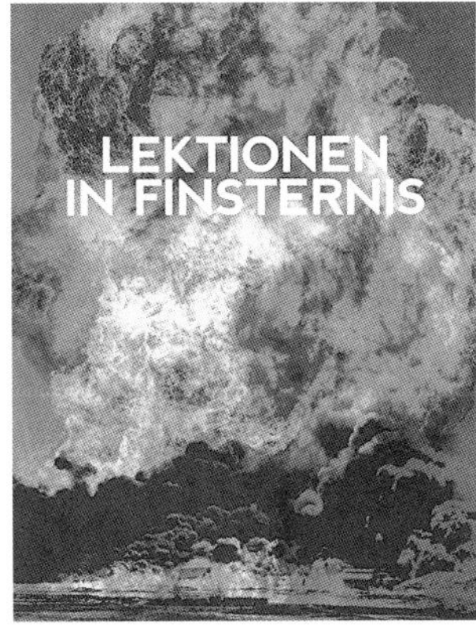

124

1994

DIE VERWANDLUNG DER WELT IN MUSIK

D. 90 Min. Dokumentarfilm. Regie: Werner Herzog. Kamera: Jörg Schmidt-Reitwein. Schnitt: Rainer Standke. Musik: Richard Wagner.

■ Das aufgeregte Treiben auf dem Grünen Hügel von Bayreuth im Vorfeld der Eröffnung. Herzog, der selbst 1987 dort den *Lohengrin* inszeniert hatte, forscht nach Partituren und Spuren der Mythen des Hauses und bricht eine Lanze für die Wirkung Richard Wagners und seiner Musik. Gespräche u. a. mit Wolfgang Wagner, Placido Domingo, Heiner Müller, Dieter Dorn, Daniel Barenboim und James Levine.

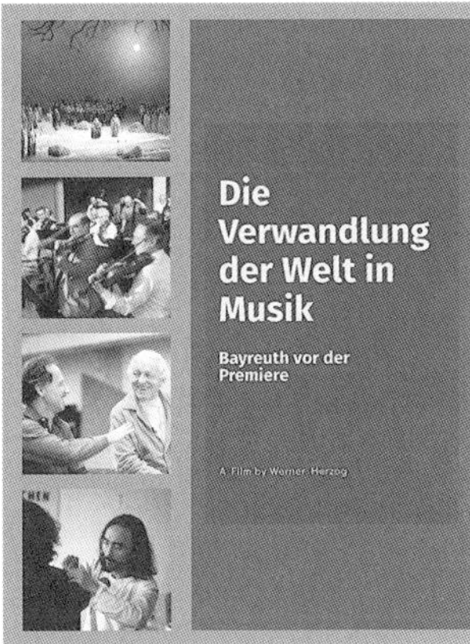

125/126

1995

GESUALDO – TOD FÜR FÜNF STIMMEN

D. 60 Min. Dokumentarfilm. Regie: Werner Herzog. Kamera: Peter Zeitlinger. Schnitt: Rainer Standke. Musik: Gesualdo Consort of London unter Gerald Place, Il Complesso Barocco unter Alan Curtis.

■ Der Principe di Venosa, Carlo Gesualdo, hat einige der außergewöhnlichsten Madrigale des Barock komponiert. Seinem exzentrischen Leben zwischen Genie und Wahnsinn im 16. Jahrhundert folgt dieser Dokumentarfilm, in dem Milva und Pasquale D'Onofrio auftreten. Gesualdo war zugleich aber auch ein grotesker Exzentriker, der wahrscheinlich 1590 in einer

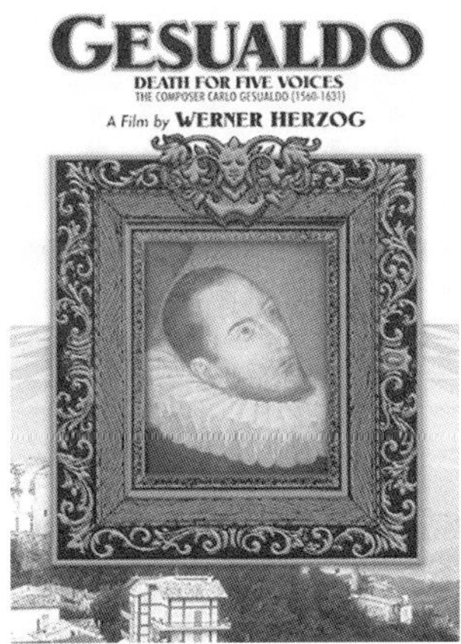

Eifersuchtstragödie den Liebhaber seiner Frau auf grausame Weise ermordet hat. Zwischen Kolportagegeschichte und Musikverehrung versucht Herzog einen gerechten Ausgleich zu finden.

Werner Herzog zieht dauerhaft in die USA nach San Francisco und dann nach Los Angeles. Er arbeitet fortan hauptsächlich von dort, bleibt aber Bayern und München weiter verbunden.

1997

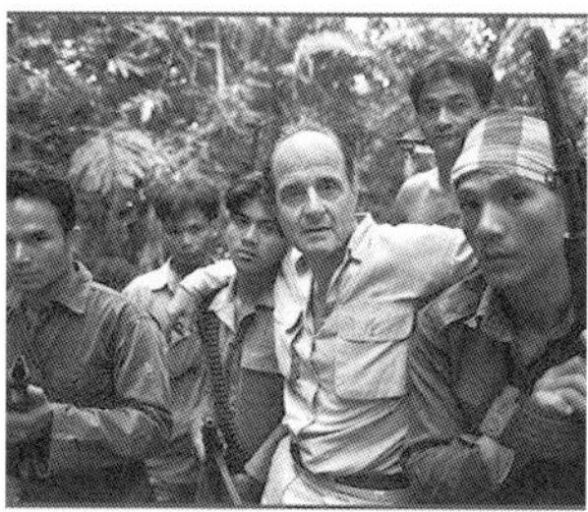

127

Little Dieter Needs to Fly
Flucht aus Laos

F/GB/D. 80 Min. Dokumentarfilm. Regie: Werner Herzog. Kamera: Peter Zeitlinger. Schnitt: Rainer Standke, Joe Bini, Glen Scantlebury.
Auszeichnung: Spezialpreis der Jury der IDFA Amsterdam.

■ Der Deutsche Dieter Dengler, der als Kind noch das Ende des Zweiten Weltkrieges erlebt hatte, geht mit 18 Jahren in die USA und wird Kampfpilot in der Navy. Bei einem seiner ersten Einsätze wird er über Laos abgeschossen und gerät als Gefangener in die Hände der Pathet Lao. In deren Kriegsgefangenenlager wird er gefoltert und hungert im Bambuskäfig angekettet bis ihm eine abenteuerliche Flucht durch den Dschungel gelingt. Auf sein Buch als einer von zehn Amerikanern, die wieder frei kamen, bezieht sich Werner Herzog in seinen Gesprächen, die er auf Deutsch und Englisch führte. Die Geschichte Denglers erzählt er beginnend von seinen Kindheitserlebnissen und sie faszinierte ihn so sehr, dass er ihr 2006 noch einmal einen fiktiven Film widmete: Rescue Dawn.

128

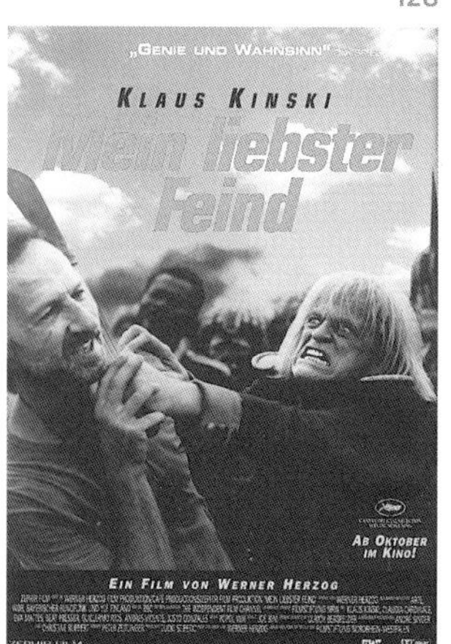

1999

Mein liebster Feind

GB/D/FIN/USA. 95 Min. Dokumentarfilm. Regie: Werner Herzog. Kamera: Peter Zeitlinger. Schnitt: Joe Bini. Musik: Florian Fricke (Popol Vuh).
Mit Klaus Kinski, Eva Mattes, Claudia Cardinale, Beat Presser, Werner Herzog u. a.

■ Dokumentar- und Kompilationsfilm über Klaus Kinski, mit dem er fünf Filme gedreht hat, mit Material von den Dreharbeiten zu Aguirre, der Zorn Gottes, Fitzcarraldo, Woyzeck und Cobra Verde. Auch unveröffentlichte Aufnahmen mit Jason Robards und Mick Jagger und Ausschnitte aus Kinskis «Jesus-Christus-Erlöser-Show». Herzog sucht Drehorte von damals auf und spricht mit Claudia Cardinale und Eva Mattes über Klaus Kinski. Die legendären Wutanfälle des Schauspielers sind ebenso präsent wie eine poetisierte Darstellung der seltsamen Männerfreundschaft, die Herzog und Kinski zu Höchstleistungen anspornte. Auch eine ganze Epoche des deutschen Autorenfilms spiegelt sich in diesem Porträt ebenso wie Werner Herzogs Beitrag dazu.

1999

Minnesota Deklaration 1999
Herzog beschäftigt sich grundsätzlich mit dem Dokumentarfilm so wie er ihn sieht und veröffentlicht digital und gedruckt ein 12-Punkte-Manifest über «Faktum und Wahrheit» im Dokumentarfilm:

MINNESOTA ERKLÄRUNG – Faktum und Wahrheit im Dokumentarfilm: LEKTIONEN IN FINSTERNIS

Kraft dieser Erklärung wird dem so genannten Cinéma verité die verité, die Wahrheit, abgesprochen. Erreicht wird bloß eine oberflächliche Wahrheit: die Wahrheit der Buchhalter.

Ein prominenter Vertreter des Cinéma verité hat öffentlich erklärt, mit einer Kamera und aufrichtigem Bemühen finde jeder ohne weiteres die Wahrheit. Er ähnelt dem Nachtwächter am Obersten Gericht, der von zu viel kodifiziertem Recht und Verfahrensregeln wenig hält. «Mir persönlich», sagt er, «würde ein einziges Gesetz reichen: der Schuft gehört hinter Gitter.» Leider hat er zum Teil für den Großteil der Meisten die meiste Zeit recht.

Das Cinéma verité verwechselt Faktum und Wahrheit und beackert nur ein Feld von Steinen. Und doch besitzt das Faktische mitunter eine so eigentümliche und bizarre Macht, dass die ihm innewohnende Wahrheit kaum glaublich scheint.

Fakten schaffen Normen, aber die Wahrheit Erleuchtung.

Im Film liegt die Wahrheit tiefer und es gibt so etwas wie poetische, ekstatische Wahrheit. Sie ist geheimnisvoll und schwer greifbar, man kommt ihr nur durch Dichtung, Erfindung, Stilisierung bei.

Vertreter des Cinéma verité gleichen Touristen, die ihre Photos in Ruinen des Faktischen machen.

Tourismus ist Sünde, zu Fuß reisen Tugend.

Jedes Frühjahr brechen reihenweise Menschen auf Motorschlitten durchs morsche Eis der Seen von Minnesota und ertrinken. Es wird der Ruf nach Präventivgesetzen laut. Der neue Gouverneur, Ex-Ringer und Bodyguard, hat darauf die einzig richtige Antwort: «Dummheit lässt sich gesetzlich nicht regeln.»

Der Fehdehandschuh ist hiermit geworfen.

Der Mond ist öde und dumm. Die Natur ruft und redet mit niemand, allerdings furzt gelegentlich ein Gletscher. Lauscht bloß nicht dem «Lied vom Leben».

Wir sollten froh sein, dass das Universum kein Lächeln kennt.

Das Leben der Tiefsee muss höllisch sein. Eine grenzenlose, gnadenlose Hölle ständiger höchster Gefahr. So höllisch, dass einige Arten –darunter der Mensch– im Laufe der Evolution daraus hervor gekrochen sind und sich aufs Trockene einiger kleiner Kontinente gerettet haben, wo die Lektionen in Finsternis weitergehen.

Walker Art Center, Minnesota, am 30. April 1999
Werner Herzog

2000

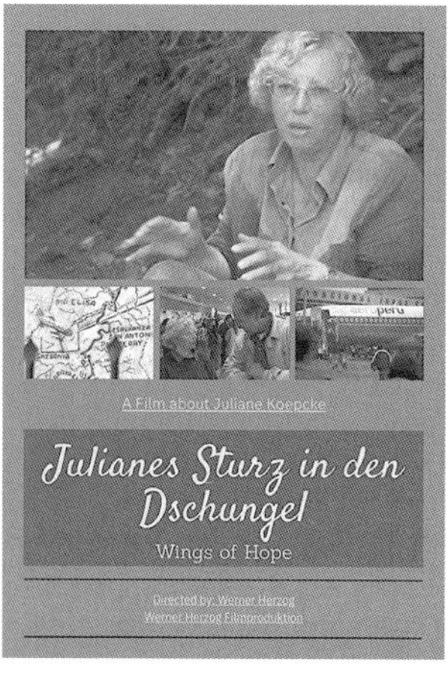

129

Julianes Sturz in den Dschungel

PE/GB/D. 70 Min. Dokumentarfilm. **Regie:** Werner Herzog. **Kamera:** Peter Zeitlinger. **Schnitt:** Joe Bini.

■ Herzog folgt zusammen mit Juliane Koepcke ihrer tragischen Lebensgeschichte, die 1971 einen Flugzeugabsturz im peruanischen Regenwald als einzige von 92 Passagieren überlebte und einem kleinen Fluss folgend 12 Tage lang ganz allein durch den Dschungel irrte bis sie von drei indianischen Waldarbeitern gerettet wurde. Das Ganze geschah unweit der Drehorte zu Aguirre, der Zorn Gottes, und Herzog hatte genau diesen Flug besteigen wollen. Er wurde nicht mitgenommen, fühlte sich also persönlich angesprochen. Im Englischen ist der Film betitelt Wings of Hope nach einem Gipsdenkmal für die Opfer und mit einer Skizze von Koepckes Weg durch den Urwald auf einer Karte, mit der der Film beginnt. Als teilnehmende Beobachtung gedreht, bei der Herzog mit Juliane Koepcke deren Weg begleitet und mit ihr über ihre Erlebnisse und Emotionen spricht. Auch inszenierte Träume der Heldin der Geschichte kommen vor.

2001

INVINCIBLE
INVINCIBLE – UNBESIEGBAR

D/GB/IRL/USA. 130 Min. Regie: Werner Herzog. Kamera: Peter Zeitlinger. Schnitt: Joe Bini. Musik: Hans Zimmer, Klaus Badelt.

Darsteller: Tim Roth, Jouko Ahola, Anna Gourari, Jacob Wein, Renate Krößner.

■ Der jüdische Schmied und Kraftmensch Zishe Breitbart trifft 1932 auf den Hypnotiseur Hanussen, der in Berlin das Varieté «Palast des Okkulten» betreibt. Hanussen hält sich mit seinen Hellsehertricks und seinem Nazi-Publikum, das ihn umjubelt, für allmächtig. Demgegenüber muss sich Breitbart entscheiden zwischen seinem Stolz auf die jüdische Identität und seiner Karriere als Akrobat, denn selbstverständlich können es die SA-Männer im Publikum nicht ertragen, dass ein «Nicht-Arier» der stärkste Mann der Welt ist. Hanussen erleidet mit seinen Plänen Schiffbruch. Zishe aber warnt stolz vor der Herrschaft der Nazis, nachdem er sämtliche Ketten gesprengt hat. Bei einem Auftritt schlägt er einen rostigen Nagel mit bloßer Hand in ein Brett. Er stirbt am Wundbrand bevor Hitler die Macht ergreift. Ein eindringliches Zeitgeistporträt bei dem die Geschichte Hanussens ebenso überzeugend ist wie die des Kraftmenschen Zishe Breitbart.

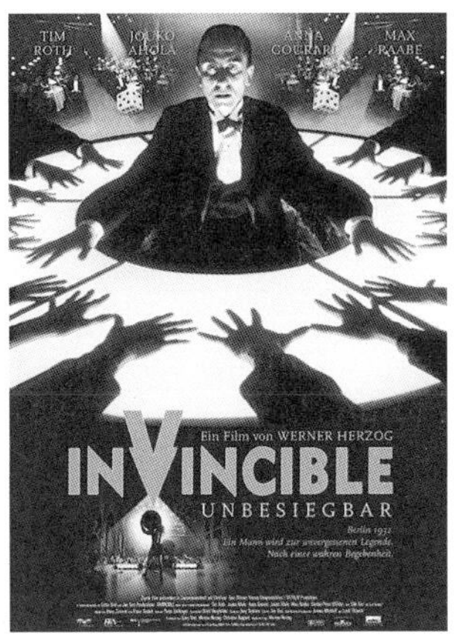

130

2004

INCIDENT AT LOCH NESS
ZWISCHENFALL AM LOCH NESS

GB. 105 Min. Regie: Zak Penn. Drehbuch: Werner Herzog, Zak Penn. Kamera: John Bailey. Schnitt: Abby Schwarzwalder, Howard E. Smith.

Darsteller: Werner Herzog, Kitana Baker, Gabriel Beristain.

■ Film-im Film-Mockumentary mit Werner Herzog als Filmregisseur, der für einen anscheinend mythenkritischen Film auf der Jagd nach dem Monster von Loch Ness ist. Doch dann taucht ein Fake-Monster auf ebenso wie das echte Monster. Viele witzige Statements zum Filmemachen von Herzog bis zum klamaukigen Ende dieses Filmspaßes.

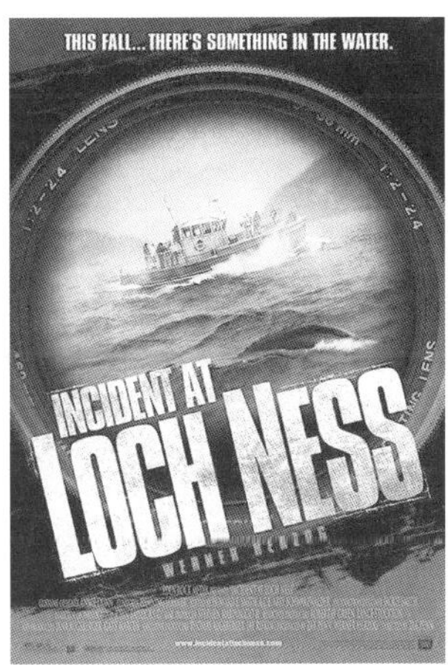

131

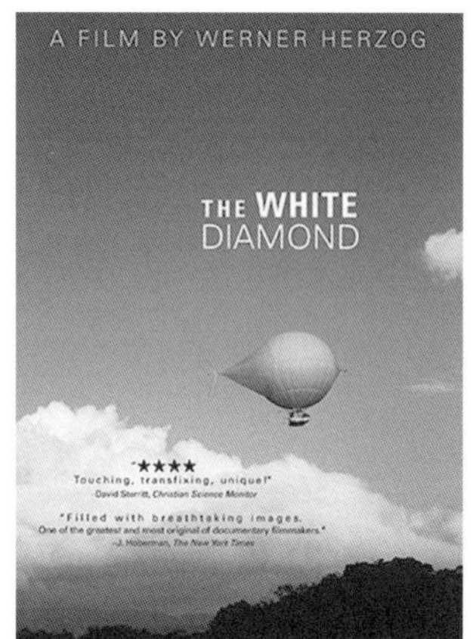

132

The White Diamond

The White Diamond

D/GB. 87 Min. Dokumentarfilm. **Regie:** Werner Herzog. **Kamera:** Henning Brümmer, Klaus Scheurich. **Schnitt:** Joe Bini. **Musik:** Ernst Reijseger.

■ Der Aeronautik-Ingenieur Graham Dorrington versucht ein Miniaturluftschiff zu konstruieren, das für den Einsatz bei den Kaieteur-Fällen in Guyana im Bergwaldgebiet an der Küste geeignet ist. Die Einheimischen nennen das Fluggerät «White Diamond» und verbinden damit eigene Träume. Wegen zu starker Fallwinde gelingt es trotz mehrfacher Versuche nicht, das eigentliche Ziel der Expedition, die verborgene Höhle hinter den Wasserfällen, in der die Mauersegler verschwinden, zu erreichen. In den Gesprächen mit Dorrington enthüllt sich aber mehr und mehr der wahre Hintergrund der Veranstaltung: der Tod eines guten Freundes bei früheren Versuchen, für den er sich die Schuld gibt. Neben großartigen schwebenden Naturaufnahmen ein überzeugendes Psychogramm persönlichen Scheiterns und Schuldaufarbeitung.

2005

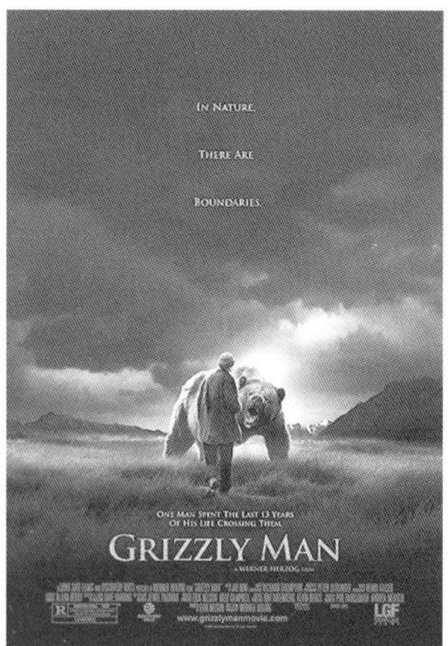

133

Grizzly Man

Grizzly Man

USA. 103 Min. Dokumentarfilm. **Kamera:** Peter Zeitlinger; mit Videomaterial von Timothy Treadwell. **Schnitt:** Joe Bini. **Musik:** Richard Thompson.

■ 13 Jahre lebte der Tierschützer und Umweltaktivist Timothy Treadwell mit und unter Grizzlybären in Alaska, bevor er im Oktober 2003 mit seiner Freundin von einem Bären angefallen und getötet wird. Treadwell wollte offenbar ganz in der Welt der von ihm geliebten Bären aufgehen, was er in umfangreichem Originalmaterial dokumentiert und erklärt. Er pflegte tatsächlich oder eingebildet sehr «persönliche Beziehungen» zu einzelnen Bären und war davon überzeugt, dass ihm bei ihnen nichts geschehen könnte. Herzog ergänzt Treadwells Material mit Interviews von Personen aus seiner Umgebung sowie den Eltern, Freunden und Fachleuten wie Gerichtsmediziner und Buschpiloten. Ein dokumentarischer Filmessay über das Wesentliche des Menschseins und unser Verhältnis zur Natur. Über weite Strecken «akzeptiert» Herzog die verrückten Grundannahmen Treadwells und begleitet sie bis zu ihrem bitteren Ende. Ein weiterer Versuch über die «ekstatische Wahrheit», der allgemein als eine der besten dokumentarischen Arbeiten Werner Herzogs gilt.

The Wild Blue Yonder

D/F/GB/USA. 81 Min. Dokumentarfilm. Regie: Werner Herzog. Kamera: Henry Kaiser, Tanja Koop, Klaus Scheurich; Musik: Ernst Reijseger.
Darsteller: Brad Dourif, Donald Wilson, Ellen Baker, Franklin Chang-Diaz, Shannon Lucid, Michael McCulley.

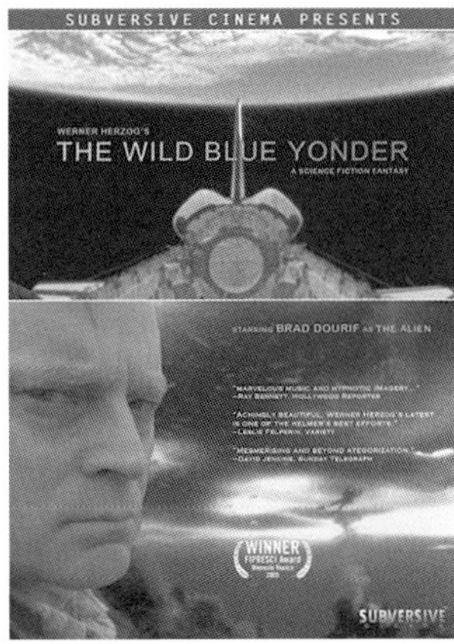

134

■ «Das wilde blaue Drüben» – die wörtliche Übersetzung des Filmtitels – ist eine englische Bezeichnung für das Erlebnis des Fliegens. Davon und von seinem Planeten in der Andromedagalaxie, der auch so heißt und von noch viel wilderen Ereignissen berichtet ein skurriler Außerirdischer direkt in die Kamera in diesem Doku-Fiction-Film. Seine Spezies habe erfolglos versucht, die Erde zu kolonialisieren, wobei er aus der Wüste kommend bei der CIA gelandet sei und vorgeblich den UFO-Absturz von Roswell untersucht habe. Zugleich berichtet er von den Versuchen der Menschen, fremde Galaxien als Lebensraum zu entdecken, wobei sie ausgerechnet an den unbewohnbaren Heimatplaneten der Außerirdischen geraten sind und als sie zurückkehren, feststellen müssen, dass auch die Erde unbewohnbar geworden ist. Der Film nutzt unveröffentlichtes NASA-Material der Raumfähre Atlantis und Unterwasseraufnahmen der Antarktis von Henry Kaiser und Interviews mit Wissenschaftlern und verquirlt das Ganze zu einer ebenso unterhaltsamen wie abstrusen Science-Fiction-Story, die auch von der Multivalenz dokumentarischer Bilder zeugt.

2006

Rescue Dawn

Rescue Dawn
USA. 116 Min. Regie: Werner Herzog. Kamera: Peter Zeitlinger. Schnitt: Joe Bini. Musik: Klaus Badelt.
Darsteller: Christian Bale, Steve Zahn, Jeremy Davies, Chorn Solyda.

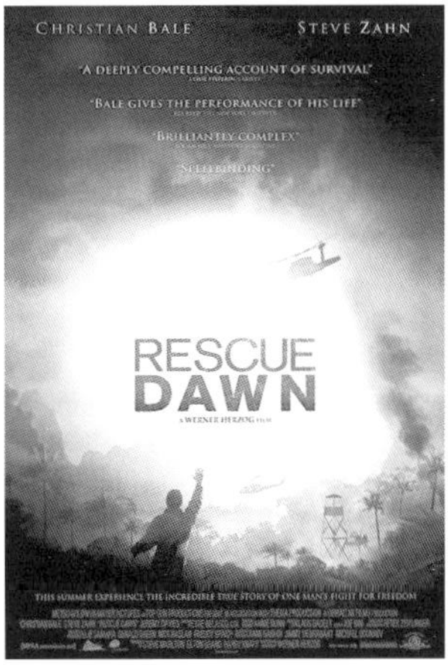

135

■ Die Geschichte Dieter Denglers, die Herzog schon zu einem Dokumentarfilm verarbeitet hatte, als opulenter Abenteuer-Spielfilm, der von seinem Absturz, seiner Gefangenschaft im Guerilla-Lager und von einer Flucht aus dem Dschungel von Laos erzählt, wobei Herzog kein Klischee des Genres auslässt, jedoch im Grunde sehr einfühlsam ein Loblied auf die menschliche Integrität unter schwierigen Bedingungen singt. Große Entbehrungen, Qualen, Ameisenfolter, Gewalt und Horror und dann der Sieg des Kameradschaftsgeistes selbst über dunkle Pläne der CIA. Herzog zeigt mit diesem Film, dass er sich selbst im Genre-Kino bewegen kann wie ein Fisch im Wasser. Ein unterschätzter Film, der zwar von der deutschen Kritik durchaus geschätzt wurde, aber allgemein nicht ernsthaft zum Opus von Herzog dazugerechnet wird. Viele Schauwerte, tolle Dschungelaufnahmen und annehmbare Schauspielerleistungen der jungen Garde amerikanischer Darsteller.

2007

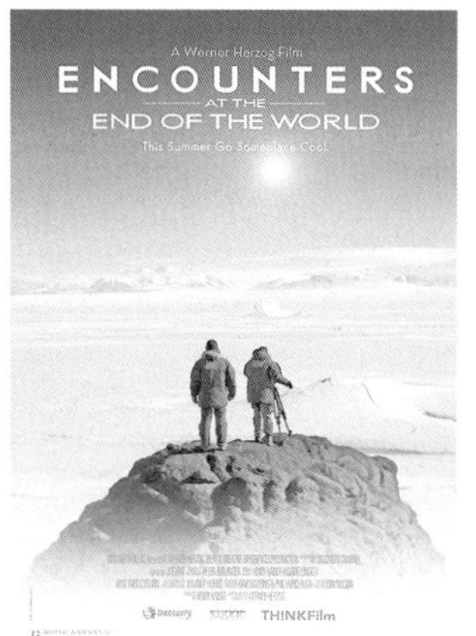

136

ENCOUNTERS AT THE END OF THE WORLD
BEGEGNUNGEN AM ENDE DER WELT

CAN/USA/D. 99 Min. Dokumentarfilm. **Regie:** Werner Herzog. **Kamera:** Peter Zeitlinger. **Schnitt:** Joe Bini. **Musik:** Henry Kaiser, David Lindley

Nominierung: Nominiert in der Kategorie Dokumentarfilm: Academy Awards (Oscar).

■ Zusammen mit seinem Bildgestalter Peter Zeitlinger macht sich Herzog im 2-Mann-Team auf zu der McMurdo-Station, wo 1000 Menschen im ewigen Eis der Antarktis leben Er befragt die Menschen, die sich für ein Leben unter solchen extremen Bedingungen entschieden haben und sucht nach ihren Geschichten. Er sprengt ein Loch ins Eis und zeigt spektakuläre Unterwasseraufnahmen, die wirken, wie aus einer anderen Welt. Der Romantiker Herzog nimmt uns hier mit auf die düstere Seite seines Wesens, das sich in Panoramen der Eiswüste ober- und unterhalb der Wasseroberfläche und in entsprechenden Gemütszuständen spiegelt.

2009

Werner Herzog, der selber nie eine Filmschule besucht hat, gründet die **Rogue Film School**, eine «Filmschule für Schurken», bei der er bis 2016 in unregelmäßigen Abständen und an verschiedenen Orten Wochenendseminare für einen kleinen Kreis von Schülern abhält, in denen man unkonventionelle Dinge lernt: zum Beispiel einen LKW knacken oder eine Drehgenehmigung fälschen, vor allem aber «seinen Visionen folgen soll». FAMILY ROMANCE, LLC entsteht später – nach Herzogs Aussage – aus einer der Geschichten, die an der Rogue Film School erdacht worden sind. Aus deren Grundprinzipien zitiert die Website www.roguefilmschool.com: «The Rogue Film School is about a way of life. It is about a climate, the excitement that makes film possible. It will be about poetry, films, music, images, literature. Excerpts of films will be discussed, which could include your submitted films; they may be shown and discussed as well. Depending on the materials, the attention will revolve around essential questions: how does music function in film? How do you narrate a story? (This will certainly depart from the brainless teachings of three-act-screenplays). How do you sensitize an audience? How is space created and understood by an audience? How do you produce and edit a film? How do you create illumination and an ecstasy of truth? Related, but more practical subjects, will be the art of lockpicking. Traveling on foot. The exhilaration of being shot at unsuccessfully. The athletic side of filmmaking. The creation of your own shooting permits. The neutralization of bureaucracy. Guerrilla tactics. Self reliance.»

The Bad Lieutenant: Port of Call – New Orleans

Bad Lieutenant – Cop ohne Gewissen

USA. 122 Min. Regie: Werner Herzog. Drehbuch: William Finkelstein. Kamera: Peter Zeitlinger. Schnitt: Joe Bini. Musik: Mark Isham.

Darsteller: Nicolas Cage, Eva Mendes, Val Kilmer, Alvin «Xzibit» Joiner, Brad Dourif.

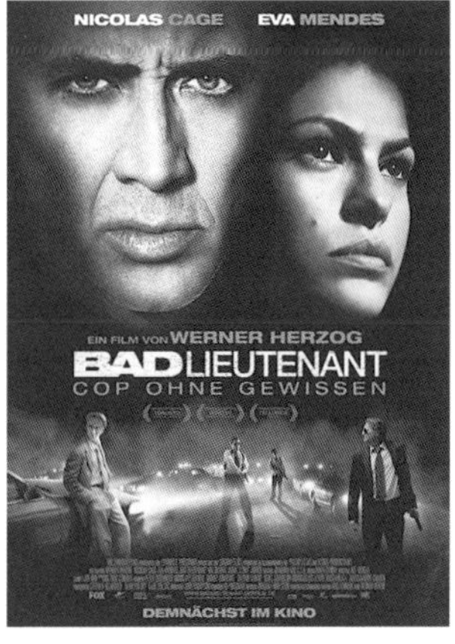

137

■ Trotz des ähnlichen Titels kein Remake des Films von Abel Ferrara mit Harvey Keitel von 1992, auch wenn die Hauptfigur eines korrupten Polizisten vergleichbar ist. Werner Herzogs Geschichte ist kein Versuch der Selbstfindung und der Schuldaufarbeitung wie Ferraras Film. Sein Bad Lieutenant steckt aber ebenso im Drogensumpf mit Kokain und Heroin. Nach einem Massaker an einer afroamerikanischen Einwandererfamilie bringt er den Botenjungen Daryl dazu, gegen den Drogendealer Big Fate auszusagen und kämpft sich mit ebenso unlauteren wie ungeeigneten Methoden aus der Bredouille. Seine Sorge um die Freundin Frankie kompliziert noch seine Aufgabe. Herzog schafft es vor allem, Nicholas Cage als vielschichtigen und zwielichtigen Charakter in den Mittelpunkt zu stellen und präsentiert vor dem Hintergrund des durch den Hurrikan «Katrina» verwüsteten Stadtlandschaft von New Orleans einen Genre-Klassiker des Polizeifilms mit inszenatorischem «Herzog-Touch».

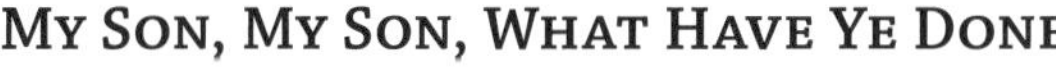

My Son, My Son, What Have Ye Done

Ein fürsorglicher Sohn

USA/D. 93 Min. Regie: Werner Herzog. Drehbuch: mit Herbert Golder. Kamera: Peter Zeitlinger. Schnitt: Joe Bini, Omar Daher. Musik: Ernst Reijseger.

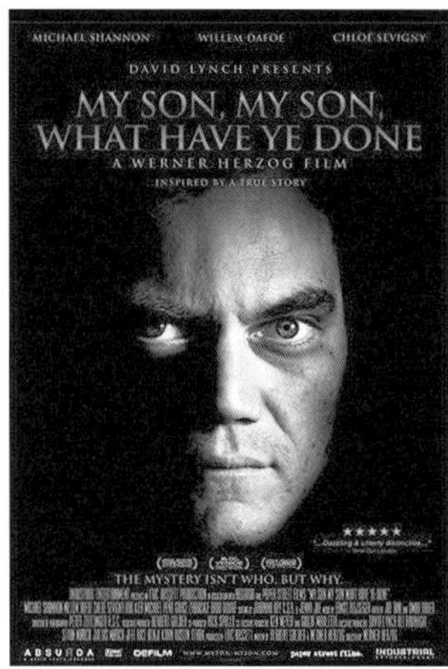

138

Darsteller: Michael Shannon, Willem Dafoe, Chloë Sevigny, Udo Kier, Michael Pena, Brad Dourif.

■ Aus einem Mordfall, der mit einem Säbel verübt wurde, wird zusätzlich eine Geiselnahme. Der Student Brad Macallum hat seine Mutter getötet und verschanzt sich in seinem Haus. Detective Havenhurst versucht inmitten eines entsprechenden Polizeiaufgebots, den Täter zur Aufgabe zu überreden und zugleich dessen Mordmotiv herauszufinden. Nach einer Raftingtour in Peru, bei der seine Freunde ertrunken sind, begann dieser «Stimmen» zu hören, die ihm seine weiteren Handlungen befohlen haben. Kurz zuvor hatte Brad in einer Studentenaufführung der Orestie den Muttermörder Orestes gespielt und sich offenbar in diese Rolle hineingesteigert. Daher stammt auch die Tatwaffe. Nach dem Zugriff eines SWAT-Teams kommt heraus, dass es auch in Wahrheit keine Geiseln gegeben hat. Die Story beruht auf einem authentischen Kriminalfall des Mörders Mark Yavorsky, der sich ebenfalls in einen psychotischen Zustand hineinmanövriert hatte. Zwischen Genre-Krimi und antiken Bezügen im Hintergrund entwickelt sich das bizarre Drama einer nicht heilbaren seelischen Verletzung. Koproduzent des Films war David Lynch.

2010

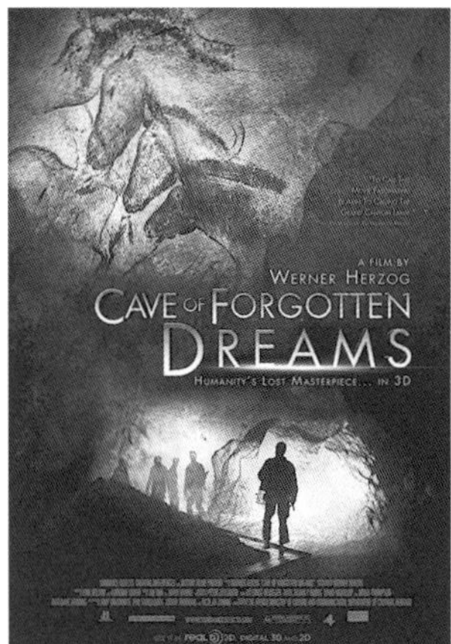

139

Cave of Forgotten Dreams

Die Höhle der vergessenen Träume

F/CAN/D/USA/GB. 90 Min. Dokumentarfilm. Regie: Werner Herzog. Kamera: Peter Zeitlinger. Schnitt: Joe Bini, Maya Hawke. Musik: Ernst Reijseger.
Sprecher des Kommentars: Werner Herzog.
Version in 3D und in 2D.

■ Als die Höhle von Chauvet 1994 im Tal der Ardèche nahe Vallon-Pont-d'Arc in Südfrankreich entdeckt wurde, entschied man diese, im Unterschied zu denjenigen von Lascaux und Altamira, nicht für Besucher zugänglich zu machen. Nur der Filmcrew von Werner Herzog wurde erlaubt, diesen Film im 3D-Format zu drehen und die Höhle wurde wieder versiegelt. Daraus ist ein Film entstanden, der ein einmaliges Erlebnis darstellt und aus dem Herzog seine Betrachtungen über die Höhle als «Louvre der Urzeit» ableitet. Mit einer schwebenden Kamera und einem sehr persönlichen philosophischen Kommentar versucht er die Zuschauer 30 000 Jahre zurückzuversetzen und die Schätze der Tiermalereien von damals zu einzuordnen. Beeindruckender Film über die Entstehung von Kunst und Kultur. Inzwischen ist in unmittelbarer Nähe der Originalhöhle die «Grotte Chauvet 2 Ardèche», eine künstliche Nachbildung der Höhle mit den Tierzeichnung im Inneren als Tourismusattraktion entstanden.

2011

Ode to the Dawn of Man

USA. 30 Min. Dokumentarfilm. Regie: Werner Herzog. Kamera: Werner Herzog. Schnitt: Maya Hawke. Musik: Ernst Reijseger. ■ Film über die Entstehung des Soundtracks zu Die Höhle der vergessenen Träume in der traditionsreichen evangelisch-reformierten Kathedrale Sint Bavokerk im niederländischen Haarlem samt Interviews mit dem Cellisten und Komponisten Ernst Reijseger und dem Pianisten Harmen Fraanje.

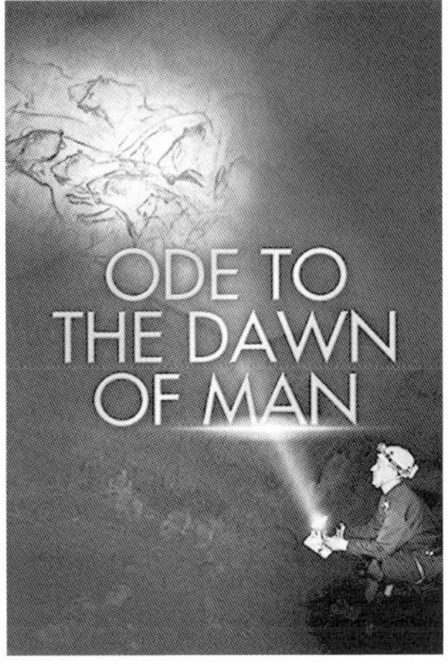

140

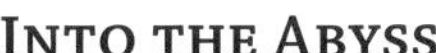

Into the Abyss

Tod in Texas

USA/GB/D. 107 Min. Dokumentarfilm. Regie: Werner Herzog. Kamera: Peter Zeitlinger. Schnitt: Joe Bini. Musik: Mark De Gli Antoni. ■ Der verurteilte Mörder Michael Perry vor der Vollstreckung der Todesstrafe steht im Mittelpunkt dieses Films, der eine Art «Auskopplung» aus der Serie On Death Row (Im Todestrakt) ist. Angereichert durch die Schilderung der Lebensgeschichten von Perry und seinem Komplizen Jason Burkett sowie Interviews mit Hinterbliebenen der Opfer, Polizeiangehörigen und Gefängnispfarrer wird der Film – ungewollt, wie Herzog anmerkt – zu einer engagierten Auseinandersetzung mit der Todesstrafe in den USA. Perry wurde noch 2010 hingerichtet.

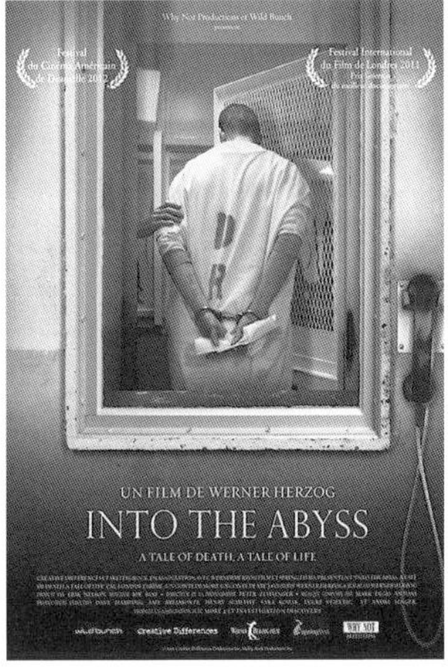

141

2012

Verleihung des **Verdienstkreuzes der Bundesrepublik Deutschland 1. Klasse** an Werner Herzog.

2012/2013

On Death Row

Im Todestrakt

USA/GB/A. 8x52 Min. Dokumentarfilmreihe. Regie: Werner Herzog. Kamera: Peter Zeitlinger. Schnitt: Joe Bini, Marco Capalbo. Musik: Mark De Gli Antoni.

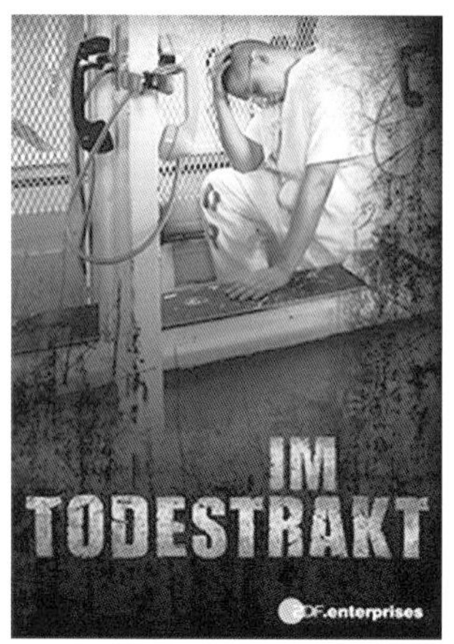

142

■ TV-Miniserie in acht Episoden, die sich jeweils mit einem verurteilten Mörder in der Todeszelle beschäftigen und diese mit ihren Taten unmittelbar konfrontieren. Herzog gelingt es in diesen Talking-Heads-Interviews unter anderem James Barnes, der im Gespräch erst weitere Tötungsdelikte zugibt und die zu den «Texas Seven» gehörenden George Rivas und und Joseph Garcia zu ihrem mörderischen Ausbruch zu befragen. Auch diese beiden wurden noch während der Produktion des Filmes hingerichtet. In einzigartigen Momenten seiner Interviewtechnik schafft es Herzog sowohl die Unmenschlichkeit der Taten wie den Rest eines menschlichen Kerns in den Tätern sichtbar zu machen. Weitere Todeskandidaten sind Hank Skinner, Linda Carty, Darlie Routier, Douglas Feldman, Robert Fratta und Blaine Milam.

2015

Gründung der Werner-Herzog Stiftung in München mit der Aufgabe der Bewahrung und Pflege der Werke Werner Herzogs für Wissenschaft, Bildung, Kunst und Kultur.

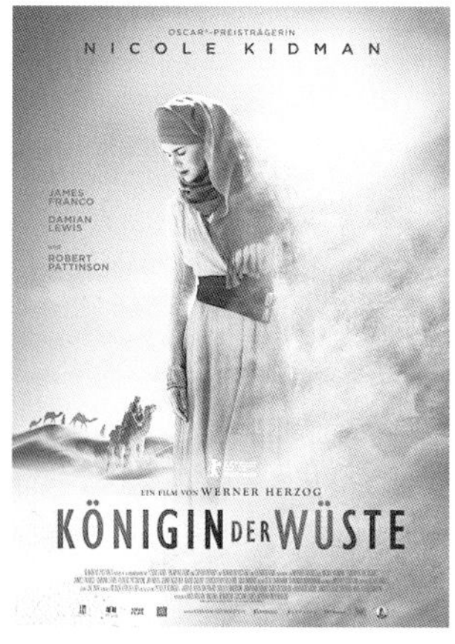

143

QUEEN OF THE DESERT
KÖNIGIN DER WÜSTE

USA. 128 Min. Regie: Werner Herzog. Kamera: Peter Zeitlinger. Schnitt: Joe Bini. Musik: Klaus Badelt.
Darsteller: Nicole Kidman, James Franco, Damian Lewis, Robert Pattinson, Jenny Agutter.

■ Filmbiografie zu Gertrude Bell, die als das weibliche Pendant zu «Lawrence von Arabien» gilt. Auch sie reiste als Pionierin durch den Nahen Osten und erkundete Teheran und das Osmanische Reich. Nach dem Ersten Weltkrieg ist sie als diplomatische Beraterin und Königsmacherin maßgeblich an der Ernennung der Herrscher von Jordanien und Irak beteiligt. Der Film konzentriert sich auf das persönliche Leben und die Amouren der Historikerin und schildert vor dem Hintergrund von Sandsturm und anderen dramatischen Ereignissen eine Wüstenpferdeoper eher ohne feministischen Touch, was ihm von der deutschen Kritik auch vorgeworfen wurde. Eher ein unauffälliges «Zwischenwerk» mit opulenten Filmbildern in Herzogs Opus.

2016

Werner Herzog Filmpreis. Ab 2016 verleiht die Werner Herzog Stiftung jährlich den mit 5 000 Euro dotierten Preis der an Spielfilme, Dokumentarfilme, an einen Filmemacher, Schauspieler oder an Personen jeder Nationalität vergeben werden kann, die mit Mut, Entschlossenheit und Visionen im und um den Film herum arbeiten. Eine internationale Jury unter dem Vorsitz von Werner Herzog bestimmt den Preisträger.

Gleich der erste dieser Preise ging 2016 an den Österreicher Hubert Sauper für WE COME AS FRIENDS, wobei er mit dem Flug eines selbstgebauten Kleinflugzeuges in das Epizentrum des Konflikts des Südsudans vordrang. Sauper wurde später 2004 mit seinem Film DARWIN'S NIGHTMARE Oscarpreisträger. 2017 entdeckte Herzog für den Preis Chlóe Zhao als neue Stimme des amerikanischen Kinos anlässlich ihres ungewöhnlichen Rodeo-Films THE RIDER. Sie gewann mit ihrem neuen Film NOMADLAND 2021 den Oscar für den Besten Film ebenso wie Hauptdarstellerin Frances McDormand.

2018 wurden Liliana Diaz Castillo und Estephania Bonnett Alonso für ihre Workshops für junge Filmemacher und Filmemacherinnen und die Interaktion zwischen den Filmkulturen hervorgehoben. 2019 stand der Cellist Ernst Reijseger auf dem Programm, der für Herzogs Film THE WHITE DIAMOND die Musik komponierte und dann Herzogs etatmäßiger Filmmusiker wurde. 2020 wurde Natalija Yefimkina für ihren Dokumentarfilm über neue Kreativität in russischen Blechhütten mit dem Titel GARAGENVOLK ausgezeichnet, deren «humanistische Weitsicht» Herzog in seiner Laudatio diesmal per Videoschalte lobte. Der Film war auch schon mit dem Heiner-Carow-Preis der DEFA-Stiftung prämiert worden.

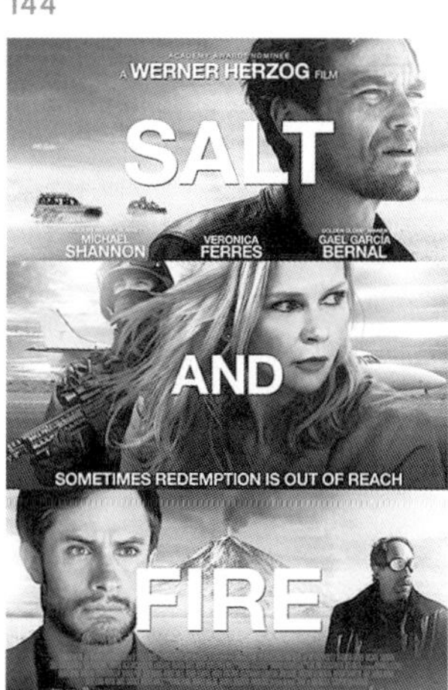

SALT AND FIRE

SALT AND FIRE

D/USA/F/MEX. 98 Min. **Regie:** Werner Herzog. **Drehbuch:** nach der Kurzgeschichte Aral von Tom Bissell. **Kamera:** Peter Zeitlinger. **Schnitt:** Joe Bini. **Musik:** Ernst Reijseger.
Darsteller: Veronica Ferres, Michael Shannon, Gael Garcia Bernal, Werner Herzog, Anita Briem.

■ Eine offenbar anerkannte Forscherin reist zusammen mit Kollegen im Auftrag eines Uno-Komitees nach Bolivien, wo sie eine drohende Umweltkatastrophe aufklären am Diablo Blanco. Noch am Flughafen wird sie entführt und in einer abgelegenen Farm festgehalten und schließlich am Fuße eines Vulkans, der kurz vor dem Ausbruch steht, in einer Salzwüste ausgesetzt. Hier beginnt ein zweiter Teilfilm, der sich allein mit der Selbstreflexion der Hauptfigur, der man zwei blinde kleine Jungen beigegeben hat, beschäftigt. Eine beeindruckende «Tour-de-Force» zwischen Warten auf Godot und Selbstqual setzt ein, in der Hauptdarstellerin Veronica Ferres ganz neue Züge offenbart und Werner Herzog aus dem Umwelt-Thriller eine existenzialistische Selbstbefragung macht. Überraschend vielschichtiger Essay über die Perspektiven zukünftigen Mensch-Seins.

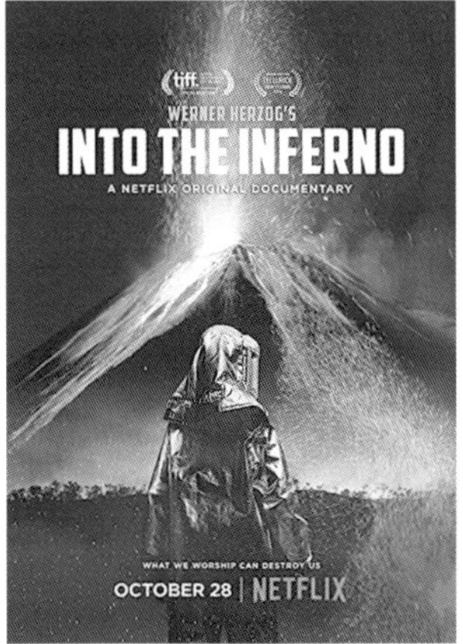

145

INTO THE INFERNO
IN DEN TIEFEN DES INFERNOS
D/GB/CAN. 104 Min. Dokumentarfilm. **Regie:** Werner Herzog. **Kamera:** Peter Zeitlinger. **Schnitt:** Joe Bini.
Mit Clive Oppenheimer.

■ Meditativer Film über Vulkane als gewissermaßen «lebende Organismen», der sich neben dem visuellen Ausdruck brodelnder Lava mit den Dämonen und der Kulturgeschichte beschäftigt, die ein solches Naturereignis beinhaltet. Mit Beobachtungen in Indonesien, Island, Äthiopien und Nordkorea, die Herzog zusammen mit dem Vulkanologen Clive Oppenheimer macht, der ihn auch schon bei BEGEGNUNGEN AM ENDE DER WELT und später bei FIREBALL: BESUCH AUS FERNEN WELTEN beraten hat. Schon in LA SOUFRIÈRE – WARTEN AUF EINE UNAUSWEICHLICHE KATASTROPHE hatte sich Herzog 1977 spontan einem Vulkan bis an den Rand des Ausbruchs genähert. Mit diesem Film folgt also wenig überraschend der größere Ausblick auf das Thema.

2017

«Carosse d'or» auf dem Filmfestival von Cannes für sein Lebenswerk.

2018

MEETING GORBACHEV
GORBATSCHOW – EINE BEGEGNUNG
2018. 90 Min. Dokumentarfilm. **Regie:** Werner Herzog. **Kamera:** Richard Blanshard, Yuri Barak. **Schnitt:** Michael Ellis. **Musik:** Nicholas Singe.
Mit Lech Walesa, Margaret Thatcher, Miklós Németh, James Baker, Horst Teltschik.

Eröffnungsfilm der DOK Leipzig 2018.

■ Dreimal interviewte Werner Herzog Michael Gorbatschow für diesen Film im Moskauer Büro seiner Stiftung. Er befragt den von ihm sehr verehrten 87-jährigen ehemaligen Staatschef der Sowjetunion, der mit seiner Verkündung von Glasnost und Perestroika eine Revolution lostrat, die zur Auflösung einer Großmacht führte, und einer der entschiedenen Befürworter für die deutsche Wiedervereinigung war. Der Film beginnt mit einem großen Geschenk aus zuckerfreier Schokolade eines britischen Konditors und endet mit einem Abschiedsgedicht von Michail Lermontow, das Gorbatschow in die Kamera spricht. Herzog bewegt sich mit seiner Art durchaus elegant auf dem ungewohnten Gebiet, eine politische Dokumentation abliefern zu müssen, ist aber stärker, wenn er sich mit sehr Persönlichem beschäftigt wie den Jugenderinnerungen Gorbatschows und der Beziehung zu seiner verstorbenen Ehefrau, Raissa.

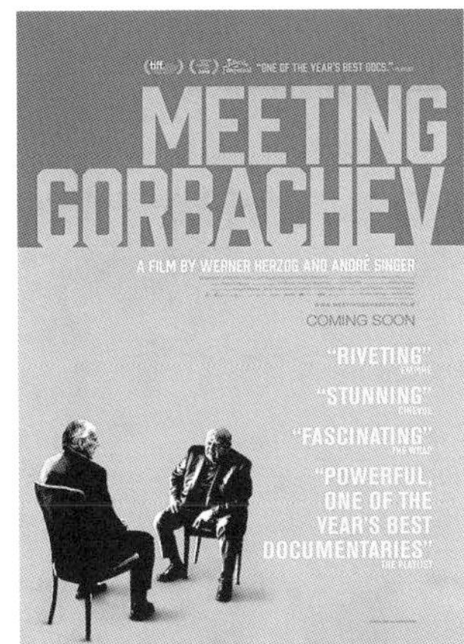

146

2019

Family Romance LLC

USA. 89 Min. **Regie:** Werner Herzog. **Kamera:** Werner Herzog. **Schnitt:** Sean Scannell. **Musik:** Ernst Reijseger.
Darsteller: Yuichi Ishii, Mahiro Tanimoto, Jin Kuroinu, Yuka Watanabe, Miki Fujimaki

■ Ein genialer Schnellschuss von Herzog, der Regie führte, obwohl er des Japanischen, das die Darsteller sprechen, nicht mächtig ist und sogar selbst die Kamera führte. Die Geschichte eines Darstellers, den man mieten kann, um in der neben anderen kleinen Episoden hauptsächlichen Geschichte, in der Ishii in die Rolle des abwesenden Vaters für ein junges Mädchen zu schlüpfen muss. Doch mehr und mehr beginnt er nach vielen schönen Erlebnissen in dieser Rolle an seiner Funktion als Produzent von Illusionen zu zweifeln. Und entscheidet sich gegen seine ungewöhnliche Profession. Insofern ist dieser Film auch ein Statement zur Ethik der Illusionskunst Kino, aber auch eine vergnügliche Komödie der Eitelkeiten mit offenem Ausgang.

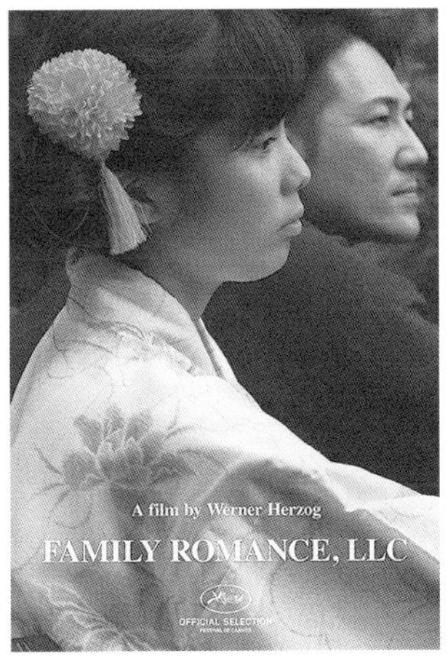

147

Im Dezember **Ehrenpreis Europäischer Filmpreis** in Berlin. Die Laudatio wird in Form einer Opernarie komponiert von Dietrich Brüggemann auf der Bühne der Berliner Festspiele aufgeführt. Ein Boot wird über die Bühne gezogen. Die Sopranistin der Deutschen Oper Berlin Alexandra Hutton singt: «Werner Herzog, Werner Herzog where are you...» Herzog tritt mit diesem Preis die Nachfolge u. a. von Ingmar Bergman, Federico Fellini, Claude Chabrol, Jean-Luc Godard und Bernardo Bertolucci als Preisträger an. Die gesamte Laudatio-Arie ist zu sehen auf: Werner Herzog Liftetime Achievement Award Aria – www.youtube.com.

Werner Herzog Aria

written and composed by Dietrich Brüggemann for the European Film Awards 2019

Werner Herzog,
Werner Herzog, where are you who
are you and how do you do all the
things you do
Werner Herzog, a thousand stories, all are true

Werner Herzog, this is an aria just for you

In the 20th century,
a baby was born in Bavaria

and a wise woman prophesied:

He will be big in America

So when he was three years old
he stole his first camera

and made films that would make him
one of the Gods of cinema

Even dwarves have started small
but he started big

he walked to Albania and Africa
and that's where he got sick

He died but three days later
he returned from the dead

and said: I've wrestled a film from the claws
of the devil and it's in my head

But now I will walk back
to my native Germany

I brought things from the darkness
that these people need to see

Signs of life and hearts of glass
and screams of stone

the wrath of God and
the queen of the desert and rescue dawn

So he walked through the years and through rivers
and mountains and over the seas

and shot lots of fiction
and even more documentaries

walked to Paris to save Lotte Eisner
and gave her eight more years

and he's still on the road and
you never know where next he appears

holding lessons in Darkness and
picknicks in places that God forbid

but see for yourself, we made
a clip of the things he did

(FILM MEDLEY)

Werner Herzog,
Werner Herzog, this is you

please keep going,
there is a lot more stuff to do

don't jump into one more cactus,
don't eat your other shoe

this aria is through, but Wim Wenders
will come now and sing for you

Werner Herzog, we wrote
this serenade just for you

and we did it without mentioning Kinski,
because we wanted to

This was an aria for Werner Herzog,
may he live long and strong

Please, Wim Wenders,
come on stage and finish this song.

2020

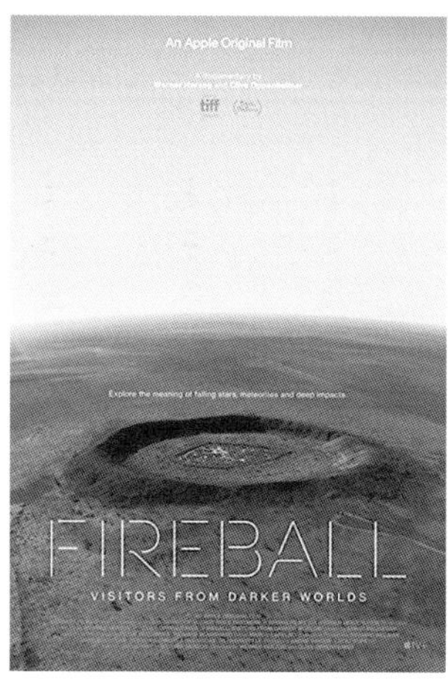

148

Fireball: Visitors from Darker Worlds
Fireball: Besuch aus fernen Welten
2020. 97 Min. Dokumentarfilm. **Regie:** Werner Herzog, Clive Oppenheimer. **Kamera:** Peter Zeitlinger. **Schnitt:** Marco Capalbo. **Musik:** Ernst Reijseger.
Herzogs Film über Meteore und Kometen und die Mythen, die sich darum ranken. Der britische Vulkanologe Clive Oppenheimer, der schon in mehreren seiner Dokumentationen aufgetreten ist, ist Co-Regisseur und Interviewer neben ihm. Sie besuchen eine gigantische Kraterlandschaft ohne die – wie sie sagen – nicht nur die Saurier nicht verschwunden, sondern auch die Maya-Kultur nicht entstanden wäre, ebenso finden sie den Sternenstaub, den Meteoriten hinterlassen haben und zeigen koreanische Wissenschaftler, die in der Weite der Eiswüste der Antarktis nach Bruchstücken von Himmelskörpern fahnden. Allein schon, dass Herzog die Meteoriten personalisiert als «Besucher» sieht, zeigt seinen besonderen Blick auf die Feuerbälle, die den Zuschauern zu Beginn des Films um die Ohren fliegen.

Fordlandia
Film oder Fernsehserie in Vorbereitung. Herzog äußerte sich in mehreren Interviews schon sehr überzeugt zu Plänen für eine Serie über Henry Fords größenwahnsinniges Urwaldprojekt **«Fordlândia»** aus den 1920er-Jahren nach Greg Grandins Sachbuch von 2009. Ford kaufte 1926 für 125 000 Dollar ein Stück Urwald von 10 000 Quadratmeter. Er wollte dort für die Gummireifen preisgünstig Kautschuk vor Ort produzieren und direkt zu Autoreifen verbauen und damit das damals existierende britische Rohstoffmonopol umgehen und direkt zur Ford-Fabrik nach Sao Paolo weiterzureichen. Daraus wurde der gigantische Versuch einer amerikanisch-kapitalistischen Idealstadt, bei der den Bewohnern sogar ihre Freizeit und Wochenendgestaltung vorgeschrieben werden sollte. Wieder Größenwahn, wieder im Dschungel, der tatsächlich aber schief ging und eine Ruinenstadt hinterließ. Wegen heftiger Misswirtschaft und am überraschend heftigen Schädlingsbefall ging die Kautschukproduktion schief. Die Arbeiter revoltierten auch gegen Fords Utopia mit Frühstücksmüsli und Square Dance, bis die Erfindung des Synthesekautschuks 1945 die Grundidee ohnehin obsolet machte. Am Drehbuch arbeitet dem Vernehmen nach Christopher Wilkinson mit, der mit dem Buch zu Nixon von Oliver Stone bekannt geworden ist.

Im Januar 2020 erhält Werner Herzog den «**Board of Governors Award**» des ASC, der Vereinigung der Kameraleute Hollywoods, für seine Besonderen Verdienste um die Weiterentwicklung der Kameraarbeit.

2021

Im Hanser-Verlag erscheint Herzogs Novelle *Das Dämmern der Welt* für die er mit Hiroo Onoda gesprochen hat, der auf einer bedeutungslosen Insel im Pazifik die Kapitulation Japans vor den USA verpasste und seinen eigenen Krieg mit der Natur weiterkämpfte. Ein Buch wie ein Herzog-Film. Es widmet sich besonders den inneren Vorgängen der einsamen Hauptfigur. Ein literarisches Ereignis in der Tradition seiner authentischen Urwaldfilme.

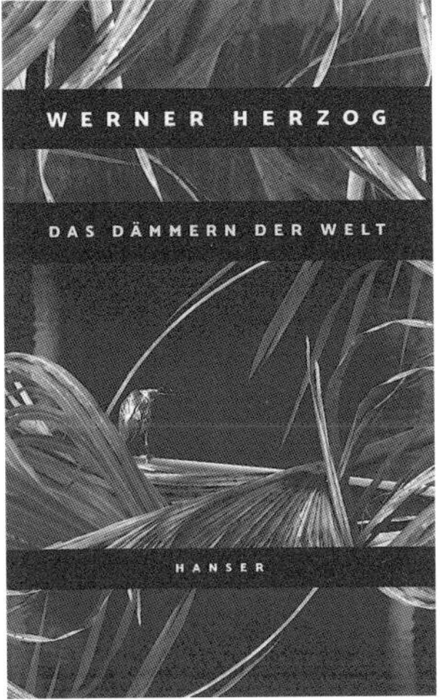

149

Literaturverzeichnis (Auswahl)

Veröffentlichte Drehbücher:

Heart of Glass. München 1976

Drehbücher I: LEBENSZEICHEN, AUCH ZWERGE HABEN KLEIN ANGEFANGEN, FATA MORGANA. München 1977

Drehbücher II: AGUIRRE, DER ZORN GOTTES, JEDER FÜR SICH UND GOTT GEGEN ALLE, LAND DES SCHWEIGENS UND DER DUNKELHEIT. München 1977

Drehbücher III: STROSZEK, NOSFERATU. Zwei Filmerzählungen. München 1979

FITZCARRALDO. Erzählung. München 1982

WO DIE GRÜNEN AMEISEN TRÄUMEN. Filmerzählung. München 1984

COBRA VERDE. Filmerzählung. München 1987

Schriften Werner Herzog

Werner Herzog: *Vom Gehen im Eis*. München 1978

Werner Herzog: *Eroberung des Nutzlosen*. München 2004

Werner Herzog, *Das Dämmern der Welt*, München 2021

Michael Krüger (Hrsg.), Akzente. Zeitschrift für Literatur Nr. 3,(darin 10 Gedichte Werner Herzogs, Seite 193–197)München 1978

Sekundärliteratur

Paul Cronin: *Werner Herzog A Guide For The Perplexed*. London 2014 Gilles Deleuze: *Das Bewegungs-Bild 1*. Frankfurt a. M. 1997

Lotte Eisner: *Ich hatte einst ein schönes Vaterland. Memoiren*. Heidelberg 1984

Greg Grandin: *Fordlandia*. New York 2009

Peter W. Jansen / Wolfram Schütte: *Werner Herzog Reihe Film 22*. München, Wien 1997

Kristina Jaspers, Rüdiger Zill (Hrsg.): *Werner Herzog. An den Grenzen*. Berlin 2015

Chris Wahl (Hrsg.): *Lektionen in Herzog*. München 2011

Weitere Daten

Kinemathek Berlin Werner-Herzog-Archiv – Bestandsarchiv digital
www.wernerherzog.com
Werner Herzog Film GmbH
Spiegelgasse 9
1010 Wien / Österreichwww.wernerherzog.org
Werner Herzog Stiftung
c/o Filmmuseum München
Sankt-Jakobs-Platz 1
80331 München.

Filmregister

A

B

C

D

E

F